Ética de la teatralidad en Cervantes

Juan de la Cuesta Hispanic Monographs

Series: *Documentación cervantina «Tom Lathrop»*, 49

FOUNDING EDITOR
Tom Lathrop†
University of Delaware

EDITOR
Michael J. McGrath
Georgia Southern University

EDITORIAL BOARD
Vincent Barletta
Stanford University

Annette Grant Cash
Georgia State University

David Castillo
State University of New York - Buffalo

Gwen Kirkpatrick
Georgetown University

Mark P. Del Mastro
College of Charleston

Juan F. Egea
University of Wisconsin - Madison

Sara L. Lehman
Fordham University

Mariselle Meléndez
University of Illinois at Urbana - Champaign

Eyda Merediz
University of Maryland

Dayle Seidenspinner-Núñez
University of Notre Dame

Elzbieta Sklodowska
Washington University in St. Louis

Noël Valis
Yale University

Ética de la teatralidad en Cervantes

por

Moisés R. Castillo
University of Kentucky

Juan de la Cuesta
Newark, Delaware

Nota: Partes de los capítulos 1, 2 y 3 han aparecido anteriormente en diferentes publicaciones académicas. El capítulo 1 contiene material de un artículo publicado en *Bulletin of the Comediantes* 56.2 (2004): 219-40, y de otro en *Cervantes: Bulletin of the Cervantes Society of America* 32.2 (2012): 123-42, cuyos análisis textuales fueron posteriormente incluidos en inglés en el capítulo 18, dedicado a "Cervantes and the *comedia nueva*," en *The Oxford Handbook of Cervantes*, Oxford University Press (2021), pp. 391-408. El capítulo 2 recoge una versión del análisis que aparece en dos ensayos distintos publicados en inglés en sendos volúmenes titulados *Writing in the End Times: Apocalyptic Imagination in the Hispanic World*, en *Hispanic Issues On Line* 23 (2019): 72-96, y *Social Justice in Spanish Golden Age Theatre*, University of Toronto Press (2021), pp. 82-97; así como una traducción al español del primero publicada en el volumen *Nuevas perspectivas cervantinas. Fuentes, relaciones, recepción* de la Universidad de Castilla-La Mancha (2021), pp. 73-92. Por último, parte del capítulo 3 ha aparecido en el volumen *Teatralidad en la obra de Cervantes* de la revista *eHumanista/Cervantes* 8 (2020): 166-82. Todos los contenidos usados han sido modificados, ampliados y reelaborados a la luz de la tesis central del libro y en diálogo con la bibliografía actualizada. Agradezco a los varios editores el permiso para poder incluirlos aquí.

No portion of this book may be reproduced in any form without permission from the publisher. For permission contact: libros@juandelacuesta.com.

Copyright © 2024 by Linguatext, LLC. All rights reserved.

On the cover: "Andrew is saved," from *Don Quixote*, 1910 illustrated by Walter Crane (1845 – 1915).

Juan de la Cuesta Hispanic Monographs
An imprint of Linguatext, LLC.
103 Walker Way
Newark, Delaware 19711 USA
(302) 453-8695

www.JuandelaCuesta.com

MANUFACTURED IN THE UNITED STATES OF AMERICA

ISBN: 978-1-58871-407-7

Índice

Agradecimientos 9

Introducción. La importancia de una ética de la teatralidad 11

Capítulo 1: Cervantes y la crítica al esencialismo cultural y religioso en las comedias de cautivos 37

Capítulo 2: La humanización del enemigo en el teatro bélico de Cervantes: *El gallardo español* y *La Numancia* 87

Capítulo 3: Poéticas de la ejemplaridad en el tratamiento del Otro: *El amante liberal* y *La española inglesa* 118

Capítulo 4: Indagando en el humanismo cervantino: *La gitanilla* 151

Capítulo 5: Cervantes frente a la expulsión de los moriscos 185

Coda. Horizontes cervantinos: El autoperfeccionamiento como lección humanística para la convivencia 219

Obras citadas 237

*A la memoria de MI MADRE,
y a mi querido hermano DAVID, con enorme admiración
profesional y profundo afecto. Vaya por todo lo que hemos vivido
y seguimos viviendo juntos*

Agradecimientos

MI MÁS SINCERO RECONOCIMIENTO a David R. Castillo y a Carmen Moreno-Nuño por su ánimo, su cariño y su sapiencia. Muchas gracias por leer el manuscrito y por haberlo mejorado con vuestros siempre atinados consejos y comentarios. A mis hijas, Julia y Sara, por el tiempo de estar juntos que les he quitado. A Elier Pousa, el ingeniero más versado en literatura que conozco, pero, sobre todo, el amigo de la larga conversación que ha leído y comentado partes del proyecto. A Carmen Rivero Iglesias, Brad Ellis, y José Luis Nuño por su asistencia. Por último, a todos los críticos que me han influido y me han hecho reflexionar, muchos de los cuales aparecen en estas páginas. Especial mención para Pedro Cerezo Galán, mi profesor de filosofía y aquí maestro en Cervantes; a David R. Castillo, Brad Nelson, Mercedes Alcalá Galán, David Boruchoff, Steven Hutchinson, Nick Spadaccini, Ed Friedman, John Jay Allen, Ana Laguna, Bruce Burningham, Michael Armstrong-Roche, Cory Reed, Bill Egginton, Luis Avilés, Amy Williamsen, Barbara Fuchs, Héctor Brioso Santos, Antonio Rey Hazas, Luis Gómez Canseco, Jesús Maestro, Julio Baena, José Montero Reguera, y Francisco Márquez Villanueva. Por último, a los lectores y editores de Juan de la Cuesta, en especial a Mike McGrath por toda su atención y trabajo.

Introducción.
La importancia de una ética de la teatralidad

EL PRESENTE ESTUDIO PRETENDE ahondar en el corazón mismo de la ficción de Miguel de Cervantes para iluminar cómo funciona su ética humanista dentro del espacio de su imaginación teatral. Una ética humanista que el autor enraíza en la vida, entendida como complejo y precario experimento, que afirma nuestra dignidad y común humanidad (aquello que nos une mucho más que lo que nos separa), y que a la postre ayuda a desarrollar el espíritu crítico a la vez que nos mueve a la búsqueda de la virtud individual. Mediante un recorrido fundamentalmente por su teatro mayor y por la prosa de sus novelas, este libro busca dilucidar las lecciones humanísticas que se destilan del pensamiento teatral cervantino, lo que voy a denominar de aquí adelante "la ética de la teatralidad."

A estas alturas, está fuera de duda que el estilo poético de Cervantes encierra una marcada dimensión teatral. Toda su literatura está atravesada, afectada, necesitada de teatralidad, como han defendido, entre otros, Gómez Canseco y Ojeda Calvo en el ensayo introductorio del volumen complementario a la edición completa de las comedias y tragedias del alcalaíno publicada por la RAE en 2015: "Basta hojear la literatura cervantina para ver que está transida toda de teatro" ("Cervantes" 9). Es importante, por tanto, tener en cuenta que por "teatralidad" no entiendo sólo el género del teatro, sino todo aquello que tiene que ver con la "imaginación teatral" en la obra cervantina; es decir, con una forma de concebir y construir la ficción basada en desarrollos y configuraciones teatrales que pueden encontrarse también en otros géneros. De ahí que el corpus de estudio de este libro comprenda tanto el teatro mayor como las novelas. Dentro de esta teatralidad, el eje principal de este libro es una ética que, nutriéndose del humanismo renacentista, se despliega en todo su potencial en la representación de la figura del Otro.

Si nos fijamos inicialmente en el papel que la teatralidad juega en la obra de Cervantes, no es extraño que la primera novela moderna sea la obra que nos venga inmediatamente a la cabeza. En base a su teatralidad, y sobre todo a su metateatralidad, se ha resaltado del *Quijote* cómo tiene el teatro en su génesis (Azorín, *El oasis* 105; Montero Reguera, "El teatro"), y, más aún, se ha llegado a considerar "la mejor obra dramática de la época," "nacido acaso como entremés burlesco y devenido después en novela" (Urzáiz Tortajada, "El *gemelo*" 370; "La quijotización").[1] En efecto, en la creación cervantina la prosa se entrevera de teatro constantemente y las fronteras entre los dos géneros se diluyen con la importancia que cobra el perenne diálogo entre los personajes. Pensemos en los casos paradigmáticos que representan *El coloquio de los perros*, *El licenciado vidriera* y obviamente tantos episodios del *Quijote*.[2]

---

1 Ver también los trabajos de Jill Syverson-Stork (*Theatrical Aspects of the Novel*), Dale Wasserman ("*Don Quixote* as Theatre"), Felipe Pérez Capo (*"El Quijote" en el teatro*), José Manuel Martín Morán ("Los escenarios"; *El Quijote* 96), Joseph Ricapito ("La teatralidad") y Edward Friedman ("The Quixotic Template"), además de todos los estudios citados en notas 47-49 de Pedraza Jiménez ("El teatro"), incluyendo las múltiples versiones teatrales y musicales de la novela o partes de ella.

2 Los límites entre lo dramático y lo narrativo eran tan fluidos, con el antecedente hispánico en *La Celestina*, que Gómez Canseco nos recuerda que a caballo entre el XVI y el XVII "se asentó en las letras europeas la convicción de que *novella* y comedia eran géneros convergentes e incluso intercambiables" ("Como es casi novela" 275). Para unos análisis de la teatralidad de las *Novelas ejemplares*, ver, entre otros muchos, Miguel Herrero García ("Una hipótesis"), Francisco J. Sánchez (*Lectura y representación*) y Eduardo Olid Guerrero (*Del teatro a la novela*). En general, sobre los elementos teatrales compartidos por el teatro y la narrativa cervantinos (situaciones y personajes teatrales, comicidad e importancia del diálogo), ver Gómez Canseco y el elenco de trabajos que el crítico menciona en su ensayo "Como es casi novela" (276n7, 277n8; 279-84).

Ahora bien, si la crítica ha defendido el carácter sumamente teatral de la obra cervantina, no parece haber consenso ni en la consideración de la calidad de su teatro mayor, ni en la conexión que exista entre el sentido de sus obras dramáticas y el de su prosa. Simplemente, para muchos estudiosos el Cervantes dramaturgo no concuerda, como cabría esperarse, con el Cervantes novelista. Como veremos puntualmente, hasta hace relativamente pocas décadas, el teatro cervantino no ha sido estudiado en profundidad por considerarse poco logrado y muy por debajo de la ficción novelesca. Debido a las dificultades temáticas, estilísticas y escenográficas que contienen, y a que surgieran a la sombra de la *comedia nueva* lopesca, los dramas del alcalaíno no se han llevado a las tablas con asiduidad desde que se compusieron. Por el contrario, dada su evidente teatralidad, los escenarios sí que han visto muchas adaptaciones de las *Novelas ejemplares* (Vaiopoulos). Al parecer los teatros británicos se llenaron de ellas ya durante el siglo XVII, como muestran los trabajos de Luttikhuizen y de Pascual Garrido. Todo lo cual indica que es la teatralidad, tal y como defiendo en este libro, la que vertebra la ficción cervantina, es decir, la que conecta íntimamente la novela y el teatro y la que constantemente nos recuerda que "Cervantes es siempre Cervantes, no el gemelo tonto de quien firmó el *Quijote*," como insiste cáusticamente Gómez Canseco ("Presentación" x).[3]

Para entender los fundamentos de su imaginación teatral hay que repasar, aunque sea someramente, las corrientes de pensamiento que influyen en Cervantes al final del XVI y principios del XVII y que marcan notablemente sus obras. De un lado tenemos la caída del idealismo utópico, cuyo esperanzado optimismo de principios del XVI cede al

---

3   Sobre cómo la teatralidad está a la base de la prosa y el teatro cervantinos, véanse los trabajos en el reciente volumen editado por Esther Fernández y Adrienne Martín (*Drawing the Curtain*). Para las autoras, la teatralidad se entiende fundamentalmente como distintos tipos de revelaciones o actos de revelación ('*epiphainein*': manifestaciones). En la introducción las editoras hacen referencia a que dicha teatralidad se extiende igualmente a la poesía del complutense, destacando el *Viaje del Parnaso* (1614) donde se mezclan poesía, diálogo y metateatralidad, por lo que no extraña que esta obra haya sido llevada a las tablas en España por CNTC bajo la dirección de Eduardo Vasco durante 2005-07 (*Drawing* 6).

final de la centuria al pesimismo y el desengaño propios del Barroco. La incertidumbre se extendía a todas las facetas de la vida, a la par que las crisis imperial y económica. De otro lado, el advenimiento del empirismo abría la puerta a un concepto mucho más complejo del mundo que llegaba de la mano de la revolución científica y de los progresos hechos en materias como la óptica, los cuales revelaban aspectos de la realidad nunca vistos o explorados anteriormente. Otro factor significativo es el resurgimiento en el siglo XVI del escepticismo, filosofía que niega que exista la verdad objetiva, y que, en caso de que exista, cuestiona la capacidad del ser humano de conocerla. Tanto la reevaluación y nueva puesta en valor de los textos filosóficos de Sexto Empírico como el impacto de los postulados reformistas hacen que se pongan en entredicho las fuentes tradicionales del conocimiento, en particular, la voz y autoridad eclesiásticas. De ahí que ciertos principios escépticos, promovidos por el revisionismo de Erasmo y sus seguidores, calen en la obra cervantina aflorando en su perspectivismo. Dios es la única fuente de verdad, y el ser humano, con sus deficientes sentidos e intelecto, sólo puede captarla de manera imperfecta. Indudablemente esta falibilidad del sujeto contribuye en gran medida a asentar el perspectivismo: el que cada individuo tenga su propia visión de la realidad y concepto del mundo.[4]

Conectando con lo anterior, y pasando ahora al tema de la ética, Cervantes tiene muy claro que comprender a alguien es ver las cosas desde su punto de vista, así que de manera sistemática hace del perspectivismo su clave de bóveda para construir tanto tramas como personajes: cada individuo tiene una experiencia vital concreta que determina una comprensión particular de la realidad de su entorno. El

---

4   Un perspectivismo que la crítica ha analizado fundamentalmente en *Don Quijote*. Ver los desarrollos de este concepto en los trabajos de críticos como Ortega y Gasset, Américo Castro (*El pensamiento*), Leo Spitzer, Manuel Durán (*La ambigüedad*), E. C. Riley (*Cervantes's Theory*), Juan Bautista Avalle-Arce ("Cervantes"), Francisco Márquez Villanueva, Anthony Cascardi ("History"), John Jay Allen (*Don Quixote: Hero or Fool? I and II*; "*Don Quixote*"), Ruth El Saffar ("Cervantes"), Félix Martínez-Bonati, E. Michael Gerli (*Refiguring*), Nicholas Spadaccini y Jenaro Talens (*Through the Shattering*), y David R. Castillo (*(A)wry Views*), entre otros.

perspectivismo es, por tanto, la fuente de la teatralidad cervantina y la base de su humanismo. Un humanismo que, al amparo de la importancia dada a la voluntad, al libre albedrío, por la Contrarreforma, impele al individuo a transformar el mundo mediante la acción (ética): "fazañas y no razones" que podría decir un alucinado don Quijote, pero que en la imaginación del alcalaíno obviamente suponen trascender la ensoñación quijotesca, a la que al fin no le interesa la acción sino la esforzada hazaña, para referir más bien a una escritura que pretende ilustrar en el vivir. Ciertamente, a los personajes de Cervantes no los mueve el destino, sino su voluntad, su querer condicionado por sus circunstancias —la identidad de don Quijote es propiamente una creación de su voluntad: "quiso [...] llamarse *don Quijote de la Mancha*" (I, 1, 119).[5] La voluntad, la capacidad de autodeterminación del sujeto anclada en la libertad —ya desde su acepción escolástica—, es lo que nos hace intrínsecamente humanos, lo que define nuestra común humanidad y da sentido a nuestra existencia. La voluntad nos mueve, nos redime, nos condena, nos enloquece, nos da esperanza..., pero fundamentalmente nos hace sobrevivir, seguir intentándolo en la vida, aventurarnos, desear, a pesar de que, como se dice en el *Persiles*: "Todos deseaban, pero a ninguno se le cumplían sus deseos: condición de la naturaleza humana" (II, 4, 296).[6] Asimismo, la voluntad también nos hace ser más sensibles a lo vivido por los que nos rodean, por tanto, a mejorar en nuestra comprensión de los Otros y, al hacerlo, comprendernos y mejorarnos a nosotros mismos (virtud). De ahí que, si en el mundo la verdad es totalmente elusiva y la realidad ambigua, los personajes de Cervantes se afanen más que nada en sobrevivir, mostrando la particular precariedad de su experiencia vital, en contacto, conflicto y relación con las vidas de los demás. De ese modo, Cervantes nos hace pensar, pero también prepararnos críticamente para actuar en la vida, a la vez que examina tanto las convenciones literarias como las sociales, políticas y religiosas de su época.

---

5   Cito de aquí en adelante *Don Quijote de la Mancha I, II* por la edición de John Jay Allen, 2020 (I), 2022 (II).
6   Cito de aquí en adelante *Los trabajos de Persiles y Sigismunda* por la edición de Carlos Romero Muñoz, 1997.

No sólo las *Novelas ejemplares* pretenden enseñar deleitando —el *prodesse et delectare* de Horacio—, sino que ése es igualmente el objetivo de toda la ficción cervantina, ya desde su primer teatro: un tipo de comedia propio que infunde lo ético en lo espectacular, el rasgo quizá más distintivo que comparte con los miembros de su generación. Así, Juan de la Cueva expresaba lo que era el teatro en el *Viaje de Sannio*, preguntándose: "'¿Qué es, dice Apolo, cómica poesía?' para responder: 'De la vida humana / es la comedia espejo, luz y guía; / de la verdad, pintura soberana. / En ella se describe la osadía / del mozo, la cautela de la anciana / alcagüeta, las burlas de juglares / y sucesos de hombres populares'" (Gómez Canseco, "Presentación" x). De lo cual se deduce que la comedia es "espejo" de la vida: copia y reproducción de ésta; y al mismo tiempo es "luz y guía" para la misma: foco que alumbra y conduce la vida humana. En eso consiste su "verdad," o su "pintura" "de la verdad," en aproximarse y guiar la vida (el *ut pictura poesis* clásico se convierte en *ut pictura theatrum*). Por lo tanto, el teatro tiene un fin moral (referido a la moral del arte): esclarecer los entresijos de la vida, y al hacerlo, mejorar al ser humano promoviendo la virtud individual. En esto la comedia de Cueva no se separa mucho de la de Cervantes. Por eso en *Don Quijote* el cura apunta a que la comedia había de ser, siguiendo a Cicerón, "espejo de la vida humana, ejemplo de las costumbres e imagen de la verdad" (I, 48, 624). Ahora bien, quede claro, Cervantes no tiene un afán moralizador, no nos dice en ningún momento cómo leer cabalmente en un determinado sentido ideológico o estético sus textos, cómo superar sus desafíos, ambigüedades, o ironías, sino que deja a nuestro intelecto y libertad la capacidad de encontrarles el sentido y actuar en consecuencia respectivamente.

Por tanto, como decíamos, es la voluntad de supervivencia, la autoafirmación de cada individuo por querer ser él mismo en el mundo, y muchas veces contra el mundo, lo que define la "poética de la libertad" estética y moral de toda la obra cervantina, según Rey Hazas (*Poética*); o la que marca y expresa "la vida real," la evolución de la "experiencia humana" a la que se refiere Maestro (*La escena* 12), entendiéndola como característica consustancial al teatro de Cervantes. Una dramaturgia siempre experimental que exhibe una aguda conciencia de las tribulaciones de la condición humana, como sostiene Melanie Henry:

Undoubtedly, Cervantes's drama exhibits a sharp awareness of the travails of the human condition as well as its flaws and foibles. At the heart of the *comedias* lies a deep preocupation with human nature and its many facets; particularly the tensions that lie within—and without—the individual. Art and life are connected meaningfully in the Cervantine dramatic imagination as the playwright engages his audience compellingly, persistently challenging their view of the world. ("Ocho comedias" 372)

Arte y vida se unen en la imaginación teatral cervantina en lo que constituye el núcleo ético del humanismo de la mayoría de su producción artística. Un humanismo crítico, heterodoxo y de clara inspiración erasmista para unos; mientras que para otros se ancla en una tradición castellana cristiano-ortodoxa.

Llegados aquí, se hace necesario trazar un recorrido por las más relevantes posturas críticas que existen con respecto al erasmismo cervantino. El erasmismo del complutense quedó ya expuesto por Menéndez Pelayo en "Cultura literaria de Miguel de Cervantes y elaboración del *Quijote*" (1905), pero fue con Américo Castro en *El pensamiento de Cervantes* (1925) que la influencia de Erasmo vino a ser clave a la hora de interpretar la obra cervantina. Por eso el crítico llegó a decir: "Sin Erasmo, Cervantes no habría sido como fue" (300). Castro intuyó en Erasmo no solamente aspectos fundamentales del cristianismo humanista del complutense, sino nada menos que el origen de la ambigüedad, la ambivalencia y el perspectivismo cervantinos. Por eso, el estudioso traza puentes directos con el carácter inestable y contradictorio de la realidad, o la imposibilidad de conocer la verdad, a los cuales se refería Erasmo en sus obras, por ejemplo, en su *Elogio de la locura*: "Para decir la verdad, todo en este mundo no es sino una sombra y una apariencia; pero esta grande y larga comedia no puede representarse de otro modo" [...] "La realidad de las cosas... depende sólo de la opinión. Todo en la vida es tan oscuro, tan diverso, tan opuesto, que no podemos asegurarnos de ninguna verdad" (Erasmo cit. en Castro 88). Más tarde, en *Hacia Cervantes* (1957) y en *Cervantes y los casticismos españoles* (1966), Castro abundará en el erasmismo a través de la religiosidad íntima y el paulismo cervantinos. Marcel Bataillon matizará la postura de Castro en *Érasme et l'Espagne* (1937), especialmente en lo tocante a que las obras de Cervantes reflejaran una heterodoxia disimulada de ortodoxia, pero seguirá manteniendo que la literatura cervantina bebió de posturas erasmistas inculcadas por el maestro Juan López de Hoyos, y atestiguadas con seguridad en el "ideal de piedad laica, sin ostentación, sincera y activa" del alcalaíno (793). Es más, el crítico francés sostendrá que en ningún otro país de Europa, entre los años 1527-1535, las obras del holandés tuvieron más aceptación, popularidad y contaron con más traducciones a la lengua vernácula que en España (279 y ss.). De este modo, terminará diciendo: "Si España no hubiera pasado por el erasmismo, no nos habría dado el *Quijote*" (805).[7] Y si quedaban dudas después del análisis de Bataillon sobre si Cervantes leyó directamente a Erasmo, Antonio Vilanova en *Erasmo y Cervantes* (1949) lo ratifica, poniendo en relación el tratamiento de la locura en Erasmo y en don Quijote. Más tarde, Francisco Márquez Villanueva, en varias de sus publicaciones, ve la decisiva huella de Erasmo y del humanismo cristiano en Cervantes; y Alban K. Forcione en *Cervantes and the Humanist Vision* (1982) constata la presencia no sólo de la *Philosophia Christi*, sino de numerosos temas y elementos de los *Coloquios* del roterodamense en las novelas del literato. Como apunta José Luis Abellán en 2006, el erasmismo cervantino se acreditaba aún más al atender a los pasajes del novelista en los que se produce "el elogio del cristianismo interior, entendido como caridad," el cual se alterna con "una sistemática sátira hacia la liturgia formal, y la ridiculización de prácticas y ceremonias religiosas vacías de contenido. Si a ello unimos la crítica a clérigos y sacerdotes, junto con la exaltación del paulismo, aquellas sombras de duda desaparecen totalmente" (*Los secretos* 166). Por tanto, el pensamiento de Cervantes es erasmizante, y, como tal, paulino, como subraya Estrada Herrero ("Locura"). También es irenista —pacifista, en el seno de la *Philosophia Christi* de la paz y la concordia del holandés—, como defienden, entre otros, Bataillon (802), Abellán (166 y ss.) y más recientemente Laguna (*Cervantes*, 43, 76, 107).

---

7   Véase también "El erasmismo de Cervantes en el pensamiento de Américo Castro" en *Erasmo y el erasmismo* (347-59).

Por otro lado, otros críticos ven en el complutense un humanismo probablemente de cariz erasmista, pero filtrado por la nueva actitud religiosa de teólogos peninsulares del XVI como Juan de Valdés, Juan de los Ángeles, Martín de Azpilcueta, Bartolomé de Carranza, y San Juan de Ávila.[8] No obstante, la cuestión fundamental es si estos humanistas españoles, críticos y renovadores en muchas facetas de la espiritualidad, presentan una corriente de religiosidad más o menos desgajada del erasmismo, y cómo al cabo esa corriente cala y se refleja en Cervantes. Por otra parte, y sin ofrecer más detalles, Márquez Villanueva habla además de la presencia de un humanismo erasmista, crítico y antiinquisitorial que ya circulaba en Castilla a finales del siglo XV de la mano de los jerónimos. Se trataba de la orden religiosa preferida por los judeoconversos en aquel momento, como pensaba Américo Castro, y una vía que, según Márquez Villanueva, posteriormente llevará a Cervantes "a la busca de un cristianismo sanamente crítico, refractario a lesionar la ortodoxia, pero incansable en su compromiso con una religiosidad amplia y libertadora" (*Moros, moriscos* 315).[9]

---

8   Véanse el libro de Martín Hernández (*Cristianismo y erasmismo español*), el ensayo de Villanueva Fernández ("¿Erasmismo o teología española del siglo XVI?"), y las tesis de maestría y doctorado de Santos de la Morena (*El pensamiento*; *Presencia*) centradas en examinar y dirimir el pensamiento religioso en la obra completa del alcalaíno.

9   En cuanto al humanismo del siglo XV en la península ibérica, ver también los trabajos de Jeremy Lawrance ("Humanism"; "Humanism and The Court") y Ottavio Di Camillo (*El humanismo*). Ahora bien, dicho todo esto, hay que señalar la numerosa cantidad de críticos que fundamentalmente desde mitad del siglo XX defienden que la literatura cervantina —aunque se centran casi exclusivamente en el *Quijote*—, no tiene asomo de erasmismo, al contrario, muestra las trazas de un catolicismo ortodoxo, en la mayoría de los casos tridentino y contrarreformista. Entre los más destacados se pueden contar: Casalduero, González de Amezúa, Rueda Contreras, Hatzfeld, Descouzis, Moreno Báez, Muñoz Iglesias, Strosetzki, Garrido Gallardo, o McGrath (*Don Quixote*). Para un desarrollo de la polémica religiosa en la obra cervantina, ver las tesis de Santos de la Morena, ya referidas, y los volúmenes *Cervantes y las religiones* y *Ortodoxia y heterodoxia en Cervantes*. Por último, hay que mencionar también trabajos recientes de profesores de filo-

Pues bien, este humanismo cervantino, bien sea de raíces erasmistas o cristiano-peninsulares, implica fundamentalmente comprensión ("simpatía"), defensa de la dignidad humana, apertura de miras, heterodoxia, libertad de pensamiento, caridad, compasión y empatía hacia el Otro. Y he aquí, —precisamente, en puro sinfronismo, como ilustra Pedro Cerezo Galán—, que Ortega y Gasset sitúa en la actitud y estilo cervantinos el germen de su concepto de la razón vital, tal cual se presenta en *Meditaciones del Quijote* (1914). Pero ¿qué entendemos por sinfronismo? El sinfronismo es la capacidad que tiene una obra artística de conectar profundamente con la sensibilidad de los lectores o espectadores de cualquier época y lugar. A la luz de la actitud cervantina que supone el esfuerzo por comprender las perspectivas de los Otros y del estilo irónico del *Quijote* (la "ironía que simpatiza"), Ortega fragua su filosofía existencial arraigada en la vida, convirtiendo a Cervantes, "la encarnación del humanismo," en "el antecedente más inmediato de su tesis del 'yo soy yo y mi circunstancia'" (Cerezo Galán, "Cervantes" 13, 28-29).

> Decía antes que la ironía de Cervantes es bien humorada. La razón está en que quiere salvar aquello que juzga. Dicho en términos paradójicos, es una ironía que simpatiza. "Cervantes simpatiza conmigo... y con todos. La simpatía, esto es Cervantes" (Ep., 161), escribía a Unamuno un Ortega juvenil. Cervantes sim-patiza con todo. Y simpatiza porque comprende, y, por lo mismo, salva aquello mismo que critica. Cervantes simpatiza con todo, no por haber vivido mucho sino por haber sufrido innumerables suertes y situaciones, sin guardar rencor contra la vida. "Pero lo más grande en lo humano —escribe el joven Ortega a su novia— es lo de Cervantes. Haber sufrido tanto que se sonríe a todo" (C., 361). [...] Cervantes fue un amante [de las cosas] así, desengañado, pero comprensivo, porque podía hacerse cargo de cada circunstancia, de cada situación, de cada paisaje, reconstruyendo la perspectiva de que había surgido, porque nada nos hace comprender más algo que conocer su historia íntima: "Esta es, señores —precisa Ortega

---

sofía, como los de José Antonio López Calle o Pedro Ínsua, que cuestionan el erasmismo de Cervantes en el *Quijote*.

en su conferencia en El Ateneo en 1915— la manera cervantina de acercarse a las cosas: tomar a cada individuo con su paisaje, con lo que él ve, no con lo que nosotros vemos; tomar a cada paisaje con su individuo, con el que es capaz de sentirlo plenamente." (Cerezo Galán, "Cervantes" 28-29)[10]

No debe sorprender que el humanismo de Cervantes estuviera a la base del perspectivismo vitalista orteguiano y del proyecto reformador que promovía su razón vital, pues, como ha defendido Ana María G. Laguna en *Cervantes, the Golden Age, and the Battle for Cultural Identity in 20th-Century Spain* (2021), fue un humanismo que recuperaron y abrazaron la mayoría de los intelectuales progresistas de principios del siglo XX en España —de forma más acusada de 1920 a 1936, y en el exilio y la diáspora tras la implantación de la dictadura— lo que marcó indeleblemente la producción cultural de la Edad Moderna y de la llamada Edad de Plata de la literatura española:

> In my exploration of the complex understanding of Spanish modernity as "contaminated" by references to the premodern, the figure of Miguel de Cervantes (1547-1616) emerges as a pivotal presence, not only as a canonical literary authority, but as an embodiment of the humanistic and secular values that unorthodox reformers believed could shape a new Spanish society. (ix)

Pero ¿en qué consiste la originalidad de Cervantes frente a otros autores barrocos? En que Cervantes, cargado de conciencia crítica afilada en la ironía —en "una ironía que simpatiza" (Cerezo Galán), que comprende—, se afana en explorar, cual experimentos, todas esas perspectivas vitales en sus textos, sin tomar partido claro por unas u otras. Eso sí, centrado en resaltar lo común que nos une mucho más que lo

---

10   La influencia de Cervantes en Ortega ha sido explorada por varios críticos especialmente desde mediados del siglo XX. Pero hasta comienzos del XXI "no ha sido evaluada en su real trascendencia, como un centro radical de inspiración," en opinión de Cerezo Galán ("Cervantes" 8). Para un desarrollo de este tema, ver el volumen monográfico de la *Revista de Occidente* dedicado a *El Cervantes de Ortega* (2005).

que nos separa, pues entiende que toda vida se forja moldeada en la convivencia con el Otro, esto es, en la interrelación que cada yo (cada yo y su circunstancia) tiene con los Otros.[11] En definitiva, las vidas son precarios experimentos en el teatro que implica el vivir, dentro de esa peripecia de perspectivas que es el mundo. En eso consiste la semilla de su humanismo y la enseñanza vital que éste posibilita asistido del perspectivismo y de un 'comprensivo desengaño,' que diría Cerezo Galán. El humanismo cervantino, por tanto, es barroco, comprensivo pero desengañado, no renacentista-utópico, pues carece de posibles esencialismos o absolutos. No es aquél contra el que carga Jorge García López (2015) en su biografía y del cual se mofa Cervantes en la figura del primo, personaje humanista del *Quijote* (II, 22). El humanismo renacentista es, en el ámbito de lo epistemológico, una preocupación y un dar importancia al ser humano racional como medida de todas las cosas, desplazando a Dios, que hasta ahora había ocupado el centro del sentido del mundo. Ésta es la razón que le permite al hombre distanciarse, aunque más bien sea en un ejercicio fugaz de su voluntad, y volver a ensoñar a Dios, o alumbrar la revolución científica, precursora del solipsismo racionalista del *cogito* cartesiano. Cervantes recoge este testigo epistemológico renacentista, racionalista-crítico —siempre ex-

---

11   Lluis D'Olwer, escritor y ministro de economía en la Segunda República, incidía en esto, al defender desde el exilio mexicano en 1947 que "Cervantes nos impulsa a la práctica de la más destacada de las cualidades cervantinas: la comprensión. Comprensión sin la cual no existe tolerancia, ni justicia, ni paz, sin la cual la humanidad desciende —fresco está el ejemplo— al estadio de la lucha zoológica." Y en otro pasaje apunta: "En su comprensión de la diversidad humana —generosa fraternidad— Cervantes no conoce fronteras. Ningún espíritu más libre de xenofobia que el suyo" (3). Antonio Machado, por su parte, en una carta a un amigo escritor ruso, diez años antes, había subrayado el espíritu empático y humanista-erasmista de Cervantes al referirse a él y a su personaje como epítomes del sentido de fraternidad universal. Así, "[L]o específicamente cristiano —el sentido fraterno del amor ... encontrará un eco profundo en el alma española, *no en la calderoniana*, barroca y eclesiástica, *sino en la cervantina*, la de nuestro generoso hidalgo Don Quijote, que es a mi juicio, la genuinamente popular, nada católica en el sentido sectario de la palabra, sino humana y universalmente cristiana" (énfasis de Machado) (7).

traordinariamente consciente de sus límites—, secular y antidogmático, el cual evidentemente incluye en sus textos, y lo proyecta hacia el Barroco, lo que le lleva a entender el humanismo como preocupación vital y, por tanto, como sustrato que permite perseguir la virtud individual.

Por eso, los intelectuales y reformadores progresistas de esas primeras décadas del siglo XX —con la Generación del 27 a la cabeza— miraron y recuperaron a Cervantes, porque no sólo se sintieron sinfrónicamente conectados con su literatura, sino también, y más profundamente, con los valores que preconizaba su pensamiento humanista. Como nos recuerda Ana María Laguna, para esos pensadores se trataba de un sofisticado humanismo, secular, tolerante, erasmista, comunitario, antidogmático, contra-hegemónico, alerta contra los efectos del autoritarismo y del sueño imperial (*Cervantes* 7-34), y sobre el cual se ansiaba construir una nueva y moderna sociedad española. No sorprende la actitud de esa intelectualidad, pues el sinfronismo es la virtud que mejor definiría a un clásico, si nos convence la definición que ofrece Azorín en el prefacio a *Lecturas españolas* (1912):

> ¿Qué es un autor clásico? Un autor clásico es un reflejo de nuestra sensibilidad moderna. La paradoja tiene su explicación: un autor clásico no será nada, es decir, no será clásico, si no refleja nuestra sensibilidad. Nos vemos en los clásicos a nosotros mismos. Por eso los clásicos evolucionan, evolucionan según cambia y evoluciona la sensibilidad de las generaciones. Complemento de la anterior definición: un autor clásico es un autor que siempre se está formando. No han escrito las obras clásicas sus autores; las va escribiendo la posteridad. [...] Cuanto más se presta al cambio, tanto más vital es la obra clásica. El *Quijote* es la más vital de nuestras obras. [...] No estimemos, queridos lectores, los valores literarios como algo inmóvil, incambiable. Todo lo que no cambia está muerto. Queramos que nuestro pasado clásico sea una cosa viva, palpitante, vibrante. Veamos en los grandes autores el reflejo de nuestra sensibilidad actual. (15)

Consecuentemente, el significado de una obra depende de la contemporánea re-creación que los lectores o los espectadores hagan de todo aquello que la obra les suscita. El lector completa y actualiza lo que la obra le sugiere en un momento y circunstancia vital concretos. Ese aspecto de considerar al lector co-artífice de la obra artística es crucial y es algo de lo cual es plenamente consciente Cervantes, por eso no nos ofrece soluciones claras y espera que seamos cómplices de su ironía: que le encontremos el sentido a su "mesa de trucos." Quede claro, si todo autor con su escritura espera provocar en el lector una respuesta, Cervantes va más allá aún, si se me permite, pues su ironía, sus ambivalencias, ambigüedades, vacíos e inconsistencias, como veremos, necesitan que haya un lector que las capte, las interprete, y re-articule el sentido del texto, haciéndose propiamente co-artífice de la ficción. Por tanto, el potencial sinfrónico (*Syn-phroneo*: 'con'-'sentir,' 'co'-'experimentar,' 'co'-'pensar,' 'comprender') de la literatura cervantina emana de los mismos cimientos de su ficción, al igual que su carácter ético, como ya hemos expuesto. Pues en verdad, de forma reveladora, de '*phroneo*' viene 'phrónēsis' que es la sabiduría o filosofía práctica, la 'conciencia' que da lugar a la comprensión de la diferencia entre el bien y el mal. Lo cual enlaza perfectamente con la finalidad ética de la ficción cervantina: concienciar en la virtud, educar en la vida y para la vida, y en ese proceso de concienciación hacernos mejores y más sensibles a las perspectivas de las otras vidas.[12]

Por tanto, Cervantes nos habla en el presente desde su presente, porque su presente reverbera en el nuestro, y su obra toca directamente nuestra sensibilidad. Eso es a lo que se refería Manuel Azaña en la conferencia "Cervantes y la invención del *Quijote*" (1930) al analizar la modernidad atemporal de Cervantes que se da a través de las generaciones. Azaña distingue entre lo actual y lo contemporáneo para incidir en lo que constituye la contemporaneidad de la obra del alcalaíno,

---

12   Como afirma Jesús G. Maestro, ética y literatura presentan "una relación indisoluble" (*La secularización* 35). A propósito de *La Numancia*, sostiene: "Negar a la literatura la interpretación de sus referentes morales equivale a fosilizar el texto, y a derogar sus relaciones e implicaciones en el presente histórico de la realidad humana" (38).

la capacidad que tiene "una gran obra poética" de "empapar" nuestra sensibilidad y la de otras épocas (17):

> [...] en cada tiempo la sensibilidad personal, avezada a procurarse el goce más digno, busca a sus contemporáneos y se pone en su estela, por lejano que parezca el foco de donde viene la estela. Lo contemporáneo es, pues, distinto de lo actual, y en cierto sentido incompatible con ello. Lo actual se obtiene mediante cortes verticales en la cinta del tiempo que transcurre. Hoy es actual lo que ayer no lo fue ni lo será mañana. Lo contemporáneo se establece en la dimensión profunda, penetrando de una en otra capa para abrir comunicación entre una sensibilidad personal de hoy y obras y personas de otros días. (13-14)

La literatura cervantina entonces muestra esa contemporaneidad —que no actualidad, siguiendo a Azaña— no porque en sí se adelante a su tiempo —Lope, Tirso, o Calderón, serían en ese sentido igual de modernos, o de pre-modernos propiamente—, sino por la manera que tiene de estimular nuestra sensibilidad y de interpelarnos al enmarcar y afrontar literaria y críticamente las problemáticas de su época. Unas problemáticas que encuentran, con todas las obvias salvedades hechas, numerosas similitudes y paralelos con las nuestras. Como sostiene Carroll B. Johnson ("Introduction"), esos paralelos no sólo son trazables sino razonables, siempre y cuando no se hagan de una manera simplificadora o esencialista y sean en todo momento conscientes de los límites de tal análisis comparativo:

> It is not only possible but quite reasonable to characterize Cervantes as an ironic spokesman for the counterculture that was possible in his time and place. It is clear that we do violence to those specifically Hapsburg-era questions if we attempt to conflate them with the issues of here and now, and we similarly do violence to Cervantes if we ask him to address our specifically Reagan-Busch-Clinton-era problematics. Yet there is something in those Cervantine texts we keep returning to that engages us [...] What engages us are the multiple analogies between that society and its problems,

and ours. Cervantes and I both live(d) in ethnically diverse societies where notions of purity and exclusivity clash with diversity and pluralism. We both inhabit societies characterized by an astoundingly unequal distribution of wealth and power. Our society is called upon to make choices similar to those faced by Cervantes's. The trick with these social analogies, I think, is first to avoid the trap of mistaking them for identities [...] A second, more strictly synchronic, trap to be avoided is that of generalizing our own individual attitude and response. Our humanity is engaged—but that engagement doesn't neccesarily produce the same meaning in all of us. The observable social analogies are analogous, not identical. They are the result of different specific, objective historical conditions. Their meaning, however, depends on the perpective of the beholder and the tools s/he uses to decode reality. (xviii-xix)

Es lógico pensar que, en el campo de la investigación histórica, como mantiene, entre otros, John H. Elliott, "every nation views its past through the prism of its present, and its present through the prism of the past" (44). Pues bien, y en sentido similar, si toda interpretación que se haga de la literatura cervantina se fragua desde el prisma del presente del investigador/a que la lleve a cabo, las conclusiones que se extraigan deben de ser rigurosas con el contexto histórico del autor y el texto literario. Sin duda, hay que evitar el presentismo, pero eso no debe impedir que podamos trazar paralelos o analogías que sirvan para iluminar nuestro presente desde los textos cervantinos, y los textos cervantinos desde nuestro presente. Es más, y a la estela de las conclusiones de David Castillo al analizar *El licenciado vidriera*, podemos decir que, si como Walter Benjamin arguyera en sus "Tesis sobre la filosofía de la historia," el carácter urgente de nuestro presente ilumina el pasado de forma distintiva, la actual crisis de la democracia arroja una nueva luz sobre la literatura cervantina y viceversa (*Un-Deceptions* 82-83). No olvidemos que en los últimos años se ha producido un preocupante avance de los regímenes autocráticos a la vez que un retroceso en la calidad de la vida democrática a nivel global, tal y como han denunciado organismos tan importantes como The Freedom House. Como veremos, Cervantes nos ayuda a entender ciertas particularidades de nuestras crisis actuales y nos proporciona herramientas para afrontarlas. Al mismo tiempo, el análisis e impacto de dichas crisis nos ayudan a revelar nuevos aspectos en la interpretación de los textos del alcalaíno. Es el problema de la posible vigencia política del pensamiento de Cervantes, de clara repercusión para este trabajo, ya que no se puede estudiar la ética en la producción de su imaginación teatral como algo del pasado sin relación alguna con nuestro presente. Pero antes de llegar ahí, merece la pena comenzar por contrarrestar aquellas posiciones críticas que puedan ver en estudios como éste proyecciones anacrónicas.

Me refiero a que, como hemos dicho, el humanismo cervantino resalta lo común que nos une, y su actitud es la de empatizar con el Otro, pues entiende que toda vida se da moldeada en la convivencia con los demás; por eso muchos textos cervantinos exhiben una amplitud de miras que es vista, por más y más críticos, como una postura humanista de clara tolerancia hacia el Otro. Sin embargo, numerosas son las opiniones que ven en esta actitud un potencial, si no un *de facto*, anacronismo. Por ejemplo, Gómez Canseco y Ojeda Calvo tildan dichas lecturas de poco literales y ahistóricas ("Cervantes" 59). Por su parte, Pedraza Jiménez, al examinar las diversas interpretaciones sobre *La gran sultana*, defiende que "Cervantes tenía el sentido de la tolerancia que era habitual en sus días, no en los nuestros. Es tan tolerante o tan intolerante como Lope, Tirso o Calderón [...] El dramaturgo Cervantes era hombre de su tiempo" ("El teatro" 25, 29). Pues bien, y sin entrar ahora al análisis de la comedia o si vemos en ella tolerancia como tal, hay elementos suficientes para sostener que Cervantes, siendo hombre de su tiempo, no es en esto como los otros tres autores. La literatura de Cervantes presenta una heterodoxia, unas ambigüedades, unos desafíos y un carácter desengañador, que la de ninguno de esos geniales dramaturgos coetáneos parece tener. Su comprensión, simpatía y empatía hacia el Otro, su mentalidad abierta, su rechazo de todo esencialismo, y su cuestionamiento de los mitos sobre los que se asienta la propaganda ideológica, con el objetivo de provocar una transformación crítica del individuo a través de la ficción, no conforman la actitud que revela por regla general en sus obras ninguno de los poetas mencionados. Frente a las imágenes estereotipadas que el cristiano tiene del Otro judío, turco, gitano, protestante, o morisco, que presentan muchos autores de su época, Cervantes diseña una estrategia que le permite exponer las diferentes facetas de la cuestión y a la vez protegerse de las posibles represalias de los poderes públicos. Dicha estrategia consiste en reflejar en sus textos el estereotipo que su sociedad tiene del Otro étnico, cultural o religioso, y a la vez distanciarse de dicho estereotipo a través del uso de ambivalencias, ambigüedades, vacíos, exageraciones e ironías que desvelan las ansiedades, los constructos vanos y la violencia sobre los que opera el sistema de autoridad oficial, y que son los generadores de esos estereotipos. El objetivo, como siempre, no es darnos la solución, sino exponer la cuestión en su complejidad y dejarla a nuestro juicio.

Otra forma de anacronismo resulta de aplicar el antimilitarismo del mundo de hoy al escritor y su época. El problema surge cuando al atacar esa postura antimilitarista se tacha toda interpretación de crítica a la guerra en Cervantes como anacrónica. Así, ¿cómo a todas luces un patriota y soldado que defendía que su rey atacara las costas africanas para acabar con la amenaza berberisca, que clamaba porque éste entrara en Argel y liberara a los cautivos de sus baños, que luchó en Lepanto y que recaudó provisiones para la Invencible, puede detestar la guerra? Pues precisamente porque la ha vivido de primera mano y ha sufrido sus consecuencias. No son pocos los que, convencidos de su erasmismo, ven un claro irenismo en el de Alcalá. Pero lo que a mi parecer está fuera de duda es que el veterano de Lepanto, poco después de haber sido liberado de su cautiverio, en dos de sus primeras obras dramáticas, *La Numancia* y *La conquista de Jerusalén*, pone en boca de sus personajes críticas directas a las muchas guerras que se llevan a cabo motivadas por la ambición o el ansia de fama.

Cervantes, en efecto, es un hombre de su tiempo, y da la casualidad de que, como ningún cervantista negaría hoy, su literatura dialoga con las prácticas culturales de su día, de tal modo que supone un reexamen de todas aquellas convenciones literarias, teatrales y sociales de su época. Cervantes es un analista de su presente y como tal, análogamente, nos ayuda a esclarecer el nuestro. Por lo tanto, no leer a Cervantes como comentarista de la contemporaneidad es negar la vigencia de su pensamiento, liquidar el ideario cervantino como espacio para reflexionar sobre el presente. Indudablemente, hay que ser conscientes de dos circunstancias a la hora de acometer la interpretación: que nuestras expectativas condicionan y pueden nublar nuestra visión del pasado, y que el texto no tiene un sentido original separado de nuestra mirada —Cervantes está tan convencido de esto último que en el mismo *Quijote* le niega literalmente el texto original al lector, o en *El coloquio de los perros* la posibilidad de una interpretación unívoca. No llevar a cabo esas conexiones entre la literatura cervantina y el presente petrifica los textos, los monumentaliza, encerrando con candado su significado en sí mismos. Siguiendo a Azaña, o a Azorín, no se trata tanto de vivificar el clásico, cuanto de no momificarlo: "No estimemos, queridos lectores, los valores literarios como algo inmóvil, incambiable. [...] Veamos en los grandes autores el reflejo de nuestra sensibilidad actual" (15). Paradójicamente, como ha argumentado David Castillo en *Un-Deceptions*, no hacerlo supone deshistorizar los textos, más que historizarlos, que es la noción que algunos esgrimen cuando pretenden proteger la literatura de la supuesta contaminación de la interpretación que llega del presente.

Como consecuencia de todo lo anterior, en este libro, mediante una lectura contextualizada y un análisis textual riguroso, mostraré cómo la técnica del enmarcamiento contribuye de manera esencial a configurar una ética de la teatralidad que está fundamentada en el humanismo. Dicho humanismo y los valores que hemos visto que promueve, se explicitan frecuentemente en pasajes en los que asistimos al tratamiento que se hace de los Otros. Cervantes ha experimentado y sufrido tantas peripecias vitales que comprende cada vida y sus tribulaciones, cada individuo con sus circunstancias. Ortega y Gasset en sus *Meditaciones* no tuvo empacho en hacer de Cervantes el antecedente de su tesis del "yo soy yo y mi circunstancia," sentencia que presenta una conclusión que muchos olvidan: "y si no la salvo a ella no me salvo yo" (43-44). Pues bien, de aquí se extraen unas claras repercusiones existenciales al igual que unas consecuencias éticas para el contexto cervantino. Cervantes, como Ortega, salva la circunstancia como salva al yo, porque comprende que todo individuo es producto de su circunstancia. Por eso la actitud cervantina es la de simpatizar con el Otro. ¿Acaso no sea ésta parte de la actitud a la base de esos finales abiertos de sus entremeses, de las múltiples ambigüedades de sus comedias, de esa velada ejemplaridad de sus novelas ejemplares, o del multiperspectivismo del *Quijote* o del *Persiles*? Definitivamente, dicha actitud es clave para extraer las lecciones humanísticas del pensamiento teatral cervantino: la ética de su teatralidad.

Pero ¿por qué recuperar el humanismo cervantino hoy en día? y ¿en qué medida ese humanismo puede ayudarnos en nuestros planteamientos éticos? Como hemos observado, siguiendo a Carroll Johnson (1998), entre otros, no sólo es posible sino bastante razonable caracterizar a Cervantes como un portavoz irónico de la contracultura que fue posible en su tiempo y lugar (xviii). Esa convicción es la que lleva a Ana María Laguna en *Cervantes* a estudiar la manera en que muchos de los intelectuales y reformadores progresistas de principios del siglo XX en España miraron al Siglo de Oro, e hicieron suyo el humanismo cervantino de rasgos erasmistas —que extraían fundamentalmente de *Don Quijote*— como el ideario esperanzador donde asentar la virtud ciudadana apropiada para la construcción de la democracia secular de la Segunda República. La irrupción de la dictadura franquista destrozó estos anhelos al tiempo que los ideólogos fascistas se ocuparon de echar por tierra esa lectura de Cervantes para proponer otra basada en valores transhistóricos que cimentara el autoritarismo de una España dogmática, hegemónica e imperial. La versión de un Cervantes profundamente humanista, crítico, disidente, antidogmático y empático se hubiera perdido de no ser por la fértil, aunque dificultosa, continuidad que tuvo en los discursos y en las publicaciones de los autores e intelectuales del exilio y la diáspora (Cernuda, Salinas, Guillén, Alberti, Aub, Sender...), como nos recuerda Laguna. Asimismo, ese Cervantes arraigó en los grandes novelistas de América latina (Carpentier, Borges, Fuentes, Cortázar, Vargas Llosa, García Márquez...), los cuales habían hecho del Neobarroco uno de sus pilares y admiraban a Góngora y al creador de la novela moderna del que se sentían deudores. Es más, los grandes escritores del 'boom latinoamericano' usaron a Cervantes en sus ensayos como poso cultural sobre el que establecer propuestas intelectuales anticolonialistas o antiimperialistas, al tiempo que, paradójicamente, sus grandes novelas iban a ser publicadas en la Barcelona de los sesenta por la editorial Seix-Barral.

Consecuencia del sinfronismo que despierta el verdadero clásico, hemos señalado cómo los valores de la literatura cervantina nos asisten en tiempos de crisis, tanto el surgido en las turbulentas primeras décadas del siglo XX en España, comentado por Laguna, como el que sufrimos en estos momentos del siglo XXI en Estados Unidos y otros muchos países. David Castillo y William Egginton han considerado en sendos libros, *Medialogies: Reading Reality in the Age of Inflationary Media* (2017) y *What Would Cervantes Do? Navigating Post-Truth with Spanish Baroque Literature* (2022), no ya razonable sino perentorio acudir a Cervantes para contener y luchar contra el fenómeno mediático de la posverdad y así encontrar soluciones a la "crisis de realidad" actual.[13] Los autores señalan algunos de los mecanismos que emplean las ideologías totalitarias para manipular la realidad. Estas ideologías se sirven de la *comedia nueva* y otros espectáculos de masas ya en el Barroco del XVII, o de los medios de comunicación y de las redes sociales en el "barroco digital y de la posverdad" del XXI, para provocar una crisis de realidad, de conocimiento y de valores. Y es que ambos periodos históricos están marcados por una sobrecarga de desinformación que pone en peligro la emancipación cognoscitiva del sujeto y, en última instancia, la libertad y la democracia en nuestros días. En este contexto, Castillo y Egginton argumentan que la escritura cervantina puede ayudar a desengañar a los individuos ("fictional awareness") desarrollando en ellos un pensamiento crítico mediante lo que los autores llaman "reality literacy": un ejercicio de análisis crítico de las técnicas mediáticas de enmarcamiento de la realidad entendida como constructo generado por la perspectiva. En *Un-Deceptions: Cervantine Strategies for the Disinformation Age* (2021), Castillo hace también hincapié en la necesidad de desarrollar estrategias que combatan la desinformación, los sesgos de confirmación y los discursos de odio hoy en día. Para ello, las técnicas narrativas cervantinas, de nuevo, son de mucha ayuda pues se encargan de redirigir nuestra mirada desde las distracciones manipuladoras de la ilusión a la forma de la ilusión misma (34-35).

---

13   Sobre este particular, ver también Muñoz Merchán.

No es casualidad que cuando se quieren establecer los cimientos de la democracia a principios del XX los intelectuales y reformistas españoles echen mano de las nociones humanísticas cervantinas. Y tampoco es casualidad que el cervantismo contemporáneo esté usando los mecanismos de su literatura para desvelar la manipulación de la realidad que llevan a cabo las ideologías totalitarias. Ésas que se sirven de los medios de comunicación, de las redes sociales, y los espectáculos de masas para diseminar su demagogia nacionalista excluyente, algo que, como ya sabemos, advirtió y denunció el alcalaíno sobre la cultura mediática de su tiempo. El avance del totalitarismo y de las demagogias populistas y la preocupante multiplicación de las operaciones de desinformación que hemos presenciado en los últimos años a nivel mundial están contribuyendo a crear una verdadera crisis humanística, lo que propiamente significa: una desconfianza en el valor de la razón, una sospecha y negación de la veracidad de los datos científicos, pero también, una derrota de la solidaridad y de la búsqueda de la concordia. Por eso, lamentablemente, en más y más ámbitos se piensa al individuo exclusivamente como ente solo, desgajado de la colectividad.[14] Además, asistimos a la amarga manifestación de que muchos no sólo no quieran distinguir lo que es verdad (hecho fáctico) de lo que es mentira —en un momento en el que estadísticamente los sesgos de información y los bulos distribuidos en los medios superan el total de información verificada—, sino que cual individuos-consumidores se arrogan y reclaman el derecho a "tener su propia verdad," aquello que les reafirme en su realidad y convicciones y les haga sentirse bien.[15]

Por otro lado, en Estados Unidos, la sombra que la derecha, y sobre todo la ultraderecha, ha cernido sobre las humanidades como campos del saber irrelevantes y elitistas ha exacerbado la crisis de éstas. Desde el prisma ultraconservador, la enseñanza de las humanidades está bajo sospecha por generar poco beneficio económico. Sus disciplinas tienen que ser constantemente subvencionadas y encima albergan a los "peligrosos" ideólogos izquierdistas quienes, en el ejercicio de su do-

---

14 Para una exploración de esta noción de individualismo, base de nuestro posthumanismo y antihumanismo, ver *Dividuals* de Julio Baena.

15 Para un análisis del impacto de estas cuestiones, ver la introducción de *Un-Deceptions* de David R. Castillo.

cencia, socavan los postulados conservadores y se enfrentan a las ansias dogmáticas de quienes los proponen. Un ejemplo de esta deriva ultraconservadora lo tenemos en la aprobación de más y más propuestas de ley o leyes que limitan la libertad de enseñanza.[16] Se trata de una crisis de las humanidades causada paulatina, aunque progresivamente, por un círculo vicioso que surge de una baja matriculación universitaria en esas materias, constante desde 2008, y de que los empleos que generan, por regla general, sean menos rentables económicamente. A esto se añade que las universidades, escudadas en los terribles efectos económicos que la pandemia del COVID-19 ha generado en sus presupuestos desde 2020, estén tomando la decisión de eliminar muchas especialidades de humanidades, o combinar varios de sus departamentos. En definitiva, las humanidades y lo que representan están en una situación muy precaria. Por eso, más que nunca, tenemos que ser conscientes de que "para que las humanidades sobrevivan, la democracia tiene que sobrevivir, y la supervivencia de la democracia depende de una sólida investigación y unos principios humanísticos," como opina Robert D. Newman, presidente y director del National Humanities Center:

> For the humanities to survive, democracy must survive, and the survival of democracy is predicated upon robust humanistic inquiry and principles. No area of study, whether the sciences, engineering, social sciences or medicine, is so fundamentally linked to human rights, compassion, the mutuality of the individual and the collective, and the essential preservation and exploration of freedom through life, liberty and the pursuit of happiness. Laws

---

16   Consultar a este respecto el artículo de *El País* del 17 de febrero de 2022 firmado por Yolanda Monge. En él se dice que "Carolina del Sur pretende aprobar una ley que prohíba a los profesores enseñar cualquier materia que cause 'malestar, culpa, angustia.' Esta norma se sumaría a las 155 conocidas como 'leyes mordaza' que funcionan ya en 34 de los 50 estados de EEUU y que limitan lo que los docentes pueden enseñar sobre temas como la raza, la identidad de género e incluso la historia del país." En todos esos estados se anima a denunciar a los docentes de primaria y secundaria que hablen de sexismo, género, comunismo, "o no traten el Holocausto desde el punto de vista de 'ambos lados'".

codify these practices. The humanities provide both the underpinnings of that codification and the methodologies by which they are refreshed and kept relevant. (*Inside Higher Ed*, Sept. 3, 2021)

La crisis de las humanidades refleja las numerosas crisis que se vienen dando en los últimos años, llevándose la palma el deterioro de la calidad de la vida democrática en numerosos países. Por eso es aconsejable acudir a Cervantes, el gran adalid de la dignidad humana, del pensamiento crítico, de la libertad como valor supremo, de la comprensión y de la compasión. Cervantes, que estudia con detenimiento la vida y la condición humana, representa la encarnación del humanismo como modelo pedagógico que ayuda a concienciar en la virtud y a crear una ciudadanía responsable y crítica. Se trata, por ende, de promover no un tipo de lectura, sino un tipo de lector que se constituya en la base del civismo. En palabras de Amy R. Williamsen: "Cervantes helps us reconnect with ourselves and with each other. He teaches us that if we as individuals grow too distant from one another, we lose sight of each other's humanity" ("Quantum *Quixote*" 177). Algo con lo que estoy completamente de acuerdo y que ha enfatizado Bradley J. Nelson al añadir: "In the end, what Cervantes teaches us is that the answers to our problems are only partly about our knowledge of the world around us; what is more important is our knowledge of how we construct our knowledge of that world and how to intervene in those constructs through empathic communication with an *other*" ("Introduction" 29).

Así pues, este análisis engarza con los esfuerzos historiográficos de Ana M. Laguna (*Cervantes*) por recuperar ese Cervantes ironista humanista, portavoz de la corriente contra-hegemónica del pensamiento español, base de la regeneración cultural, moral, cívica y democrática que propugnaban para la sociedad española los pensadores, artistas y reformadores progresistas de primeros del XX. Un Cervantes que quedó enterrado tras el fascismo, pero continuado y celebrado después de 1939, no sin grandes dificultades, por los intelectuales de izquierdas en el exilio y la diáspora. Un escritor, sobre cuya actitud y textos se montaba un utillaje cultural que permitía anclar una ciudadanía democrática en un momento en que la democracia estaba en ciernes. Al igual que hoy que echamos mano de sus estrategias analíticas en un periodo de urgencia democrática como el que experimentamos. Por eso, asimismo, este estudio conecta con los análisis culturales, epistemológicos e ideológicos de David Castillo y William Egginton. Si, por un lado, los estudiosos examinan la crisis de la democracia como la crisis del sujeto democrático, ése que ha venido siendo afectado por lo nocivo de los medios de comunicación (*Medialogies*); por otro, acometen el papel clave que las humanidades deben tener a la hora de escrutar y combatir toda clase de desinformación (*What Would Cervantes Do?*). En ambos trabajos la escritura cervantina es vista como excelente estrategia para desengañar a los individuos y devolverles el pensamiento crítico. Tras esas estelas, este libro pretende poner en valor el humanismo cervantino, conectándolo con el presente y el futuro, al resaltar la valía que tiene ese planteamiento ético a la hora de proporcionar una respuesta crítica que nos ayude a superar la crisis de la democracia. En otras palabras, se trata de rescatar un humanismo que sea herramienta pedagógica y fórmula de movilización cívica.

Los capítulos a continuación ofrecen un análisis textual de las obras en las que, de manera más patente, Cervantes desarrolla su proyecto ético: una labor que pone de manifiesto la posición central que ocupa su humanismo dentro del entramado de su imaginación teatral. Dicho humanismo encuentra una mejor explicitación en aquellos pasajes en los cuales somos testigos del tratamiento que se hace de los Otros. Por eso, el primer capítulo analizará, en el entorno del encuentro entre cristianos, musulmanes y judíos, la crítica que Cervantes hace a la ortodoxia cristiana fundamentalista y a la noción de pureza de sangre en las comedias *El trato de Argel*, *Los baños de Argel*, *La gran sultana doña Catalina de Oviedo*, y *La conquista de Jerusalén por Godofre de Bullón*. En el segundo veremos cómo en las obras que tematizan la guerra, *El gallardo español*, *La Numancia* y *La conquista de Jerusalén*, se reprueba la idea de la fama individual basada en el orgullo o la codicia y no en la virtud o en las buenas obras (aquello que constituye la "buena fama" de la que se habla directamente, por ejemplo, en *Don Quijote* II, 8, 103-04). Asimismo, se critican las guerras motivadas por la ambición o el ansia de gloria, y se abraza una noción de humanidad universal para de ese modo humanizar al enemigo. En esa línea, en el tercer capítulo y de la mano de *La española inglesa*, asistiremos a la apertura, acercamiento y humanización que Cervantes hace del enemigo protestante y turco, a través de las peripecias generadas por el personaje híbrido de Isabel/Isabella, española e inglesa. El cuarto irá dedicado a la representación que se hace del gitano, con especial foco en *La gitanilla,* otro tipo de personaje mixto (gitana/paya) que sirve para repensar las categorías estrictas y excluyentes, trascender los tipos sociales y destapar la corrupción del sistema de autoridad desde el margen que ocupan los excluidos del orden social. Desde ahí precisamente, el quinto capítulo se ocupará de analizar la denuncia que el escritor hace de la 'anticristiana' expulsión morisca revisitando el caso de Ricote y Ana Félix (*Don Quijote* II) y el del jadraque Jarife y Zenotia (*Persiles*). Estos cristianos nuevos son los chivos expiatorios del sistema, pero en Cervantes funcionan como la plataforma desde la que criticar los mitos que sustentan el orden de autoridad y denunciar la demagogia política y la depravación general.

En definitiva, con este estudio no pretendo hacer "actual" a Cervantes —lo que ya desde Azaña sería el error de "ponerlo de moda"—, ni forzar su "modernidad" anacrónicamente. Lo que propongo, sin embargo, es subrayar sinfrónicamente su contemporaneidad, no tan ajena a la nuestra, siguiendo el surco de tantas posiciones críticas —reflejadas ya aquí o en lo que sigue— de las que soy deudor. Posiciones que hacen que vea en el alcalaíno un escritor que nos desengaña, que fomenta nuestro espíritu crítico, pero que, por encima de todo, y esto es lo que este libro viene a resaltar, es un escritor que simpatiza y empatiza con el Otro, que exalta nuestra común humanidad para hacernos mejores personas, ciudadanos más responsables y libres. Éste es el núcleo de su humanismo y también la raíz ética de la teatralidad de su ficción, de la que cada uno, desde su posición y circunstancias concretas, puede sacar partido o extraer una enseñanza vital.

1
Cervantes y la crítica al esencialismo cultural y religioso en las comedias de cautivos

L A PREOCUPACIÓN POR EL teatro inunda toda la obra cervantina, todas sus formas de hacer ficción. Como es sabido, el propio Cervantes quería ante todo triunfar en la escena áurea, ser un afamado dramaturgo. Pero las características del teatro de su generación —eso que Stefano Arata llamó "la generación perdida" de 1580 y que comparte con Lupercio Leonardo de Argensola, Cristóbal de Virués, Francisco de la Cueva, Cristóbal de Mesa, Juan de la Cueva, Gabriel Lobo Lasso de la Vega, Diego López de Castro, Jerónimo Bermúdez, y Andrés Rey de Artieda, entre otros (*"La conquista"* 9)—, junto con las dificultades de sus propias propuestas escénicas y la irrupción de Lope, hicieron que Cervantes desistiera en su empeño y se dedicara más a la prosa. Ahora bien, desde ésta, como ningún otro autor de su época, se continuó refiriendo al mundo de la escena. Estructuras, temas, personajes y atmósferas se trasladan constantemente entre los diversos géneros, desvelándonos detalles sobre la vida, la escritura y cosmovisión del célebre autor alcalaíno. En Cervantes, teatro y prosa se entremezclan y sus límites se difuminan por momentos. Pensemos en *El coloquio de los perros*, *La española inglesa*, *El licenciado vidriera*, o en multitud de episodios del *Quijote*, lo cual refleja la relevancia de la teatralidad en la obra cervantina. Asimismo, el que la escritura de Cervantes ponga tanto énfasis en los diálogos no debe sorprender, pues está infundida de un profundo humanismo, para muchos de raíz erasmista, que muy bien puede venir de la lectura de los propios diálogos humanistas tan importantes durante el XVI, como Américo Castro, Marcel Bataillon, o Antonio Vilanova han sugerido.

En su Adjunta al *Viaje del Parnaso* (1614) Cervantes declara que pensaba dar a la imprenta seis comedias con sus entremeses nuevos "para que se vea de espacio lo que pasa apriesa y se disimula, o no se entiende, cuando las representan" (645).[1] El comentario se hace en clara crítica a la fórmula de la 'comedia nueva' lopesca, la cual se sirve de la espectacularidad barroca para fundamentalmente obnubilar y entretener al vulgo, configurando en la mayoría de las ocasiones un espectador acrítico. El teatro cervantino, por el contrario, utilizará el carácter metateatral del texto dramático para llamar la atención sobre el propio artificio. De ese modo, es un teatro que mira a su armazón, a sus entrañas, con un propósito doble: por un lado, desvelarnos el proceso de creación artística, descubrirnos cómo se construye la ficción teatral; y por otro, denunciar vacíos e inconsistencias ideológicas que pasan desapercibidos cuando, por ejemplo, en la atmósfera espectacular de la comedia de masas de Lope, uno no tiene tiempo de ver y juzgar "de espacio lo que pasa apriesa." Haciendo uso de una gran imaginación teatral, la dramaturgia cervantina desvela no sólo el andamiaje de la creación literaria, sino las contradicciones y los ideales fatuos, como el código del honor o la pureza de sangre, sobre los que se erige la sociedad de finales del XVI y principios del XVII. El objetivo es despertar al lector para que se distancie de lo acontecido en la acción, haga una lectura reposada y reflexiva, y de ese modo adopte una posición crítica con respecto a lo que se le narra o representa. Con estas armas, Cervantes no sólo hará que el "sabidor de su burla," ése que él llama "el lector mío," se constituya en co-artífice de la obra artística, sino que lo moverá hacia una ética, una forma de pensar que conduzca a la virtud y el buen obrar.

Todos tenemos en mente cómo los entremeses de Cervantes suponen "una postura crítica y desmitificadora frente a las ideologías dominantes y oficiales," que diría Nicholas Spadaccini ("Reflexión final" a

---

1   Cito de aquí en adelante la Adjunta y el *Viaje del Parnaso* por la edición de Florencio Sevilla Arroyo, *Obras completas III*, 2013.

los *Entremeses* 74).² Si en el *Viejo celoso* se reprueban los matrimonios arreglados entre viejos y adolescentes y el que las normas sociales releguen a las jóvenes a ser un simple objeto de lujo, en *La elección de los alcaldes de Daganzo* se desmonta la idealización propagada por el *beatus ille* (versión lopesca) que ensalzaba la figura del campesino rico. En su lugar se resalta la más que natural ignorancia y rusticidad de aquellos labriegos que compiten por ser alcaldes y así "figurar," es decir, ostentar cargo en sus aldeas. Pero es en el *Retablo de las maravillas* donde la mirada cervantina no deja títere con cabeza, cual don Quijote en el retablo de Maese Pedro. Los labradores ricos, distinguidos y honrados de la comedia nueva se tornan en el *Retablo* figuras risibles, títeres, público-espectador manipulado en base a sus propios prejuicios. Honor, pureza de sangre y linaje son puestos en entredicho como esas "tan usadas enfermedades" de una clase y locuras de una colectividad, como diría Chanfalla (*Retablo* 220). La ironía de Cervantes en el *Retablo de las maravillas* hace imposible el modelo de identificación del espectador con lo representado en escena, ubicando al público en una posición oblicua por la que ve la tramoya que constituye la representación y la farsa ideológica que ésta desvela, haciéndole adoptar una posición crítica acerca de lo que tiene antes sus ojos. Y es que Cervantes ataca a los engañadores, a los manipuladores de masas, sean del signo que sean: dramaturgos, nobles, representantes de la Iglesia, incluso mecenas, como el príncipe de la corte en *El licenciado Vidriera*. Se trata de una mirada analítica que henchida de teatralidad delata y revela la hipocresía (*La fuerza de la sangre*), la corrupción social y la degradación moral (*El coloquio de los perros, Rinconete y Cortadillo*), la impostura de la "señoría" y la falsedad de la nobleza (*La señora Cornelia*), por citar algunos de los males expuestos en sus *Novelas ejemplares*. Males y taras del cuerpo social que aparecen ironizados por extenso en el *Quijote*, enmascarados bajo el aire ridículo y la teatral locura del caballero andante, y para los que Cervantes nos ofrece una solución ética que tiene mucho que ver con la razón, con el *sapere aude* latino, esto es, 'atrévete

---

2   Cito de aquí en adelante los *Entremeses* por la edición de Nicholas Spadaccini, 1994.

a pensar por ti mismo,' y con el concepto humanista de virtud, el 'cada uno es hijo de sus obras.'

Por lo que respecta propiamente a su teatro mayor, en el prólogo a *Ocho comedias, y ocho entremeses nuevos, nunca representados* (1615) Cervantes declara haber escrito veinte o treinta comedias a lo largo de su vida, de las cuales nos ha llegado un tercio. Es éste un teatro que, lejos de servir a la acción como el de Lope, sirve al concepto, o mejor dicho, sirve para explorar ideas, no momentos de acción.[3] Quizá sea esta dificultad la que a menudo impide a los críticos crear paradigmas globales de interpretación del teatro cervantino, ya sea porque lo ven demasiado episódico, o lastrado por un rígido inmovilismo en sus tramas, o porque lo piensan falto de unidad dramática. Todo lo cual ha contribuido a generar una polémica relativa a si Cervantes escribía un teatro más para ser leído que para ser representado, y en particular, el de su segunda época. A este respecto, estoy de acuerdo con Kenneth Stackhouse, al defender que Cervantes quería que su teatro se representara, pero realmente no esperaba que así fuese. Esto motivó al complutense a tomarse una serie de libertades e incluir otras tantas innovaciones escénicas que no sólo desafiaban las convenciones teatrales de su época, sino que además le servían para cuestionar las suposiciones ideológicas de muchos (22-24). Lo que es indudable es que a Cervantes le preocupaba la cultura de masas y la mercantilización en la que había caído el teatro de su tiempo, prueba de ello el comentario inserto en el *Quijote* por el que se denuncia que "las comedias se han hecho mercadería vendible" (I, 48, 626). Al tratarse de una fórmula teatral a la que se ajustan los poetas, más que una dramaturgia, la comedia nueva pronto cae en manos del poder, dado su éxito y consumo masivo, y la ideología dominante se apropia de ella como vehículo propagandístico, lo que culmina en que el estado termine por nacionalizar los corrales, reglamentar su uso y controlar muchos aspectos de la producción escénica.[4] Previa a la comedia nueva, la dramaturgia prelopesca, y en concreto la

---

3 Para el desarrollo de esta idea, ver Friedman (*The Unifying*), Zimic ("Sobre la clasificación"), Spadaccini ("Writing for Reading"), Spadaccini y Talens ("Del teatro") y Alcalá Galán (*Escritura* 203-06).

4 Ver los estudios de J. A. Maravall (*La cultura; Teatro*), J. M. Díez Borque (*El teatro*), y A. Hermenegildo (*Teatro*).

de Cervantes y su generación, presenta una gran libertad ideológica y un carácter ilustrador con un tono ético. Como defiende Alfredo Hermenegildo, el teatro prelopista, "alejado de la gran masa," era disfrutado por un público culto, "cerrado y, de cierto modo, cautivo, [...] políticamente poderoso (nobles e intelectuales, sobre todo), pero que era fundamentalmente poco numeroso." Así que, concreta el crítico: "Cuando el teatro abandonó a su público cautivo perdió la posibilidad de ser instrumento de liberación para caer en manos del poder. Por eso tiene tanto interés el estudio del teatro prelopista: porque respira, en general, un aire de libertad que no existe en la gran comedia nacional" (*Teatro* 8). Por lo tanto, para contrarrestar esta situación de la exitosa nueva fórmula teatral —que además hace que los autores de comedias no se interesen por las que el alcalaíno escribe—, Cervantes aboga decididamente por un lector y un público críticamente receptivos que se hagan resistentes a la manipulación de los medios. Y claro, qué mejor manera de lograr el objetivo que, llegado el momento, "dar a la estampa" sus comedias para favorecer esa lectura reflexiva del texto que logre el doble propósito de ilustrar crítica y éticamente a sus lectores. De este modo, el dramaturgo crea un vínculo especial entre lector y texto, y protege sus piezas de la influencia nociva de todo aquello que forma el aparato de la cultura de masas.[5] Lo que en palabras de Alcalá Galán implica:

> Al plantear Cervantes el teatro como texto escrito (no olvidemos el "nuevas" y el "nunca representadas" del título que convierte en virtud un involuntario fracaso) apuesta por la calidad de sus textos que pueden "nacer" al ser representados mentalmente ("el pensamiento es ligero") mediante la alquimia de la lectura. Se establece así un sagrado puente entre lector y texto que excluye la mediación corruptora de representantes, actores y público sin criterios válidos. Con el acto de publicar sus comedias Cervantes las sitúa en un ámbito inaccesible a la idea de consumibilidad del teatro de su tiempo: sus comedias rechazadas por sus contemporáneos son

---

5   Para un ensayo detallado sobre el teatro cervantino compuesto para ser leído y como crítica a la cultura de masas, véase Castillo y Spadaccini ("Cervantes y la *comedia nueva*").

ofrecidas a lectores que nada tengan que ver con los prejuicios que imposibilitan el entendimiento y aprecio de un teatro ofrecido a la mucho más severa "censura de los aposentos." (*Escritura* 205-06)⁶

Eso sí, esa preferencia por una lectura íntima del texto no significa en absoluto una renuncia a la teatralidad, pues ésta constituye la cimentación de toda la ficción cervantina. En todo caso, supone una renuncia a la vana espectacularidad que ha traído consigo la comedia nueva y su consumo masivo en los corrales, y no aquella otra de la que hablaba Agustín de la Granja, que fue lo que "mantuvo en pie, en sus orígenes, el teatro de Cervantes" ("Apogeo" 226).

El escritor, como hombre de teatro que es, sabe de la relevancia de la representación y en ningún caso nos transmite que la lectura sea superior a la escenificación. En este sentido, disiento de la apreciación de Díez Borque que considera que el hecho de que el dramaturgo conceda en su momento tanta importancia a la lectura de sus textos se deba más que nada a la reacción provocada por el fracaso de su teatro, o a que buscara "poco convencido creo, la salvación por la lectura" ("Cervantes y la vida" 13, 14). Pues, como el dramaturgo reconoce, no sólo los autores de comedias no lo buscan a él, sino que él no los busca a ellos. La cuestión es: ¿no los busca porque sus comedias no se venden, o porque para ese momento el escritor ya no espera que se representen? No lo sabemos, pero me parece que es más bien lo segundo, si tenemos en cuenta las fechas de composición de algunas de ellas, —como nos recuerda, entre otros, Henry (*The Signifying* 4-5)—, y lo que el dramaturgo nos dice en la Adjunta al *Parnaso* y en el prólogo a *Ocho comedias*. Por eso, podemos entender que John J. Allen afirme, tras estudiar las acotaciones, que las comedias de Cervantes fueron escritas para el escenario y no para un público lector ("Some Aspects" 9). Pero también debemos de tener en cuenta, como nos apunta Bruce Burningham, lo

---

6   Lope de Vega, por el contrario, desconfiaba de la recepción del texto impreso y de esa lectura atenta que se pudiera hacer de él en la privacidad del aposento. Por eso en el prólogo a la *Novena parte* de sus comedias dice: "No las escribí con este ánimo [de imprimirlas], ni para que los oídos del teatro se trasladasen a la censura de los aposentos" ("Prólogo" *Novena parte*, cit. en Diez Borque, *Sociedad* 262).

muy descuidado e inconsistente que es Cervantes con dichas acotaciones, lo que para el crítico constituye un síntoma revelador del sentido bastante defectuoso que Cervantes tiene del espacio escénico ("performance space"), incluso en el teatro potencialmente más logrado de su segunda época ("Cervantes" 24-26). Sin embargo, ¿no denotaría este descuido e indiferencia de Cervantes a la hora de trabajar en el papel las sutilezas inherentes a la escenificación que esté pensando más en un público lector que en uno espectador? Así lo cree el propio Burningham, cuando además trae a colación la opinión de David Amelang ("From Directions") al respecto del carácter más narrativo y desarrollado ("more narrative" 18), y, por ende, menos convencional de las acotaciones cervantinas; esto es, unas acotaciones más diseñadas para informar o avisar al lector, que para orientar la puesta en escena como las usaba Lope (Burningham, "Cervantes" 27). Con todo, una cuestión es clara: dadas las circunstancias creadas por la comedia nueva y la cultura de masas que la rodeaba, Cervantes decide con toda intención renunciar a la vana espectacularidad de los escenarios de los corrales y dar, especialmente su último teatro, a los imaginados y más juiciosos escenarios de la lectura, mucho más adecuados para sus propias innovaciones conceptuales, ideológicas, escenográficas y técnicas. De ese modo, su dramaturgia no sólo tendrá una mayor libertad para enfrentarse a las ideas y prejuicios de su época, sino para seguir implementando novedades escénicas y escenográficas que, si bien ahora han de ser exclusivamente imaginadas, habían marcado el estilo del complutense desde siempre: aspectos como la singular función de los personajes alegóricos, el excesivo número de personajes presentes a un tiempo en el escenario y la peculiar interacción de éstos en muchas escenas, o los prolijos ambientes y decorados de los dramas. Por último, recalcar una vez más que la teatralidad cervantina recorre por entero su obra literaria, y que se trata de un modo de entender, de imaginar la realidad. Bajo este marco, el teatro del alcalaíno obviamente está impregnado de teatralidad y está pensado para ser representado, si no en el corral (puesta en escena), en la recreación, no por eso menos teatral, que suscita la atenta lectura.

Pero ¿cómo ha sido visto el teatro del alcalaíno a lo largo del tiempo? ¿Qué ejemplos tenemos dentro de su obra de lo que piensa Cervantes del teatro y de la comedia nueva?[7] ¿Cuál es la semilla de sus innovaciones escénicas e ideológicas?[8] Como ha señalado la crítica, el teatro cervantino no fue visto con buenos ojos desde el comienzo: fue desdeñado en el siglo XVII, duramente criticado en el XVIII,[9] y esca-

---

[7]   Véase para este particular el preciso resumen que hace Díez Borque ("Cervantes y la vida"). Brioso Santos ("Cervantes frente a la comedia nueva"), en la línea de Spadaccini, argumenta cómo en la metateatralidad del *Retablo de las maravillas* Cervantes dirige una crítica voraz a "la vacuidad y la quimérica espectacularidad" de la comedia nueva de moda liderada por Lope y los suyos, a su "unilateralidad ideológica," a su "maravilla espuria," y a ese "negocio teatral" "como un formidable mecanismo de alienación colectiva: del escritor, de las compañías y del público mismo, según muestra el panorama totalizador del *Retablo*" (742). La alternativa para Cervantes, defiende el crítico, no pasa por esperar a que algún productor se interese por su teatro, sino por ofrecerlo a un público lector más reflexivo y así "esquivar el circuito comercial presentando directamente al público piezas artísticas en forma impresa, *nuevas y nunca representadas*" (742).

[8]   Véase el volumen 20 de *Cuadernos de Teatro Clásico* de varios autores, coordinado por Rey Hazas.

[9]   Blas Antonio Nasarre Férriz y Agustín Montiano Luyando reconocían en su "Aprobación," esto es, el prólogo escrito en 1732 a la edición del mismo Nasarre del *Quijote* de Avellaneda, que el texto apócrifo era de mucha más valía literaria que la segunda parte del *Quijote* de Cervantes. Asimismo, consideraban el teatro cervantino como una burla premeditada del de Lope, con el objetivo de poner de manifiesto sus innumerables defectos, disparates y necedades. Así, el propio Nasarre, en su introducción a la edición de las *Comedias y entremeses de Miguel de Cervantes* publicado en 1749, es el primero en elogiar la comedia del alcalaíno al pensarla más afín a la preceptiva neoclásica que la de Lope o la de Calderón, a los que señala como los corruptores del género teatral. Sin embargo, su elogio no sirve sino para manifestar cómo el teatro de Cervantes podría haber sido mejor si sus afamados contemporáneos no lo hubieran alienado de las tablas con la imposición de sus propuestas escénicas. Para Nasarre, Cervantes era mejor dramaturgo que todos ellos, pero al verse marginado, decidió escribir no como sabía, sino usando su ironía para mofarse y castigar las comedias de sus coetáneos, con Lope a la cabeza: "Y con las mismas necedades representadas [Cervantes] mostró agradablemente, como hacen los pintores de las cosas feas y espantosas, el desorden, lo ridículo y lo falto de arte, de invención y de verosimilitud, de

samente reivindicado en el XIX por los románticos alemanes que se fijaron más que nada en el patriotismo trágico de la *Numancia*. Hemos tenido entonces que esperar hasta el siglo XX, y lo que va de XXI, para reivindicar y revalorizar el conjunto de su valía en los serios estudios monográficos y en las representaciones que se le han dedicado. Y, aunque algunas de las comedias de Cervantes sigan sin ser escenificadas, o apenas vean los focos, definitivamente se ha descartado aquel comentario del prólogo a su teatro que hacía referencia a que de su "prosa se podía esperar mucho, pero que, del verso, nada..." (14).[10]

Por lo que respecta al pensar del propio Cervantes sobre el teatro de su tiempo y la comedia nueva, hay que empezar haciendo mención a los pocos pasajes que suelen citarse donde el autor habla de forma más o menos directa de su obra dramática. En primer lugar, las palabras de don Quijote, entendidas como una especie de confesión de Cervantes: "porque desde muchacho fui aficionado a la carátula, y en mi mocedad se me iban los ojos tras la farándula" (II, 11, 127). En segundo lugar, la admiración que siente hacia las obras de la dramática anterior del "gran Lope de Rueda" (9) como declara en el prólogo a sus *Ocho comedias*, donde además menciona haber escrito hasta treinta obras, "que todas ellas se recitaron sin que se les ofreciese ofrenda de pepinos ni de otra

---

buena moral, que el pueblo, engañado, tenía por cosas admirables" (Nasarre cit. en Rey Hazas y Muñoz Sánchez 51). Leandro Fernández de Moratín (163) y Alberto Lista (116) también desdeñaron y rechazaron el teatro cervantino. Ver Alberto Sánchez, y Francisco Aguilar Piñal.

10   Ver los comentarios de Pedraza Jiménez ("El teatro") a este respecto. En cuanto a los análisis críticos del teatro cervantino, hay que destacar los estudios de Díaz de Escobar, Cotarelo Valledor, Astrana Marín, Casalduero, Marrast, Ynduráin, Varey y Shergold, Valbuena Prat, Canavaggio (*Cervantès dramaturge*; *Cervantes*), Friedman (*The Unifying*), Zimic (*El teatro*), Arellano (*Historia*), Maestro (*La escena*), Rey Hazas, Hermenegildo, Díez Borque, Spadaccini y Talens, Henry (*The Signifying*), o Gómez Canseco; los volúmenes coordinados por Maestro (*El teatro*), Brioso Santos (*Cervantes*), Aaron Kahn (*The Oxford Handbook*), o Fernández y Martín (*Drawing*); y las ediciones preparadas por Schevill y Bonilla, las numerosas de Sevilla Arroyo y Rey Hazas, y la coordinada por Gómez Canseco. Para una nutrida bibliografía de ediciones y estudios críticos, ver Maestro (*El teatro* 467-502) y el Volumen Complementario de Gómez Canseco (*Comedias y tragedias* 767-903).

cosa arrojadiza" (12).[11] Y, por último, el parcial elenco de títulos de sus comedias en la Adjunta al *Parnaso*, la mayoría de los cuales dice no recordar (644).

Cervantes establece un particular diálogo con la comedia nueva en obras como *Pedro de Urdemalas*, o *El rufián dichoso*, pero quizá es en los pasajes de *Don Quijote* I, 48, donde en las distintas conversaciones entre el cura y el canónigo, de manera más sobresaliente se revela el parecer ético y estético cervantino ante la irrupción y éxito del teatro lopesco y sus seguidores.[12] Cervantes, al igual que los miembros de su generación teatral, inspirados por una formación humanista, pretende superar el teatro antiguo dignificándolo (Sánchez, "Aproximación" 29-30; Ojeda Calvo, "Antes del Arte" 69-71); es decir, vertiendo en él cierto contenido ético personal y social, y haciendo que sirva para ilustrar y divulgar ideas, sin que esto, insisto, conlleve menoscabo a su teatralidad. Eso es lo que fundamentalmente se desprende del diálogo entre don Quijote y los eclesiásticos resultando en lo que podría ser la teoría dramática cervantina expresada en ese capítulo del *Quijote*. No creo que acierten aquéllos que van más allá e identifican la postura del dramaturgo con las del cura o el canónigo, —algo que incluso impondría la censura a la nueva comedia—, pues, como ya dejó claro Bruce Wardropper, si Cervantes hablara a través de sus dos personajes habría plasmado una mayor conformidad, o un mayor anhelo por la imitación de los modelos clásicos ("Cervantes' Theory" 220-21), lo cual no es lo que la dramaturgia cervantina termina proponiendo. Para ello, no hay más que atender a los cambios que la figura moral 'Comedia,' en la segunda jornada de *El rufián dichoso*, parece aceptar a la estela de las innovaciones traídas por la comedia nueva, algunas de las cuales Cervantes pondría en práctica. Así, en el diálogo que entablan Comedia y Curiosidad se dice:

    COMEDIA   Los tiempos mudan las cosas

---

11   Cito de aquí en adelante los dramas por la edición de la RAE, *Comedias y tragedias*, coordinada por Luis Gómez Canseco, 2015.

12   Al respecto de la irrupción del teatro de Lope y su impacto en Cervantes, véanse las reflexiones de Anthony Close ("La idea"), Aldo Ruffinatto ("El arte") y Brioso Santos ("Cervantes frente a la comedia nueva").

y perficionan las artes,
y añadir a lo inventado
no es dificultad notable.
Buena fui pasados tiempos,
y en estos, si los mirares,
no soy mala, aunque desdigo
de aquellos preceptos graves
que me dieron y dejaron
en sus obras admirables
Séneca, Terencio y Plauto,
y otros, griegos, que tú sabes.
He dejado parte de ellos,
y he también guardado parte,
porque lo quiere así el uso,
que no se sujeta al arte.
Ya represento mil cosas
no en relación, como de antes,
sino en hecho; y así, es fuerza
que haya de mudar lugares,
que, como acontecen ellas
en muy diferentes partes,
voime allí donde acontecen,
disculpa del disparate.
[...] el pensamiento es ligero:
bien pueden acompañarme
con él do quiera que fuere
sin perderme ni cansarse. (vv. 1229-64)

Estas palabras implican una apertura y un remozamiento de la preceptiva clásica que podía haber pesado más en el teatro antiguo cervantino. Por eso, en resumidas cuentas, el reproche más significativo que hará Cervantes a las comedias de moda, tanto en ese episodio del *Quijote* como en el prólogo a las suyas, será la abundancia de lugares comunes, de repetidas fórmulas al uso, de "necedades" dramáticas (Prólogo 14). En su lugar, el complutense propone un teatro más comprometido con la experiencia vital: unas obras que se alejen de lo repetido y formulario, y que sean, si no mejores, "a lo menos, razonables" (Prólogo 14). En esa vena, Rey Hazas y Muñoz Sánchez apuntan que Cervantes "ridiculizó y puso en solfa el teatro de Lope y sus seguidores siempre que tuvo ocasión, sobre todo por sus excesos de estereotipos y clichés meramente teatrales, lejanos a la vida y a la realidad de cada día, lo que le parecía delito de lesa arte" (51). Por eso, más que nada, al decir de Spadaccini y Talens, nos enfrentamos con un dramaturgo que "rather than 'representing' the world, projects the world itself as a representation" (*Through the Shattering* 170). En definitiva, Cervantes nos propone un teatro alternativo, más específicamente una "poética de la libertad" subordinada siempre a la calidad estética de la comedia, a la cual contribuían los preceptos del arte, fueran éstos clásicos o no (Rey Hazas, "Cervantes" 44, 48). Esa poética "defensora de la herencia humanista, de la libertad y dignidad del individuo" (Rey Hazas, *Poética* 74) es la que lleva al dramaturgo a la experimentación casi constante y a que sus comedias no puedan reducirse a ningún molde; no sintiéndose obcecadamente constreñidas ni por la preceptiva clásica, ni por la ansiedad de tener que conformarse a la nueva fórmula dramática, ni tampoco por la necesidad de que se lleven a las tablas. De modo que, en este teatro, tanto o más que en otros géneros, y de una manera más patente y directa, se despliega el humanismo de Cervantes preocupado por expresar lo auténtico, complejo y precario de la realidad vital.[13]

---

13   Coincido así con Jesús G. Maestro cuando defiende que el teatro de Cervantes, incluyendo la tragedia y los entremeses, "expresa verosímilmente la complejidad y la autenticidad de la vida real, atenta a la existencia humana en momentos decisivos de su evolución" (*La escena* 12). A su vez, el crítico arguye que en lo que se refiere al tratamiento del lenguaje, los personajes y la acción, en la dramaturgia cervantina subyacen "cualidades formal y funcionalmente determinantes de la dramaturgia de la Edad Contemporánea" (*La escena* 11, 12, 18). En cuanto a la herencia humanista en el teatro del alcalaíno, concretamente la preocupación por la libertad y su efecto en el individuo, son muchos los que ven en Cervantes una influencia de Erasmo, ej. McKendrick ("Writings" 135-36). Una de las últimas en reconocerlo al analizar el teatro mayor cervantino a la luz de las varias estrategias empleadas de escenificación del 'yo' y su libertad ha sido Melanie Henry (*The Signifying*).

Por lo que se refiere a las innovaciones formales y escénicas que Cervantes dice haber inventado para las tablas, el autor señala dos en el prólogo a *Ocho comedias*: el "reducir las comedias a tres jornadas, de cinco que tenían" —invento que se atribuyeron igualmente otros coetáneos, como Virués en el prólogo de *La gran Semíramis* (1579), o Juan de la Cueva en la Epístola III de su *Ejemplar poético* (1606)—; y el ser "el primero que representase las imaginaciones y los pensamientos escondidos del alma, sacando figuras morales al teatro, con general y gustoso aplauso de los oyentes" (11-12). Un recurso que ya se venía dando en las farsas sacramentales alegóricas, desde al menos la *Danza de la muerte* de Juan de Pedraza, donde intervienen "ideas animadas" como Razón, Ira, o Entendimiento. Sin embargo, Cervantes se está refiriendo a ser pionero en darle forma dramática externa a los pensamientos, o a la conciencia de los personajes (Riley, "The *Pensamientos*" 624; Canavaggio, *Cervantes* 179). En definitiva, utilizar personajes alegórico-morales para mostrar los entresijos y las fluctuaciones de la conciencia —la Ocasión y la Necesidad (*El trato*), la Guerra y la Enfermedad (*La Numancia*), la Esperanza y la Libertad (*La conquista de Jerusalén*), la Curiosidad (*La casa de los celos*, *El Rufián dichoso*)—, lo coloca en la línea del 'enseñar deleitando' de su generación, y sin duda favorece la concienciación ética que quiere el alcalaíno que el lector/ espectador obtenga de su arte. Por todo ello, como señala Alberto Sánchez, el Cervantes dramaturgo destaca por

> su original empeño en nadar contra la corriente, enfrentarse con ideas y prejuicios generalmente admitidos: burlarse de la división conflictiva entre cristianos viejos y nuevos (nada cristiana en el fondo), no admitir la venganza sangrienta de la honra conyugal, o bucear en la psicología humana más allá de los tópicos rutinarios. En fin, Cervantes se propuso enaltecer y elevar la dignidad del teatro español, tanto en los moldes estilísticos como en el contenido ético personal y social. Si no llegó a conseguirlo plenamente, debemos agradecerle la nobleza del impulso, y el reiterado esfuerzo por cumplir su designio. ("Aproximación" 29-30)

Centrémonos ahora en explorar algunos ejemplos de cómo se exponen estos problemas vitales y cuál es la solución ética planteada por el humanismo cervantino en las comedias de cautiverio, en los dramas en los que Cervantes representa la visión que se tiene del Otro y que el Otro tiene del Uno. Esas comedias son: *El trato de Argel* (1581-83?), *Los baños de Argel*, *La gran sultana* (1606-10, publicadas en *Ocho comedias*, 1615) y *La conquista de Jerusalén por Godofre de Bullón* (1583-86), cada vez más cervantina desde que Stefano Arata la descubriera a finales de los ochenta.

Vaya por delante el aclarar que son cinco, y no cuatro, las comedias en las que Cervantes desarrolla su visión del Otro centrándose en las vicisitudes del cautiverio o la confrontación entre cristianos y moros; analizaremos *El gallardo español* en el siguiente capítulo pues no es una comedia de cautivos como tal. Por tanto, en estas cuatro obras donde Cervantes delinea más detalladamente su visión del Otro,[14] el lector se siente confrontado con la contradicción existente entre la defensa y la crítica de la ortodoxia cristiana. Concretamente, la contradicción que supone el despliegue de múltiples pasajes de una notable ortodoxia cristiana, en los cuales se insertan diálogos, que no sólo no concuerdan, sino que subvierten dicha ortodoxia. A mi modo de ver, la razón de ser de estos momentos contradictorios, de estas oscilaciones, tiene que ver con el plan cervantino de desmantelar, con ayuda de la ironía, los ideales fatuos que vienen impuestos por la ideología

---

14   Como es sabido, las experiencias de los cinco años de cautiverio de Cervantes en Argel aparecen de algún modo representadas a lo largo de toda su producción, pero principalmente en obras como las analizadas aquí, así como en *El amante liberal, El gallardo español*, ya mencionada, *La galatea, La española inglesa, Los trabajos de Persiles y Sigismunda*, y los capítulos de "La historia del cautivo" en *Don Quijote* I, 37-42. Sobre aspectos biográficos del cautiverio y sus consecuencias en la obra cervantina, ver el elenco de trabajos que aparecen en nota 2 del ensayo de García Lorenzo ("Cervantes"); asimismo, los trabajos de Camamis, Garcés (*Cervantes in Algiers*), McGaha ("Hacia"), y Ohanna ("Cervantes"). Por lo que se refiere a un monográfico reciente que analice todo el teatro mayor cervantino, ver los estudios introductorios en el volumen complementario a la edición de *Comedias y tragedias*, coordinado por Gómez Canseco.

dominante: honor, pureza de sangre y exagerada ortodoxia religiosa. Cervantes lleva a cabo su plan contraponiendo el discurso del honor y el excesivo celo religioso con la hipocresía del comportamiento humano. Se ve al moro desde los ojos del cristiano y al cristiano desde los ojos del moro, produciéndose así una especie de "vértigo" que, como ha señalado David R. Castillo, viene a desestabilizar cualquier noción de centralidad cultural (*(A)wry Views* 122). Las nociones de esencialismo cultural están basadas en rígidos mitos como el código del honor o la pureza de sangre, que no se pueden mantener en realidad. De hecho, la práctica de las relaciones cristiana-moro, mora-cristiano anula el valor y la viabilidad de esos mitos.[15] En efecto, como desvelan las cuatro obras, es imposible actuar conforme al ceñidor del honor, o mantener la escrupulosidad religiosa o de la sangre, sin caer a veces en la inconsecuencia o en el ridículo. En zonas de contacto cultural como Argel, Constantinopla, o Jerusalén no podemos preservar la fantasía social de que entre el Uno y el Otro haya una diferencia intrínsecamente radical.

A primera vista, se podría defender que en estas comedias se representa la superioridad moral de los cristianos frente a la irreverencia y falta de ley de los moros (Casalduero, *Sentido y forma del teatro*; Friedman, *The Unifying*; Rey Hazas, "Las comedias"), así como las odiseas por las que pasan los cristianos cautivos por defender su fe en tierra de infieles. Está asimismo claro que en estos textos los moros son acusados de inocentes, ingenuos, falsos, deshonrados, crueles, sodomitas[16] y de adorar a los astros (luna) como los amerindios. No obs-

---

15 Aunque Cervantes conoce muy bien la realidad particular de cada una de las comunidades que conviven en Argel, utiliza el término 'moro' indistintamente para referirse al musulmán, sea éste turco, moro, morisco, árabe e incluso renegado (Djadri 71-72). Igualmente, en este trabajo voy a usar el término de forma indistinta, por cuanto hablo desde dentro de los textos o la época, a menos que se especifique.

16 En opinión de Adrienne Martín ("Images"), tanto *Los tratos* como *Los baños* son comedias emblemáticas para mostrar la visión que tiene la España de comienzos del XVII sobre el 'horrendo' pecado de sodomía. Desde la atalaya de la mentalidad católica, herejía y sexualidad están interconectadas, de tal forma que la considerada desviación sexual (sodomía) y religiosa (islam) son una y la misma cosa.

tante, a mi modo de ver existe otra lectura, como nos ilustran Johnson y Wardropper, ya que Cervantes crea ambivalencias formadas a partir de la presencia de ideas contrapuestas. Bruce Wardropper incide en esta idea al señalar que Cervantes "scrupulously presents both sides of any question" ("Cervantes' Theory" 218). De manera similar, Carroll Johnson, al acercarse a *La Numancia*, enfatiza la intencionada "ambigüedad" en la representación cervantina, y mediante esta ambigüedad la imposibilidad de una única y definitiva interpretación: "Una lectura 'correcta,' en el sentido de establecer definitivamente la superioridad de una interpretación sobre la otra, queda así imposibilitada. Precisamente, creo yo, como quiso Cervantes" ("*La Numancia*" 316). A mi juicio, es ésta una ambigüedad que Cervantes espera que el lector supere, para de ese modo llegar a tener una opinión propia que redunde en juicios con repercusiones en el mundo. Cervantes estaría así llevando hacia el terreno de la responsabilidad y de la ética, y no sólo del conocimiento, el *sapere aude* latino, el "atrévete a pensar" por ti mismo que tanto influyó en la Ilustración. No quiero con esto proponer a un Cervantes ilustrado (en el sentido rechazado por Mariscal, "*La gran sultana*") pero sí a un convencido humanista cristiano con claros tintes racionalistas. Cervantes se aplica en cuestionar la fundamentación de la moral y de la identidad individual en conceptos como los de la sangre, el honor o la nación, impuestos por el sistema político como si de la propia Revelación cristiana se tratara. En su lugar propone una ética de la empatía basada en la racionalidad y los valores compartidos.

En este sentido, Cervantes rompe con esa visión que parece tener del moro la comedia lopesca de 1596-1603 como ser ciego dominado por el demonio y por lo tanto irredento, inferior e incompleto en el plano religioso, que no así en el plano noble caballeresco. Me refiero a comedias del 'fénix' como *El hijo de Reduán, El hidalgo bencerraje, El remedio en la desdicha, El cerco de Santa Fe, La divina vencedora, El sol parado* o *El cordobés valeroso*. En Lope, el moro, y posteriormente el amerindio en dramas como *El Nuevo Mundo descubierto por Cristóbal Colón* o *Arauco domado*, se presenta como distinguido, valeroso y noble; pero, por otro lado, es un ser incompleto, bárbaro y falto de Dios.[17] Cervantes destruye esta dicotomía mostrando la complejidad de las relaciones entre el cristiano y el Otro, y al hacerlo desmantela con ironía los ideales fatuos sobre los que se edifican tanto la identidad de los dos como sus odios y diferencias.

En Cervantes por encima de todo prima lo humano, lo cual se refleja en una constante preocupación por el tema de la honestidad y en una defensa de la virtud individual. Un buen ejemplo de este humanismo aparece en *La gran sultana* en el intercambio que tienen dos renegados, y otro en *Los baños* al representar las relaciones entre cristianos y judíos. Al comienzo de *La gran sultana*, cuando los personajes Salec y Roberto dialogan sobre el hecho de haber renegado de su fe, Salec termina por decir: "que, si va a decir verdad, / yo ninguna cosa creo." Roberto replica: "¡Fino ateísta te muestras!." Y Salec concluye: "Yo no sé lo que me muestro; / solo sé que he de mostrarte, / con obras al descubierto, / que soy tu amigo, a la traza / como lo fui en algún tiempo" (vv. 190-97). Es decir, no importa tanto aquello en lo que se cree cuanto la obligación de demostrarlo con obras. Ésa es la razón de que Cervantes muestre simpatía hacia los renegados. Piensa que entre ellos hay almas que todavía con esfuerzo se pueden recuperar para el cristianismo —recuérdense los sermones de Sayavedra en *El trato*. Al mismo tiempo opina que son seres humanos a los que en muchas ocasiones las circunstancias económicas y políticas los han inclinado a cambiar de fe.[18] Con respecto a la representación que se hace del judío, mientras en *La gran sultana* éste se defiende de la perversidad e insultos del cristiano llamándolo a su vez "bárbaro" (v. 443) y "demonio" (v. 456), en *Los baños* se resalta en un tono burlesco la maldad del cristiano frente a la humildad, sumisión, inocencia y a veces servilismo del judío. Éste cataloga al cristiano de "Cristiano honrado" (v. 1659), "Buen cristiano" (v. 1276) y "señor" (v. 1286); el español le devuelve "diablo," (v. 2507), "puto judío," (v. 2529), e "hideputa" (v. 2531). Por tanto, en estas come-

---

17   Para un desarrollo de la representación que se hace del amerindio no sólo en Lope sino en el corpus completo de la comedia del Siglo de Oro, ver Moisés R. Castillo (*Indios en escena*).

18   Sobre el tema del cautiverio y los renegados en toda la obra cervantina, ver Willard F. King ("Cervantes").

días se aprecia el odio enquistado que de siempre el español le tiene al judío, a pesar de que en tierra de infieles el cristiano es un cautivo y el judío uno de tantos emigrantes libres. Quizá sea esto último la razón de la tolerancia que muestra el musulmán hacia el judío, aunque lo considere en menos que al cristiano y como consecuencia lo perjudique a la hora de dictar justicia. En *Los baños*, los judíos son "gente afeminada" (v. 1278), culpables de todo por negarse a reconocer a Cristo, algo de lo que también se les acusa en *La gran sultana*. Sin embargo, Cervantes sutilmente nos confiesa el aprecio que le merecen los judíos en este ambiente, al ser los menos hipócritas y los más constantes defensores de su fe. Djadri lo ha dejado claro con estas palabras:

> En conclusión, tanto cristianos como musulmanes reprochan a los judíos su maldición eterna. Los unos despiadados los otros más o menos indulgentes. Y Cervantes, acaso aprecie entre los judíos su apego a la religión como ejemplar ya que reprocha él mismo a algunos cristianos su floja creencia, y a los musulmanes su poca fe. (137)[19]

En consecuencia, es ese humanismo de Cervantes el que se plasma jocosa pero genuinamente en *Los baños*, cuando el judío paga humanitariamente el rescate para liberar a su peor enemigo, el sacristán, aunque éste se ha pasado la obra entera insultándolo, robándole y haciéndole demás maldades.

La gran sultana

Quizá lo más fascinante de *La gran sultana* sea el diálogo que mantiene el rey turco con la beata española cautiva Catalina de Oviedo. En ese intercambio el moro expresa el deseo de querer mezclar su sangre con la cristiana aduciendo que eso ennoblecerá al turco y le dará un "mayor ser" (v. 1209): "No habrá descubierto el sol, / en cuanto ciñe y rodea, /

---

19   Para un estudio de la visión cervantina del judío en *Los baños* y *La gran sultana*, ver el trabajo de Nicolas Kanellos, el de Jean Canavaggio ("La estilización") donde se subraya la configuración ambigua del judío argelino en *Los baños*, y el de Ruth Fine ("Reflexiones") que problematiza el estereotipo del personaje semita en ambas obras.

no quien pase, que igual sea / a un otomano español" (vv. 1214-17). De hecho, se habla de los hijos —"hermosísimos leones" (v. 1221)— que tendrán juntos. El argumento cervantino se explicita así: mientras ella defiende erre que erre con arrogante y heroica intención su ortodoxia cristiana, el moro, llevado por la lujuria, se muestra mucho más tolerante, comprensivo, laxo y menos intransigente, al no sólo aceptar sino desear el matrimonio con ella sin que, y aquí radica lo crucial, ella renuncie a ser cristiana.[20] Al comienzo del segundo acto, el gran Cadí, "que es el juez obispo de los turcos," nos recalca esto mismo al condenar a muerte a Madrigal si, tras haberse acostado con una árabe, el español no se convierte al islam y se casa con ella. Sin embargo, la treta de Madrigal y la laxitud del Cadí en la aplicación de la ley hacen que salve su vida. En el tercer acto, va a ser el Cadí, el propio jefe religioso y político, el que, aunque se siente molesto, no prohíba el casamiento del gran turco con la cautiva Catalina, incluso cuando se entera de que el moro le permite a la de Oviedo seguir profesando el cristianismo.

No forzar la conversión es impensable en las comedias que lidian con el nuevo Otro, el amerindio, particularmente si se quiere, como es el caso, hacer de la recién descubierta entidad un nuevo súbdito del imperio. En comedias de indio como *El Nuevo Mundo descubierto por Cristóbal Colón* (1598-1603) de Lope y *La aurora en Copacabana* (1661?) de Calderón se pone de manifiesto el poder evangelizador y redentor de los españoles a su llegada a América. En la obra de Lope, la india Tacuana, después de un continuado contacto con los peninsulares, clama porque éstos vengan a casarse con sus hijas "adonde, / mezclándose nuestra sangre, / seamos todos españoles" (vv. 2193-95). Asimismo, es de destacar que en comedias como *Amazonas en las Indias* (1629-32) de Tirso sean las propias guerreras americanas las que libremente y sin haber sido adoctrinadas de antemano quieran unirse al español, pero para esto ellas mismas le propongan "desamazonarse"

---

20 "Las relaciones contemporáneas solían retratar a los sultanes turcos como brutales tiranos, pero se daba también otra opuesta tendencia minoritaria a presentarlos como afines o bien dispuestos hacia el cristianismo, y es a la que de modo obvio se acoge Cervantes en la obra" (Márquez Villanueva, *Moros, moriscos* 195).

(v. 2153). Por tanto, tras el matrimonio, la pérdida de la identidad del Otro, fruto de la conversión, se hace necesaria.

No así en *La gran sultana*. Cervantes, en su teatro, se separa de los prejuicios que se tienen del moro como un ser ciego e intolerante. Pareciera que Cervantes se está burlando de la cultura del honor y de la exagerada ortodoxia al crear en la comedia un moro lo mismo de lascivo[21] que el español, pero más razonable y quizá menos hipócrita.[22]

---

21   Para un análisis psicoanalítico centrado en las diferentes dinámicas sexuales presentes en *La gran sultana* desde la teoría lacaniana de la castración, ver Weimer ("Going").

22   En opinión de Luis Alberto de Cuenca, que adaptó *La gran sultana* para la Compañía Nacional de Teatro Clásico en 1992, la pasión correspondida entre Catalina y el Sultán "constituye un detalle de modernidad y tolerancia en el discurso dramático cervantino: la libertad de amar y de reconocerse en el otro, aunque no sea de su tribu" (cit. en Hernández Araico, "Estreno" 156). En este sentido, Hernández Araico defiende que *La gran sultana* es un ejercicio de "lúdico multiperspectivismo técnico e ideológico" (163) donde se "celebra la incorporación de cristianos al mundo mahometano que desde un principio se exalta por su grandeza de noble altruismo —en el sentido de apertura hacia personas de diversas categorías" (158). Barbara Fuchs (*Passing*) ha añadido: "Cervantes's fictions thus present a challenge to the enterprise of national consolidation according to essentialized hierarchies" (3); y con respecto a *La gran sultana*: "At a time when Spain had decreed the permanent expulsion of all Moriscos and was increasingly closing its doors to all converts, however sincere, the vision of an aggressively inclusive Ottoman world reads as an oblique reproach and a potent reminder of the political and military costs of religious authenticity and enforced transparency" (86). Stanislav Zimic ("El viaje") piensa que la obra se centra en lo religioso y "examina, de manera crítica, [...] la presuposición de que todo el que se llame cristiano lo sea de nombre y espíritu también" (28). Posteriormente, la va a considerar: "Una coherente y sutil metáfora de una muy radical reflexión personal sobre problemas políticos, sociales y morales de esa época, y sobre todo, de una noble aspiración a la paz y la armonía en el mundo por el cultivo de la tolerancia, de un deseo de comprensión y de amor genuino entre la gente" (*El teatro* 183-84, 202). Una "inesperada historia de amor que (subida a la ilustre cabeza) supone toda una lección para la España de su tiempo," opina Márquez Villanueva (*Moros, moriscos* 193). Agapita Jurado Santos (*Tolerancia*) por su parte, insiste en estas ideas al defender que "la comedia presenta

Al mismo tiempo, hay que dejar claro que esta postura del rey turco se presenta de un modo exagerado. El eunuco Mamí le critica que se junte con la cristiana y aun más si ella no se convierte al islam: "¡Caso extraño y peregrino: / cristiana una gran sultana!" (vv. 1320-21). Tan peregrina parece la idea que ha llevado a Paul Lewis-Smith a defender que la obra es completamente burlesca, una broma pesada ("practical joke") por la que Cervantes se alía con sus lectores avisados en una especie de conspiración ("conspiracy with the *discretos*") para reírse de aquellos inocentes que la toman por historia verdadera cuando no es más que ficción ("*La gran sultana*" 69-71). Todo, menos una broma pesada para críticos como Canavaggio, Fuchs (*Passing*), Hegyi, o Márquez Villanueva (*Moros, moriscos* 187-214).[23] En esta línea, a mi juicio,

---

la posibilidad de 'integrar' dos culturas enemigas" (2), concluyendo que "el autor desvela los mecanismos de la ficción multiplicando las verdades y denunciando las ficciones erigidas en institución: los tópicos y estereotipos, tomados como modelo, que Cervantes parodia sistemáticamente, con el objeto de poner en evidencia las ficciones o mentiras que los sustentan" (149). Para el tema de la tolerancia en Cervantes a raíz de la puesta en escena de *La gran sultana* en 1992, ver José Monleón ("El teatro"). En el lado contrario se sitúan posturas como las de Edwin Williamson ("*La gran sultana*") que la considera una "fantasía política." Algo con lo que se identifican Florencio Sevilla y Antonio Rey en la edición que hacen de la comedia para Alianza editorial, y en la que expresan que es "una obra de propaganda política y religiosa que denuncia la tiranía, los engaños y la violencia del imperio turco frente al mundo cristiano encabezado por España" (xxxi).

23   Teniendo en cuenta el trabajo de Lewis-Smith, Edward Friedman considera que la distinción entre verdad y falsedad es el núcleo metaliterario de *La gran sultana* ("Female" 223). López Estrada defiende que el propósito de Cervantes es crear, en un espacio propicio para la maravilla como es Constantinopla, una serie de sucesos que favorezcan "la exhibición de un gran espectáculo inusual" ("Vista" 33-34). García Lorenzo ("Cervantes") recalca el papel de Constantinopla como lugar exótico en la época y el modo que tiene Cervantes de llevar ese exotismo a las tablas en los desarrollos de *La gran sultana*. Muchos son los críticos que intentan documentar en la tradición, leyendas, e incluso documentos históricos, la existencia de una cristiana que llega a ser sultana en el reinado de Amurates III. El ingenio de Cervantes hace a esta cristiana española y la llama Catalina de Oviedo. Véanse a este respecto

La gran sultana plantea una serie de problemáticas que requieren un atento estudio.

El turco, mucho más respetuoso con la cristiana, aduce que no es Dios él para forzarla a ser musulmana: "¿Tengo yo a cargo tu alma, / o soy Dios para inclinalla, / o, ya de hecho, llevalla / donde alcance eterna palma? / Vive tú a tu parecer" (vv. 1242-46). El rey turco de *La gran sultana* mantiene una relación con la cristiana más libre, puesto que no se siente obligado por el código del honor y vive menos presionado por la pureza de sangre. Además, no sólo no le importa que la cristiana rece a Dios y a la Virgen, sino que la anima a ello. Y es que es la hibridez que se da en Constantinopla, en Argel o en Jerusalén la que rompe momentáneamente las fronteras entre cristiano y moro. La aparición de personajes híbridos en términos religiosos y culturales, que han sido una cosa u otra, o las dos a la vez (cristiano convertido en moro, moro en cristiano, renegado), y el uso de una lengua común "entre cautivos y moros, que ni es morisca, ni castellana, ni de otra nación alguna, sino una mezcla de todas las lenguas, con la cual todos nos entendemos" (*Don Quijote* I, 41, 546) hace más complejas las relaciones entre las diferentes comunidades que comparten ese espacio.[24]

---

los estudios de Canavaggio (*Cervantès dramaturge*), Albert Mas (*Les turcs*) y Ottmar Hegyi, entre otros. Hegyi (*Cervantes*; "Cervantes") ha criticado la tesis de Lewis-Smith y de aquéllos que opinan que *La gran sultana* es una historia del todo excéntrica, imposible o inverosímil, proveyendo los detalles históricos y las costumbres en los que se inspira la ficción cervantina.

24   Ahmed Abi-Ayad entiende que: "Al separarse de España, Cervantes agrandó su percepción humana y sus meditaciones sobre España y nuestro mundo, desde los 'baños,' enriquecieron profundamente su experiencia de nuevos horizontes y culturas. Desde allí contemplaba la España decrépita y hostil. Su drama personal como cristiano nuevo en una sociedad intolerante, su familiaridad con el Islam en medio de un espacio cultural abierto y vario le incitaron a manifestar su admiración hacia todos estos valores musulmanes. Es evidente que el encuentro de Cervantes con la cultura árabe, por una parte, y el pluralismo cultural engendrado por el cosmopolitismo de la capital y sus cautivos, por otra, dejaron una huella indeleble y profunda en su obra y en su pensamiento" ("El cautiverio" 15). García Valdés aduce que la experiencia del cautiverio pone de relieve "la tolerancia, la generosidad, la imparcialidad con que Cervantes juzga a los seres humanos, guiándose por su manera de

Hasta aquí parte de la opinión que se tiene del turco, pero ¿cómo sale representado el cristiano en estas obras? La estrategia de Cervantes consiste en confrontar al lector con la contradicción que supone el despliegue de múltiples pasajes de una notable ortodoxia cristiana, los cuales se presentan atravesados de diálogos, comportamientos y circunstancias que no sólo no concuerdan, sino que subvierten dicha ortodoxia. En mi opinión, Cervantes pretende con estas oscilaciones y ambivalencias desarticular mediante la ironía los ideales vanos impuestos por la ideología monárquico-absolutista: honor, pureza de sangre y excesiva ortodoxia religiosa. Como veremos en las cuatro comedias, la idea consiste en contrastar esos ideales con la crudeza de la realidad o con la hipocresía del comportamiento humano. En este sentido, este teatro permite a los cristianos verse como los podría ver el Otro: embusteros, arrogantes e hipócritas.[25]

Ya desde el principio de *La gran sultana* Cervantes se mofa de la pureza de sangre y del excesivo celo cristiano que demuestra Madrigal (gracioso *sui generis*) al hacerle afirmar ser español "sin duda," esto es,

---

proceder y no por la religión que practican o la raza a que pertenecen" ("La influencia" 86); "Cervantes en los cinco años que vivió en Argel respiró un ambiente de tolerancia: convivencia de pueblos, de grupos étnicos —turcos, andaluces o moriscos, moros [...], árabes—, de religiones: musulmanes, judíos, cristianos, que no se daba en los últimos años de la España de Felipe II, y que necesariamente tuvo que influir en su particular visión de los grandes problemas humanos" ("Vida y literatura" 644).

25   Rey Hazas ("Las comedias") ha defendido todo lo contrario en un trabajo en el que recalca no ya el antisemitismo, sino el "españolismo imperialista" (33) de Cervantes: "Tanto en el sentimiento como en la fe, al igual en la religión que en el nacionalismo, los españoles ocupan el lugar más destacado de estas comedias berberiscas" (36). Asimismo, considera que "Cervantes no sólo no se distancia, ni utiliza la ironía como técnica, sino que, al contrario, toma nítidamente partido, sin demasiada ecuanimidad, [...] por los españoles y los cristianos, o mejor, por los españoles cristianos" (35). Por mi parte, en este capítulo intento demostrar cómo Cervantes se burla de los valores que fundan ese 'españolismo imperialista.' Henry lo afirma así con respecto a esta comedia: "The play explores the consequences of authority's ability to contain and curb individualism, while also challenging the cultural signifiers and models which underpin Spanish national selfhood" (*The signifying* 102).

gallardo y sin mancha, y añadir "Y soylo, y soylo, / lo he sido y lo seré mientras que viva, / y aun después de ser muerto ochenta siglos" (vv. 522-24).²⁶ La actuación de este pícaro socarrón y hedonista, en la línea del Tristán de *Los baños*, ha generado toda una polémica en cierta crítica que ha usado sus insultos y conductas antisemitas como argumento principal para tachar de anacrónicas ciertas interpretaciones y rebatir la idea de una actitud tolerante hacia el Otro por parte de Cervantes en *La gran sultana* (léase, Díez Fernández, "'Sin discrepar'"; Pedraza Jiménez, "El teatro"). A mi juicio, estos críticos pierden de vista la funcionalidad de la actuación del personaje, cuyas estereotípicas maldades constituyen la base y el subterfugio que permite descalificar en escena la absurda españolía y la catadura moral, del tan español y cristiano Madrigal. David Boruchoff, por su parte, combate la acusación de anacronismo en la interpretación de ésta y de las otras comedias de cautiverio trayendo a colación "la polémica velada" o "el discurso internamente polémico" que venía practicando el humanismo desde el XVI ("Los malvados" 646 y ss.). Así pues, a mi ver, la razón de que Cervantes no castigue a Madrigal por su odio antisemita, como algunos aducen cabría esperar si fuera empático con el judío, se halla en el talante cervantino de confianza en la humanidad. En otras palabras, en esa actitud esperanzada por la que el escritor incluso salva aquello mismo que duramente critica, y lo hace porque comprende y en el fondo simpatiza con todo individuo y circunstancia, como vimos defiende Cerezo Galán ("Cervantes" 28-29).²⁷

---

26 Para un estudio exhaustivo de la figura e importancia del gracioso-pícaro-cínico Madrigal en el contexto general de las ideas desarrolladas en *La gran sultana*, ver Ortiz Lottman ("*La gran sultana*"), Díez Fernández ("'Sin discrepar'"), y Márquez Villanueva (*Moros, moriscos* 208-14). Asimismo, Canavaggio ("Las figuras"; "Sobre lo cómico") estudia los personajes de Tristán (*Los baños*) y Madrigal más como bufones que como bobos renacentistas o graciosos lopescos.

27 No debe sorprender que Kanellos defienda que "these episodes must be construed as veiled criticism of Spanish Anti-semitism" (50). Sin embargo, para Rey Hazas el antisemitismo es una concesión al divertimento del público ("Las comedias" 34), como también lo es para Alvar ("Cervantes" 45). Ruth Fine piensa que la figura del judío "se enriquece" al evidenciar un

Además de este caso, donde verdaderamente se demuestran las ambigüedades y ambivalencias a las que hago referencia es en la actitud de personajes como la sultana, Zaida y Zelinda. Mientras que hemos asistido durante toda la obra a una negativa constante de la ilustre sultana doña Catalina de Oviedo a mezclar su sangre cristiana con la del turco, que la ha llevado incluso a plantearse muy decididamente el ser mártir, la encontramos de repente acicalándose para que el 'abominable infiel' disfrute y presuma de sus donaires. El padre le recrimina que no es de cristianos aceptar y menos sin tortura el casamiento con el turco y que se halla "en pecado mortal" (v. 2012). Ella contesta que al menos tiene el consuelo de que el infiel la ha dejado ser cristiana. Sin embargo, tras toda esta insistencia en la ortodoxia, nos hacemos la pregunta: ¿No habría sido más cristiano negarse a esas relaciones manteniendo la pureza de sangre y morir como verdadera mártir si éste fuera el caso, como de hecho hace otro personaje en *Los baños* al negarse a renegar de su fe? Definitivamente esto no es posible, porque he aquí el dilema moral: Catalina no puede escapar a su destino, no puede suicidarse, pues como su padre le dice iría en contra de la ley de Dios, y tampoco le permiten morir por su fe cual mártir, dado que el Sultán no la va a matar si ella no consiente, decidido eso sí como está, a disfrutar de ella. Su única salida es, por tanto, consentir casarse con el sultán, por pecaminoso que sea, y mantener su honra y fe. Cervantes, de esta manera, lo ha orquestado todo para que Catalina siga viva, mantenga su cristianismo, se case con el moro y sea capaz de darle "un otomano español." Ese niño, como defiende Mariscal, es un ataque frontal a la

---

contraste con las figuras que lo denigran, pues constituye "el espejo invertido en el que se miran los españoles cristianos para reforzar su autoestima (frente a la cobardía, su valentía, frente a la avaricia, su generosidad)" ("Reflexiones" 230). Además, la estudiosa va a defender en otro trabajo que la escritura cervantina fusiona lo judío, lo hebreo y lo converso como estrategia que fomenta "un lúcido llamado a la reflexión respecto de la problemática de la identidad y una superación del maniqueísmo imperante, tanto social como literariamente, así como también un desafío al discurso mayoritario que detentaba la cohesión social. En su lugar, Cervantes parece propulsar un ideal de coexistencia y de entrecruzamiento de identidades heterogéneas, un reparador y vivificador sincretismo" ("El entrecruzamiento" 449).

pureza de sangre, al dogma y a la idea de nación que intenta propagar el estado absolutista:

> [it] strikes at the very heart of ideologies of purity. In a single stroke it problematizes rigid categories of religion, nation, and ethnicity, and proposes a by no means undesirable (in the logic of this particular comedia) cultural and genetic synthesis. Cervantes was probably not lobbying for mixed marriages, yet his text forced contemporary readers to think about them as a tolerable fact of life. ("La gran sultana" 201)

Con este episodio, no exento de graves repercusiones morales y doctrinales, Cervantes, más que promover la síntesis étnica, nos acerca a aceptarla y tolerarla, a verla como un acontecimiento más que no sólo se puede dar en Constantinopla, sino que se da, lo queramos o no, todos los días en la península.[28]

En este sentido, ¿quién avasalla a quién, la cristiana al moro como nos canta Madrigal y defiende Friedman ("Female" 223), David Burton ("The Question" 61) o Díez Fernández ("'Sin discrepar'" 310) al decir que Catalina impone su cristiana voluntad, esto es, que el mensaje cristiano triunfa sobre el del turco?, o, ¿es el moro el que avasalla a la cristiana, como más claramente parece? Por otro lado, después de

---

28   Gómez Canseco ("Probabilismo") ve en la resolución de este dilema moral por parte de Catalina —cuestión que toca al libre albedrío y a la salvación eterna— la explicitación de un caso de conciencia planteado por Cervantes, que parte de la teología casuista y se termina ajustando a las proposiciones morales del probabilismo. Siguiendo esta doctrina, la decisión final de Catalina queda justificada en función de las circunstancias específicas que la rodean y su pecado pasa de mortal a venial. Márquez Villanueva (*Moros, moriscos*) incide asimismo en que a través de una ética de orientación casuista Cervantes resuelve aquí la preocupación que ha tenido a lo largo de sus comedias de cautivos con el problema teológico del martirio voluntario (195). Sin embargo, la obra se desentiende de la verosimilitud para ser "un delirio irenista de no-enfrentamiento, en que turcos y españoles sólo cuentan como seres humanos distintamente trajeados. [...] En *La gran sultana*, y al otro extremo de las comedias de Argel, Cervantes en lugar de predicar, a la vez juega, sueña y fustiga" (193).

toda esa excesiva ortodoxia desplegada por los personajes cristianos a lo largo de la comedia, en el serrallo del sultán nos encontramos con los adúlteros amoríos de Zaida (Clara) y Zelinda, que en realidad es Lamberto. Más aún, Clara le comunica a doña Catalina que está esperando un hijo. Lo que no es de recibo aquí es que estos dos personajes cristianos sean los que critiquen la lascivia del sultán, cuando no tienen ninguna catadura moral y mienten constantemente. Casalduero reconoce que Madrigal "no ha tenido inconveniente en hacer el amor a una mujer árabe, y Lamberto en el serrallo no ha sentido la necesidad de respetar a su amada. Son dos conductas antiheroicas" (*Sentido y forma del teatro* 149). Y habría que añadir, anticristiana la una, e irreverente la otra; del todo contraproducentes con la excesiva ortodoxia mostrada por el conjunto de personajes cristianos.

Como parte de esos momentos que contradicen el discurso conservador ortodoxo hay que mencionar en las cuatro comedias las consecuencias de la inversión paródica de las relaciones de poder: Catalina con el rey turco en *La gran sultana*, el ama Zahara con su esclavo Aurelio en *El trato*, la mora Zara con don Lope en *Los baños*, y la mora Clorinda con el cristiano Tancredo en *La conquista de Jerusalén*. En tres de los casos, los amos asumen por deseo el papel de esclavos de los españoles cautivos; y en el último, una aguerrida mora se enamora perdidamente de un menos bravo cristiano. Ahora bien, esta inversión afecta a tipos distintos de discurso en cada una de las obras. En *La gran sultana* dicha inversión opera al nivel del discurso de poder, o en términos foucaultianos, afecta a la naturaleza del poder. El gran turco renuncia a toda autoridad sobre la cristiana investida en su posición y cargo. Esto, sin embargo, no redunda en que la cristiana rinda "el indomable cuello" del "león otomano," (vv. 2337-38) como dice Madrigal, sino en que el turco dé pie a una relación menos impositiva, más caballerosa y tolerante.[29] Por otro lado, en *El trato* la alteración se da al nivel del discurso de género. Se produce así una inversión de los roles sexuales tradicionales, algo que según Molho sería un aspecto esencial del texto cervantino ("Cervantes" 254). Aquí es Aurelio el que tiene que defen-

---

29 Zimic ("Sobre la clasificación") va a opinar lo contrario al decir que lo que en último término "humaniza" al sultán es el "verdadero espíritu cristiano" de Catalina (77).

der su virtud una y otra vez, manteniendo a raya las embestidas de la rijosa mora. Y si en *La conquista*, parecidamente la inversión afecta a los roles de género y a la porfía amorosa y sin mayores escrúpulos que las moras principales tienen por el soldado cristiano, en *Los baños* la alteración influye en el discurso religioso, en tanto que es la mora la que alecciona en moral cristiana al cautivo don Lope.

Igualmente, en *La gran sultana* Cervantes ataca el carácter prohibitivo del código del honor peninsular cuando hace que el rey turco le diga a la cristiana: "No eres mía, tuya eres" (v. 1324). Con esta inversión, no se impone el rol de la sociedad española por el que el marido autoritario tiene que ser salvaguarda del honor y virtud de ambos. Más todavía, el turco la quiere hacer "señora, / por subir el bien de punto" (vv. 1284-85) cuando por fuerza podría gozarla como esclava—algo que se repite en *El trato* y en *Los baños*. De esta forma se da a entender además que el turco posee un concepto de virtud muy parecido al del cristiano, como demuestra el siguiente pasaje: "el amor, / [...] teniéndome por su esclavo, / no me deja ser señor" (vv. 2222-25). Asimismo, el turco adopta un discurso de un cariz típicamente misionero-cristiano —que aparece por ejemplo en *Guzmán de Alfarache*— cuando apunta a la pugna que hay entre razón (liberadora) y deseo (esclavo). Ésa es la clave, a mi entender, de que el sultán, consumido por el deseo, conceda la libertad religiosa pero no la libertad física a Catalina.[30] Por consiguiente, se invierten los roles: moro-cristiano, cristiano-moro y se ve al moro desde los ojos del cristiano y al cristiano desde los del moro, rompiendo de esta manera cualquier noción de centralidad cultural.

El caso es que Cervantes en estas comedias, como ya lo hiciera en *Don Quijote*, "a veces alardea de excesiva ortodoxia y se le ve la ironía," como diría Giménez Caballero (40). Éste es el poder crítico e incluso subversivo que el texto cervantino presenta para el ideólogo fascista

---

30 Por eso, Ana Laguna le critica a Cervantes, el gran defensor de la libertad y crítico del matrimonio como forma de cautiverio (*El celoso extremeño*, *El juez de los divorcios*), el no ofrecer la misma perspectiva en esta comedia que termina negando la libertad en nombre del amor ("In the name" 165). Romo Feito lo conceptualiza hablando en términos del esquema "victoria en la derrota": "si bien [la Sultana] asegura el triunfo de la religión, no menos cierto es que es a costa de la pérdida de su libertad" ("La 'victoria'" 716-17).

cuando en 1932 se lamenta de que Cervantes haya creado la ironía, a la que define como "el instrumento de combate frente al estupor" (40).[31] Giménez Caballero se queja del "potencial desestabilizador de la ironía cervantina que contribuye a socavar los cimientos del imperio al confrontar la ceguera mística necesaria para su supervivencia" (Castillo y Castillo, "La perspectiva" 496). De todo esto parece dar cuenta Casalduero (*Sentido y forma del teatro*) al expresar que el tema de *La gran sultana* es la lucha por "vivir cristianamente en el mundo," e intentar resolver estas oscilaciones cervantinas diciendo:

> Esta religión para el mundo no es nada excepcional en el Barroco; al contrario, es algo típico de esa época. Cervantes trata el tema de una manera heroica, cuando quiere presentar el ideal de acendrada pureza que debe iluminar al hombre; cuando trata sólo de ofrecernos el nivel general de la humanidad le da un aire de burla. Esta es la razón, me parece a mí, de la fantasía burlesca de la comedia, de esa burla que acompaña la acción principal y con ella se enlaza. (150)

A mi modo de ver, sin embargo, Cervantes se sirve de esa burla para desmontar los postulados baldíos que fuerza la ideología dominante, no en cualquier momento, sino en la antesala de la expulsión morisca de 1609. Y lo hace contrastando esos ideales (honor, pureza de sangre, ortodoxia esencialista, "acendrada pureza") con la compleja realidad del comportamiento humano, esto es, con "el nivel general de la humanidad" en palabras de Casalduero. En la práctica, esos postulados son insoportables e imposibles. Devolviéndole al cristiano a través del

---

31   La imagen que presenta Giménez Caballero de Cervantes como un intelectual "peligroso" (40) que cuestiona los ideales del imperio español es afín con el planteamiento desarrollado en *El pensamiento de Cervantes* (1925) de Américo Castro y con el ensayo de José Antonio Maravall *Utopía y contrautopía en "El Quijote"* (1976), dos de los estudios cervantinos más decisivos en el siglo XX. Por otra parte, por sorprendente que parezca, el ideólogo fascista coincide en lo fundamental con la impresión que tiene Walter Benjamin de la función crítica de la ironía cervantina. Para un desarrollo de estas ideas ver Castillo y Castillo ("La perspectiva"), y David R. Castillo (*(A)wry Views*).

moro, como si de un espejo se tratara, sus propios insultos, sus propios miedos, su propia fragilidad, Cervantes aboga por esa multiplicidad de puntos de vista en su teatro; más aún, ahondando en las tribulaciones y defectos que son consustanciales a la condición humana, como también vieran Maestro (*La escena*) y Henry (*The Signifying*; "Ocho comedias"), termina por empatizar con el Otro religioso y cultural.

El trato de Argel

Es ésta quizá la primera obra dramática de Cervantes y en la que la crítica ha detectado general y fundamentalmente la conciencia más religiosa y contrarreformista del complutense, avivada por los numerosos sermones del que parece ser *alter ego* de Cervantes, su personaje Sayavedra. Sin embargo, a esos momentos de exaltación ortodoxa y patriótico-nacionalista, claros alegatos en favor del cristianismo frente al islam,[32] se le superponen otros que enturbian o socavan los constructos que fraguan la ideología dominante.

En *El trato de Argel*, Zahara (mora) se muere por Aurelio (español cautivo) y Yusuf (renegado) por Silvia (española cautiva). Aurelio intenta quitarse a la infiel de encima echando mano del honor, o mejor dicho, del deshonor que supondría la mezcla de cristiano y mora. La árabe contesta de modo parecido a como se hace en *La gran sultana*: "El amor todo lo iguala; / dame por señor la mano" (vv. 115-16). De una manera interesada Zahara en *El trato* defiende que el casamiento con el cristiano no le traerá deshonor, cosa que Fátima, su criada, le recrimina. Así, cuando Aurelio le informa a Fátima de que el gran peligro que se corre es ofender a Mahoma, Zahara contesta que le deje de religión, que lo que le interesa ahora es el amor: "¡Déjame a mí con Mahoma, / que agora no es mi señor, / porque soy sierva de Amor, / que el alma subjeta y doma!" (vv. 229-32). La mora irreverente está pues menos obsesionada con la ortodoxia o la pureza de sangre que el cristiano. Como el propio Aurelio explica acto seguido: "En mi ley no

---

32 Véase Sevilla Arroyo y Rey Hazas (*Teatro completo* 30). Para un estudio específico de los sermones de Sayavedra y la predicación contenidos en *El trato*, *Los baños* y *El rufián dichoso*, ver Garau ("De la predicación"). Véase también Esteva de Llobet para la influencia de las Sagradas Escrituras, la predicación y los catecismos de la época en Cervantes.

se recibe / hacer yo lo que me ordenas; / antes, con muy graves penas / y amenazas lo prohíbe. / Y aun si batismo tuvieras, / siendo, como eres, casada, / fuera cosa harto excusada / si tal cosa me pidieras" (vv. 241-48).[33] Zahara contesta con notable sorpresa, como si el rigor de la respuesta de Aurelio fuera cosa de locos para ella: "Aurelio, ¿estás en tu seso?" (v. 253). La ambivalencia de este pasaje es manifiesta, ya que si por un lado el rey de Argel en *Los baños* expresa que es imposible tratar de convertir a un joven español al islam por mucho que se le torture: "Antes que moro le verás sin vida" (v. 2477); por otro, en *El trato*, Cervantes no duda en apuntar en la voz de un pregonero: "Estos rapaces cristianos, / al principio muchos lloros, / y luego se hacen moros / mejor que los más ancianos" (vv. 1031-34). Asimismo, Cervantes critica la codicia de los musulmanes que compran, venden y, en definitiva, especulan con vidas humanas. Pero he aquí algunos de los mismos defectos en los cristianos, como expresa el Esclavo 1º en *El trato*:

ESCLAVO 1º [...] que mis ancianos padres, que son muertos,
y un hermano que tengo se ha entregado
en la hacienda y bienes que dejaron,
el cual es tan avaro que, aunque sabe
la esclavitud amarga que padezco,
no quiere dar, para librarme de ella,
un real de mi mismo patrimonio. (vv. 1542-48)

Si el judío en *La gran sultana* es el que insulta al cristiano llamándolo "perro" y "demonio" porque (siguiendo la tradición emblemática) escupe cual salamandra (v. 456-58), en *El trato* el rey moro insulta al

---

33   Sin duda Aurelio está haciendo referencia a una de las prohibiciones impuestas por la Iglesia católica en lo que tiene que ver con matrimonios entre cristianos e infieles. David Burton ("The Question") nos informa de los impedimentos a los dos tipos posibles de matrimonios: el de "mezcla de religión," es decir, el que se da entre un cristiano y un bautizado cismático o hereje, considerado gravemente ilegal, y el de "disparidad de culto", que casa a un cristiano con un no bautizado, pagano o infiel, tomado por ilegal y nulo desde tiempos bíblicos. Este último impedimento no fue recogido en el derecho canónico hasta 1918.

español en árabe diciendo: "¡Cito cifuti brequede" (v. 2349) —¡Cito, cifuti breguedi! en la edición de Schevill y Bonilla, y en la de Sevilla Arroyo (*Obras completas III*)— que significa: "A callar, judío, rápidamente," para luego en la acotación que le sigue espetarle: "¡Ha, cornudo cristiano!" ("*Laguedi denicara...*" 997). En suma, por un momento, viéndolo como infiel, el moro insulta al cristiano llamándolo 'judío,' es decir, usando la palabra que utiliza el propio cristiano para insultar al Otro judío. Aunque Schevill y Bonilla nos informan de que estos términos se usaban muchas veces para designar a todos los infieles, podemos decir, siguiendo a de Armas Wilson, Castillo y Spadaccini que: "Here Cervantes deploys interlinguistic hybridization to parody the Christian imperialist discourse or master narrative which assimilates Jews, Moors and Indians into a mythical image of otherness" (Castillo y Spadaccini, "Cervantes" 255). El moro le devuelve al cristiano sus mismos prejuicios al preguntar: "¿Almas tenéis los cristianos?" (v. 169). Pero es en el siguiente pasaje donde más claramente se aprecia el poder corrosivo de la ironía cervantina en *El trato*. El pirata Mamí se burla del valor que la honra tiene para los caballeros cristianos españoles que navegan en las aguas del Mediterráneo, los cuales por no rebajarse a remar permiten que los corsarios les den caza, les roben y los hagan cautivos. Dice Mamí:

> Pero allá tiene la honra
> el cristiano en tal extremo
> que asir en un trance el remo
> le parece que es deshonra;
> y, mientras ellos allá
> en sus trece están honrados,
> nosotros de ellos cargados
> venimos sin honra acá. (vv. 851-58)

El moro se muestra mucho más sagaz y se jacta de no verse constreñido por un concepto de identificación social tan vacío y necio como el de la honra. El Mercader 1º apunta interesadamente que ojalá en el español "Esa honra y ese engaño / nunca salga de su pecho, / pues nuestro mayor provecho / nace de su propio daño" (vv. 859-62). Cervantes equipara "honra" a "engaño" y "daño." Tiene claro que ese exceso o celo extremo puesto en conceptos como el de la honra, más bien es un engaño y lleva al hombre a la inacción. Está constatando, por tanto, la realidad social de las víctimas que sufren en sus carnes las presiones del honor. Clara y rotundamente Cervantes critica el código del honor como mecanismo alienador.[34]

Para terminar, conviene enfatizar los versos en los que Aurelio nos deja una diatriba pacifista de claros tonos erasmistas en una comedia de cautiverio como es ésta. Las palabras son parte del soliloquio que ensalza el periodo mítico de la Edad de Oro en la que el ser humano habría vivido sin trabajar y en plena armonía con la naturaleza. Una concordia que habría roto la avaricia por el vil metal, provocando el enfrentamiento entre la humanidad que lleva a la cruel guerra.

[...] el oro que en la tierra se escondía,

---

34 Otra lectura de las problemáticas de *El trato* nos la provee María Antonia Garcés, quien ha ahondado en el trauma que parece sufrir Cervantes como resultado del cautiverio en Argel (*Cervantes in Algiers*) y que se revela a través de la fragmentación episódica que presenta esta obra entendida como testimonio del cautiverio: "*El trato de Argel* reflects both the breakdown of understanding, and the literal re-enactments of the traumatic event(s)" ("'Cuando llegué cautivo'" 98). Además, el sujeto cervantino en el drama se encuentra dividido entre Sayavedra, una idea del sujeto creado en cautividad al servicio de la supervivencia (una especie de ego ideal), y Aurelio, el héroe que se ha enfrentado a la muerte y que ahora al final habla a la audiencia en nombre del autor, el superviviente (100-02). Cory Reed estudia cómo con la escenificación de los eventos traumáticos y esa fragmentación episódica Cervantes busca conmover empáticamente a su audiencia para que sienta, piense, y por último actúe en apoyo y financiación de las campañas para rescatar cautivos ("Embodiment" 196, 198). Julia Domínguez recientemente ha estudiado de qué manera la obra entreteje ficción y realidad y constituye un excelente ejemplo de la búsqueda de catarsis a través de la teatralidad de la memoria, de la imagen y de la re-presentación del trauma ("Writing"). Para un estudio de las implicaciones dramáticas y autobiográficas derivadas de la adopción por parte de Cervantes del nombre de su personaje Sayavedra, ver el sugerente artículo de Françoise Zmantar ("Miguel de Cervantes") y los estudios citados en Márquez Villanueva (*Moros, moriscos* 37, 335n115).

> [...] sembró la cruda y la mortal cizaña
> [...] Mas con ninguna hizo mayor daño
> que con la hambrienta, despiadada guerra,
> que al natural destruye y al extraño.
> Esta consume, abrasa y echa por tierra
> los reinos, los imperios populosos,
> y la paz hermosísima destierra;
> y sus fieros ministros, codiciosos
> más del rubio metal que de otra cosa,
> turban nuestros contentos y reposos [...] (vv. 1329-45)

Pues bien, si el núcleo del discurso de Aurelio es señalar el cautiverio como el fruto directo de la codicia del hombre, no deja de sorprender que tan enfáticamente se critique la guerra "por cuanto el momento sería oportunidad ideal para enaltecer, muy por el contrario, la guerra contra infieles" como apunta Márquez Villanueva (*Moros, moriscos* 41). El caso es que Cervantes, aquél que reclamara y fervientemente defendiera que su rey atacase las costas africanas para acabar con la amenaza berberisca, aborrece la guerra y la denostará en multitud de ocasiones a lo largo de su producción, lo que ha conducido a muchos a ver en él un convencido irenismo.[35] Entraremos al análisis de su des-

---

35 Zimic conecta el pasaje con el *Dulce bellum inexpertis* de Erasmo, en el que se protesta contra la violencia y se anhela una utopía de paz universal (*El teatro* 51). "El 'destierro' de la paz es aquí, sin embargo, una vía directa a la *Querela Pacis* (ca. 1522) de Erasmo (Márquez Villanueva, *Moros, moriscos* 339n143). Enrique Fernández ("*Los tratos*") considera la comedia obra testimonial, denuncia política y literatura terapéutica. Natalio Ohanna defiende que, mediante una serie de ambigüedades o contradicciones en materia ideológica, *El trato* "configura una representación compleja de la realidad argelina, desestabilizadora y crítica, tanto respecto de la visión estereotipada de las relaciones entre la cristiandad y el Islam como de los métodos de coerción que se reservaban para el nomadismo religioso y otros delitos contra la fe" ("Lamentos" 141). Ludovik Osterc ve una "velada censura de la política de Felipe II" ("La guerra" 23), mientras que para García Aguilar, Gómez Canseco y Sáez la pieza posee una finalidad propagandística: "un plan de actuación para la política hispánica en el Mediterráneo que se pretende trasladar tanto al monarca como al espectador" (18). En lo concerniente al tema de cómo no

precio a la guerra, sobre todo aquélla que se lleva a cabo por ambición, en el siguiente capítulo.

Los baños de Argel

Me gustaría ahora hacer referencia a algunos ejemplos de esta ambivalencia cervantina en la obra *Los baños de Argel*, comedia directamente conectada a *El trato* pues le da su fin. En ella se nos muestra al renegado Hazén, ahora cristianísimo, pronunciando una arenga a todos los cautivos para que no le den la espalda a Cristo como él. Después, desea ser mártir y reclama que lo empalen para matar el cuerpo y dar vida al alma. Pero antes de morir se dirige a Yusuf, el también renegado y traidor al pueblo español, y lo mata a puñaladas. ¿Hay mayor contradicción con respecto a la doctrina cristiana que matar y ansiar ser mártir (recuérdese el dilema de Catalina en *La gran sultana*)? Irónicamente, ante tamaño suceso, Cervantes pone en boca del Cadí palabras de homenaje y admiración: "Este suceso me admira: / en él se ha visto una prueba / tan nueva al mundo que es nueva / aun a los ojos del sol; / mas si el perro es español, / no hay de qué admirarme deba" (vv. 876-81). Quiere decirse, que las motivaciones del español están fuera de los límites de toda razón o punto. Son motivaciones peregrinas, igual que las de los moros a los ojos de los cristianos. El moro se maravilla porque ve impensable este comportamiento tan excéntrico. Incluso la mora Zara, que ha recibido escasas enseñanzas cristianas y ahora ansía convertirse, envidia la muerte del cristiano al verlo "morir tan contento" (v. 990). No deja de sorprender esa excesiva devoción en la musulmana, así como que Cervantes nos demuestre lo pío y cristiano del comportamiento de Hazén a través de los ojos de una mora.

En otra escena de cautivos, un Viejo le recrimina a un Sacristán (Tristán) que coma carne en los días de vigilia, pues eso es mucho relajar los preceptos de la Iglesia. El Sacristán, igual que la mora en *La gran sultana*, contesta: "¡Que no hay aquí teologías!" (v. 1166) puesto que

---

sólo Cervantes sino algunos otros dramaturgos pre-lopescos de la generación de 1580 criticarían veladamente el gobierno y las políticas imperiales de Felipe II, ver Hermenegildo (*El tirano*; *La tragedia*), Watson, King ("Cervantes's *Numancia*), F. De Armas (*Cervantes, Raphael*), Simerka (*Discourses*) y Kahn ("Moral"; *The ambivalence*).

come lo que le da su amo y no quiere que lo sermoneen. El Viejo insiste en que actuando así perderá la religión de sus padres. Posteriormente, Tristán, que presume ostentosamente de una ortodoxia "de bronce" (v. 1178) en lo tocante a la fe (cual Madrigal en *La gran sultana*), reacciona al mayor miedo que tiene un cristiano y quizá su segundo más grave pecado en Argel: sucumbir a las insinuaciones de una mora y pecar al desear o/y tener relaciones con una infiel. El Viejo dice: "Yo recelo / que, si una mora os da el pie, / deis vos de mano a ese celo" (vv. 1179-81). El Sacristán le contesta: "Luego ¿no me han dado ya / más de dos lo que quizá / otro no lo desechara?" (vv. 1182-84). Esta contestación prueba que es habitual que los españoles tengan relaciones con las moras, transgrediendo y pecando de herejía. Sin ir más lejos, en *El trato*, los cautivos Leonardo y Pedro son ejemplo de vivir un cautiverio tan agradable, ya sea a consecuencia de sus relaciones con las moras, delaciones o extorsiones a sus compañeros, que no quieren mudar su condición de cautivos pues viven mejor que en España. Aquí, como en otros muchos momentos a lo largo de estas obras, Cervantes critica el dinero como la causa inmediata de la degradación moral de musulmanes, judíos y cristianos. En última instancia, el dinero es el origen de las incursiones corsarias en el Mediterráneo que llevan a tantas personas al cautiverio.

Los baños escenifica el cautiverio de un grupo de peninsulares y las vicisitudes amorosas de don Lope (español cautivo) y Zara (mora), los principales protagonistas de esta comedia.[36] Cervantes crea una extraña serie de situaciones y circunstancias que sacan a la superficie estas paradojas o ambivalencias, mediante las cuales el autor de *Don Quijote*

---

36 Ottmar Hegyi ("Cervantes") con buen criterio subraya como "sumamente improbables [...] los amores de una musulmana de la clase alta con un cautivo cristiano y su fuga espectacular" (21). Sin embargo, a mi modo de ver, Cervantes crea esta relación muy probablemente con las miras puestas en marcar las diferencias señaladas por Fothergill-Payne, quien defiende que a diferencia de Lope que "quería ante todo conmover para entretener" al escribir *Los cautivos de Argel* (1599), Cervantes "se proponía conmover para instruir" en *El trato* y *Los baños* ("*Los tratos*" 180). Véase también el ensayo de Franco Meregalli, que habla de otra clase de instrucción, de patriotismo en Cervantes: "el patriotismo idealizante, 'ejemplar'" ("De *Los tratos*" 408).

desmantela los constructos estériles que forjan la identidad social de su época. Aquí, la mora es la encargada de dar auténticas lecciones de fe al noble don Lope. Cuando el caballero se postra a sus pies, cual esclavo, y le pide a la infiel besarle las manos, dando pie a unas relaciones absolutamente prohibidas, ésta contesta: "No es bien que se descompongan / con moras labios cristianos. / Por mil señales has visto / como yo toda soy tuya, / no por ti, sino por Cristo: / y así, en fe de que soy suya, / estas caricias resisto" (vv. 2670-76). La mora indica que como quiere ser cristiana acepta amores, pero no caricias de un cristiano, puesto que sería hacerlo pecar a él. La ironía del caso es que la mora se ve a sí misma desde el discurso del cristiano, rebajándose. Ama a don Lope como cristiana, no como mora, por esa razón lo respeta. Sin embargo, don Lope insiste en querer besarle las manos y Zara contesta: "No, sino dame tus pies, / que eres cristiano y yo mora" (vv. 2740-41). El pasaje entero muestra una contradicción entre la fe y la pureza de sangre: la primera tiene que ver con la voluntad, la segunda con el origen. Esto es, desde el punto de vista de la fe, la mora es cristiana; y desde la pureza de sangre, es mora. Por consiguiente, con este ejemplo Cervantes se encarga de abrir la brecha y resaltar la contradicción que hay en el discurso oficial, donde tienden a confundirse ambas nociones. Zara, que irónicamente le ha pagado a don Lope para que la lleve a España y la bautice —además de cubrir el rescate del propio peninsular— se está poniendo en la posición inferior, en la posición de esclava del español cautivo. El cristianismo tiene que dominar al islam. Sin embargo, es francamente sorprendente que sea el islam, esto es, la mora, la encargada de dar lecciones de fe al español. ¿No es éste un nuevo guiño de Cervantes?

Djadri lo ha expresado de otro modo, haciendo hincapié en la tolerancia que muestra el personaje musulmán con el cristiano tanto en *Los baños* como en *La gran sultana*, y subrayando la crítica de Cervantes a la noción de pureza de sangre:

> Podemos ver a través de esta óptica, que el movimiento amistoso o de amor, o aún de apertura hacia otros horizontes, otros hombres, otras tierras se hace una vez más del personaje musulmán hacia el cristiano. [...] Entonces, ¿No podemos decir que en cierto modo,

Cervantes critica, por este rodeo, el espíritu de casta y de sangre, el espíritu separatista de los españoles de su época, herméticamente cerrados a cualquier apertura hacia el exterior? (170-71)[37]

Por último, citar el más crudo ejemplo de la crítica cervantina a la ortodoxia y al ideal de pureza de sangre en esta comedia, caso que raya en el absurdo. Francisquito ha sido martirizado por negarse a aceptar el islam y mantener su nombre cristiano. Así lo encuentra su padre, el Viejo, atado a una columna sangrando *"en la forma que pueda mover a más piedad"* (acotación, 341). Francisquito entonces, clama a su progenitor que lo desate para morir acostado o sentado "como es costumbre expirar" (v. 2544). Sin embargo, el Padre no lo deja, se niega a hacer su voluntad, a socorrerlo y desatarlo, porque de esa manera dice, imita mejor a Cristo y mejor mártir es: "Si vas caminando al cielo, / no has de sentarte en el suelo; / más ligero vas ansí" (vv. 2547-49). Cuando al final el Padre huye y se embarca rumbo a España lleva con él los huesos de su hijo en un paño ensangrentado llamándolos "reliquias santas" (v. 3000). Casalduero opina que esta escena trágica es una bonita estampa de piedad y recogimiento: "El Padre abrazado a la columna donde muere el Hijo está centuplicando en un bello gesto el poder conmovedor del sacrificio" (*Sentido y forma del teatro* 102).[38] Sin embargo, a mi

---

37 Para Barbara Fuchs *Los baños* debe leerse como relato de cautiverio de moral ambigua que ofrece una imagen de España más tolerante y "permeable" (*Mimesis* 162-63). Varios críticos defienden esta apertura, o acaso tolerancia, de Cervantes hacia el Otro étnico y religioso en *Los baños*, entre ellos, Zimic (*El teatro* 140-42), Anderson e Irigoyen-García ("La música"). Para un estudio de la función simbólica del jardín de Agi Morato como espacio heterotópico que propone formas alternativas de interacción humana fuera de la ideología dominante u oficial en esta obra, ver mi ensayo ("Agi Morato's Garden").

38 McKendrick ve en la escena de martirio prueba de que Cervantes sucumbió a las ideas oficiales sobre lo musulmán que llevaron a la expulsión de los moriscos ("Writings" 140). Por su parte, Barbara Weissberger sostiene que *Los baños* es una respuesta a *Los cautivos de Argel* de Lope, y una obra en la que además Cervantes toma elementos, como la figura de Francisquito, de otra comedia del fénix *El niño inocente de la Guardia* (1594-97). El objetivo del alcalaíno, según la estudiosa, era emular y superar a Lope y de ese modo

modo de ver, la exageración del episodio, con molde en la crucifixión de Cristo, nos lleva a entenderlo de forma paródica, casi ridícula.[39] En verdad, tras la tragedia del martirio, resulta peregrino que un padre y un hijo se encuentren hablando sobre la viabilidad de que el hijo muera o no sentado "como es costumbre expirar." En otras palabras, al enmarcar un momento tan pío de esta manera tan exagerada y burda, en la que el padre aumenta el dolor y acelera la muerte de su hijo, se trivializa por completo el sacrificio, moviendo casi a burla más que a devoción.[40]

---

cimentar sus credenciales contrarreformistas con actuales o posibles benefactores políticos y religiosos (145). Por último, en esta línea, Jesús Botello abunda en "el poder del mensaje contrarreformista que transmite la escena" diseñada "como una écfrasis de tipo alusivo, basada en el episodio narrado en la *Vulgata* en el que se describe el suplicio de Cristo en el Gólgota y su posterior flagelación" (105).

39   Avalle-Arce ("On *La entretenida*") considera que en este último teatro cervantino existe una voluntaria imitación de las comedias de Lope, pero una imitación, sin embargo, que tiende hacia los efectos de la parodia (419). Por otro lado, Ottmar Hegyi ("Cervantes") alude a la excentricidad del episodio al comentar que: "El martirio del niño Francisquito en *Los baños* no consta en ninguna fuente contemporánea y Hoenerbach (1953: 35) lo considera incompatible con la disposición fundamental berberisca hacia cautivos, en vista de que el rescate de éstos —posible sólo si mantenían su fe cristiana— siempre suponía un negocio lucrativo para los dueños. Se documentan incluso casos en que los dueños de esclavos no sólo no favorecen la conversión, sino que se oponen vehementemente, maltratando a los esclavos que expresan la intención de convertirse al Islam" (21-22).

40   Javier Irigoyen-García lo ha visto de manera similar y sostiene que el excesivo celo devoto con el que el Padre actúa lo coloca en conexión con las prácticas ultraortodoxas eclesiales y las políticas de limpieza, denotando una sobreidentificación con la ideología dominante. En este panorama, la escena de martirio es una crítica velada al exceso con el que la España inquisitorial actuaba contra los conversos, en este caso los moriscos ("El problema" 428-29). En suma, Cervantes en *Los baños* reacciona contra la frivolización del cautiverio —algo que ya había apuntado Fothergill-Payne (181)— y contra la instrumentalización política que se hace de él para justificar la expulsión de los moriscos que, según el crítico, es el objetivo de *Los cautivos* de Lope (422).

Por consiguiente, en Cervantes este Francisquito-Cristo se presenta como un símbolo fallido, no sólo porque se nos haga raro creer que los berberiscos martiricen a los cristianos hasta matarlos, cuando les interesaría más mantenerlos con vida para poder recibir el dinero de su rescate, sino porque lo que muestra Cervantes con su ironía es el fracaso del símbolo a la hora de abarcar la realidad histórica: el sufrimiento y cautiverio de los cristianos a manos de los piratas musulmanes en Argel. De este modo, se critica la ortodoxia esencialista mostrada por los personajes cristianos en la obra y el ideal de pureza de sangre, al enfatizar la fractura que hay entre las circunstancias dramáticas asociadas al símbolo cristológico y el referente histórico que ese símbolo pretende comprender. Se mantiene la distancia propia de la diferencia. Desde este punto de vista, como ya han dicho Castillo y Spadaccini con respecto al *Persiles*, a la luz de las teorías de Walter Benjamin y de Paul De Man, la escritura cervantina incluso en el tratamiento de temas cristianos tiene mucho más en común con la estética de la alegoría, que mantiene en última instancia la separación entre el signo y el referente, que con el símbolo, que borra esa separación ("El antiutopismo" 119). De hecho, este distanciamiento se acentúa de forma apreciable con la aparición de estrategias de ironía típicamente cervantinas. En este sentido, la escena de violencia extrema que representa la figura Francisquito-Cristo resulta trivializada y trasladada al terreno de lo cómico con esa disyunción que existe entre la acción y la palabra. Este divorcio escandaloso que se produce en la situación dramática cervantina no tendría en absoluto cabida en el espacio dramático lopesco, donde tanto la palabra como la acción refuerzan el sistema de asimilación iconográfica del que depende la simbología cristiana y su trasplante a la colonia. Estoy pensando aquí en el Caupolicán-Cristo que presenta Lope en su *Arauco domado*, una figura simbólica que representa el triunfalismo cristiano en el ejemplar y devoto discurso de arrepentimiento que el cacique, cual Cristo, cual "*pharmakos* [remedio] arquetípico" (Case, "El indio" 17), dirige al auditorio.

Para una discusión sobre el asunto de los moriscos en la obra lopesca, véase la reciente edición crítica de Natalio Ohanna (17-31).

LA CONQUISTA DE JERUSALÉN POR GODOFRE DE BULLÓN
Como veremos, *La conquista de Jerusalén*, atribuida a Cervantes en los últimos quince años,[41] más que centrarse puramente en los acontecimientos épicos y mostrar una visión enaltecedora del catolicismo, que de suyo traería consigo la representación de la primera cruzada, la comedia se afana en escenificar las consecuencias de las experiencias de cautiverio y los dramas vitales que afectan a moros, a cristianos y a las relaciones entrambos, en esa zona de contacto cultural que propicia la guerra. Se trata, al igual que en las otras comedias cervantinas de cautivos, de ahondar en una serie de vivencias que desvelan la precariedad de la condición humana y denuncian actitudes hipócritas en el contexto de las guerras de religión. De esta forma, el texto abre una perspectiva que permite cuestionar la validez de ideales estériles, como el honor o la pureza de sangre, sobre los que se sustentan la identidad cultural y religiosa españolas.

Hoy en día, los críticos que la han estudiado consideran que esta obra es la comedia perdida *La Jerusalem*, la cual Cervantes refiere haber escrito en su *Adjunta al Parnaso* junto a otras como *Los tratos de Argel, La Numancia, La gran turquesca, La batalla naval, La Amaranta o la del mayo, El bosque amoroso* y *La única y La bizarra Arsinda* (644). Como Arata sostiene, esta comedia es posiblemente la primera adaptación española de la *Gerusalemme Liberata* de Torquato Tasso

---

41   Desde que Stefano Arata la descubriera en la Biblioteca Real en los años ochenta y se la atribuyera a Cervantes por conjeturas verosímiles ("*La conquista*" 28), la comedia ha venido siendo analizada y ganando aceptación entre la crítica como cervantina. A ello han contribuido los trabajos de Arata (*Los manuscritos*; "*La conquista*"; "Notas") y de sus colaboradores, la estupenda edición de Brioso Santos (Cátedra, 2009) y varios de sus ensayos ("A propósito"; "Obras perdidas"; "Análisis métrico"), así como los artículos de Montero Reguera (Reseña de "*La conquista*"; "La obra"; "¿Una nueva?"; "*La conquista*"), Rodríguez López-Vázquez ("La *Jerusalén*"), Kahn ("Towards a Theory"; "Even further"), Cerezo Soler, Santos de la Morena ("Sobre la religión") y el mío propio ("Espacios"). Sevilla Arroyo en la edición para la Biblioteca Virtual da por hecha su atribución, al igual que Baras Escolá ("Los textos"). Como espaldarazo definitivo, Gómez Canseco la ha incluido, con edición específica de Fausta Antonucci, en el reciente volumen que ha coordinado de las comedias de Cervantes para la RAE (2015).

(Parma, 1581), y, en consonancia con la poética de su generación, en ella se privilegian la unidad y los elementos histórico-épicos sobre los estrictamente novelescos, con el objetivo de enaltecer el espíritu ético de la cruzada y aquellos personajes históricos que la llevan a cabo: Godofredo de Bullón, Bohemundo, Raimundo de St. Gilles, o Pedro el Ermitaño ("*La conquista*" 24). En esta línea, el drama no va a incluir muchos episodios novelescos del poema, como los protagonizados por dos de los personajes más importantes, Rinaldo y Armida. Sin embargo, uno de los aspectos que más sorprende al acercarnos a esta comedia es el peso real que tienen en ella las susodichas figuras históricas. Específicamente en términos del número de versos que el autor les dedica, pues el dramaturgo no parece centrarse en la recreación como tal del conflicto armado de la primera cruzada, sino en las historias intercaladas: los enredos amorosos de cristiano con mora (Tancredo con Clorinda) y mora con cristiano (Erminia con Tancredo), las vicisitudes personales de diversos cautivos (Solinda y Eustaquio,[42] Anselmo y Teodoro), y las historias o episodios vitales de una gallarda guerrera mora (Clorinda) o unos humildes soldados (Charles o Fabricio).

No quiere esto decir que el texto no resalte suficientemente la epopeya cristiana, con milagros incluidos. Las figuras morales alegóricas—Jerusalén, Trabajo, Esperanza, Libertad y Contento—enmarcan la comedia, encargándose unas de abrirla y otras de cerrarla, mientras que el broche final lo pone un descalzo y arrodillado Godofre de Bullón, nombrado rey de Jerusalén tras la toma de la ciudad por las huestes cristianas. Es más, en opinión de Brioso Santos, el autor anularía cualquier visión crítica de la cruzada al aplicar un cariz netamente propagandístico, incluso "mesiánico," al discurso pseudo-histórico teatral ("A propósito" 122). No obstante, es necesario considerar la variación que opera el dramaturgo al derivar el tema épico tassiano hacia la problemática del cautiverio, lo que permite desarrollar ciertas reflexiones sobre la condición humana en un terreno fronterizo. Bajo una atmósfera teatral y desde una perspectiva humanista, la obra escenifica la vivencia de una realidad compleja y recrea un flujo de identidades: moros con cristianos, cristianos con moros, además de las vicisitudes de diversos

---

42 'Lustaquio' en la edición de Brioso Santos y en la de Sevilla Arroyo.

cautivos. En muchas de las vidas que se representan la identidad fluctúa o parece negociarse, lo cual podría hacernos pensar en cómo esto cuadra con la excesiva rigidez de nociones de identidad propias de un espíritu de cruzada; especialmente la barrera impermeable que crea el arquetipo y que habría de distanciar a un "nosotros" cristiano heroico de un "ellos" moro enemigo.

Ya en la primera jornada, nos encontramos a los cautivos Anselmo y Teodoro hablando del renegado nigromante Marsenio. Como consejero del rey moro de Jerusalén, Marsenio muestra ser igual de vil y cruel que el propio líder Aladino, pues quiere quemar vivos a los cristianos Solinda y Eustaquio. La escena final del primer acto trata sobre las consecuencias de la desaparición de la imagen de la Virgen que habría sido sacada de su enclave católico y llevada a la mezquita por orden de Marsenio. El renegado estaba convencido de que el mero hecho de guardarla en el templo musulmán protegería a Jerusalén y a su líder de la invasión y victoria cristianas. Al llegar las tropas cruzadas a las murallas de la ciudad, Marsenio quiere hacer efectivo su conjuro, pero la imagen de la Virgen ha desaparecido de la mezquita, encontrándose supuestamente en manos de algún cautivo cristiano. Esto enfurece a Aladino, quien manda matar a todos los cristianos que se encuentran en Jerusalén. Entre ellos se hallan Solinda y Eustaquio. La escena que se desarrolla a continuación muestra a dichos personajes discutiendo por autoinculparse de la desaparición y destrucción de la imagen, para que se les aplique el castigo y poder de ese modo ser mártires, salvando así con su sacrificio no sólo el uno al otro, sino por extensión al resto de cristianos de la ciudad. Si bien la escena puede ser vista por los católicos como una demostración de valor y santidad, a través de los ojos del moro resulta rara hasta el extremo, si no absurda:

> REY ¡Muera, y entréguese al fuego!
> ¡Muera digo, muera luego!
> SOLINDA Que viva dirás mejor,
> que no me mata la muerte
> por tal ocasión venida,
> antes a esta corta vida
> en eterna la convierte.

	¡No aprietes!
MORO	¿Ya te lastimo?
SOLINDA	No, mas no haré defensa,
	porque esta muerte y ofensa
	por vida y honra la estimo.
EUSTAQUIO	Justicia, rey, no permitas
	que de mi hazaña notoria
	otro me quite la gloria [...]
	Si ella por su altivo brío
	quiere al mundo eternizarse
	busque otro modo de honrarse,
	déjeme a mí lo que es mío. (vv. 477-99)

Tan sin seso parece, para el moro y el renegado, el que los cristianos se disputen los honores del martirio, que Marsenio piensa que se están burlando del rey: "Éstos se burlan de ti, / señor, y de tus cuidados" (vv. 540-41). Parecida admiración encontrábamos antes en un pasaje de *Los baños de Argel* donde Hazén deseaba tanto ser mártir que clamaba porque lo empalaran para así matar el cuerpo y dar vida al alma. Cervantes ponía en el Cadí palabras de estupefacción, sobre todo, al presenciar cómo después de ansiar ser mártir Hazén la emprende con Yusuf a puñaladas.

Por otro lado, al ser sujetados los dos cristianos al mismo palo, Eustaquio le declara su amor a Solinda y bendice su suerte de poder morir atado a ella. Sin embargo, Solinda le contesta que no se fije en ella, sino en "otro amor" mayor y que cambie la "caduca belleza" de la mujer por "la belleza del cielo," "eterna y duradera" (vv. 596-608). No obstante, Eustaquio desoye el beato discurso de Solinda, y movido por el amor mundano más que por el "cristiano celo" (v. 607) le pide el matrimonio en trance de muerte. Lo sorprendente aquí es que, tras las sumamente pías palabras de Solinda, y las ya mostradas ansias de Eustaquio por ser mártir, éste se refiera al tránsito de la muerte como un "trance dudoso" y "terrible," mostrando ahora miedo y duda (vv. 620-21). De esta manera, el autor de los versos parece contrastar la lógica debilidad humana de Eustaquio con el hiperbólico celo religioso mostrado tanto por Solinda como por él mismo. Prueba de ello es la notoria sorpresa e incredulidad ante toda esta escena por parte del Moro: "¿Estáis en tan triste punto / y desposorios tratáis?" (vv. 638-39). Como hemos visto anteriormente, situaciones dramáticas como éstas se repiten en escenas parecidas en *La gran sultana*, *El trato* y *Los baños*.

En esta vena, en la segunda jornada, *La conquista de Jerusalén* escenifica una enorme contradicción de fe, además de una afrenta a la pureza de sangre, a saber: en la conversación entre dos de los príncipes cruzados Boemundo y Tancredo, el primero se extraña enormemente de la liberalidad y de la "rara continencia" (v. 687) que el segundo tuvo con la bellísima y principal mora Erminia. Tancredo, de forma solemne y rigurosa le explica a Boemundo que son el honor y la fe los que le han hecho contenerse, esto es, "cumplir con lo que debe a caballero / y aquello [a][43] que le obliga ser cristiano" (vv. 713-14); y añade que si ella fuese católica él no habría tenido reparo ninguno en seducirla: "Si ella fuera bautizada, creo / que nunca yo mostrara los extremos / de continencia y liberal que dices; / mas la pérfida seta que ella guarda / fue causa aun que de Erminia me guardase" (vv. 693-97). Sin embargo, el honorable y beato Tancredo, rápidamente se quedará prendado de otra mora, en este caso la hermosa Clorinda, y a ese deseo no pondrá freno, pues como indica, piensa hacerla prisionera en la guerra y en el amor, "cautivarla" y "rendir su amor con la potencia," esto es, sin "cortesía," con pasión, expresando: "y allí rindirá el amor, / con la potencia en que estriba, / el señor a la cautiva, / no la cautiva al señor (vv. 1320-28). Ahora bien, eso no significa que el personaje no se dé cuenta y no cuestione su irreverente y pecaminosa conducta —"¡Ay, mal nacido deseo" (v. 1291). Al contrario, el dramaturgo lo hace debatirse en la contradicción de fe que Tancredo mismo explicita en este pasaje:

> Tancredo, ¿con quién las has?
> ¡Deja, miserable, deja
> aquel bien que se te aleja
> más cuanto lo sigues más!
> Su pie por la senda ruin

---

43   Me parece más coherente seguir en este verso la edición de Brioso Santos y colocar la preposición aquí, y no tras el verbo como hace Antonucci.

> de Mahoma va muy listo,
> el tuyo por la de Cristo.
> ¡Mira si es contrario al fin:[44]
> dame ser los dos temor,
> de tan diferentes greyes!
> Mas lo que apartan las leyes
> suele juntar el Amor. (vv. 1293-1304)

Y es que, como expresan estos dos últimos versos, es la fragilidad humana provocada por el deseo o el amor lo que se impone al dogma. Algo que observamos nítidamente en el resto de las obras de cautiverio cervantinas que hemos trabajado. Así, igual que pasara con los protagonistas de *El trato*, la princesa mora Erminia pretende durante toda la obra el amor de su otrora captor Tancredo. Su consejero Alzardo se refiere al "desatino" que supone el que se entregue "hija de rey, a un soldado, / y tú mora y él cristiano" (vv. 882-85); o la "deshonra" (v. 915) de buscar amores del que, además de contraria ley, venció a su padre: "No te le pinta cristiano, / enemigo de tu ley, / ni que fue a vencer al rey, / tu padre, con fiera mano (vv. 898-901). Erminia contesta como lo haría Zahara en *El trato*:

> ¡Cuán poco me satisfacen
> las palabras en que sobras,
> porque del amor las obras
> consejos no las deshacen!
> En tal punto está el compás
> de mi amor en este instante,
> que ni puedo ir adelante
> ni querer volver atrás.
> La gran verdad de Tancredo,
> su extraña magnificencia,
> destierran de mi presencia
> todo inconveniente y miedo;

---

44 Sigo aquí de nuevo la edición de Brioso Santos en la puntuación y la colocación de la exclamación, pues me parece más coherente y legible en este punto que la versión de Antonucci.

que, si él me dio libertad,
tiniéndome en su poder,
yo le he de satisfacer
con dalle mi voluntad. (vv. 918-33)

Son estos pasajes y escenas los que invitan a conectar íntimamente la comedia que nos ocupa con las obras de cautivos de Cervantes. En la tercera jornada, Tancredo creyendo hablar con Clorinda expresa: "[...] Clorinda amada, / dame en señal esa divina mano, / y en hora venturosa, afortunada, / a tu cielo levanta este cristiano" (vv. 1835-38). Pareciera como si el deseo en Tancredo lo llevara a renunciar a su cielo católico y abandonarse a la religión ("cielo") de la mora —toda vez que en el verso 2189 de esa jornada, Clorinda misma usa esa palabra "cielo" para referirse a su religión musulmana. Ciertamente, con estos ejemplos donde el amor o el deseo trascienden las barreras religiosas, este teatro se encarga de subrayar "lo que la España inquisitorial ignoraba: la cohabitación pacífica de esas comunidades" (Canavaggio, *Cervantes* 74).

La conquista de Jerusalén escenifica un episodio que es calco dramático de otro en *Los baños de Argel* con el que Cervantes pareciera desplegar principios humanistas. Las vicisitudes que viven Clorinda y Tancredo en *La conquista* son paralelas a las que vivirán Zara y don Lope en *Los baños*. En ambas obras la mora tiene un pasado que la liga a una familia o enseñanza cristianas, por vitales circunstancias se ha criado como musulmana, y al fin quiere volver a la fe de sus orígenes o sus enseñanzas, para lo cual necesita al cristiano español. En *Los baños*, Zara alcanza su sueño: la libertad unida a don Lope, con intenciones de ir a España con él a bautizarse y casarse. En *La conquista*, Clorinda desgraciadamente muere a manos de Tancredo, pero, cumpliendo su hado, pide ser bautizada en trance de muerte por el cristiano. Tancredo acepta, lo que simboliza un acto de amor. Así pues, en *La conquista*, el humanismo se muestra en que el cristiano acceda a la petición de la mora y la bautice antes de morir; mientras que en *Los baños* se plasma, por ejemplo, cuando un judío paga humanitariamente el rescate de su peor enemigo, el sacristán, cuando la mora Zara hace lo propio con el cristiano don Lope, o cuando el amo musulmán les permite practicar su religión a los cautivos cristianos y celebrar misa en domingo de Resurrección. Por su parte, en *La conquista*, Clorinda también mostrará una intensa caridad —"misericordia" (v. 772) en palabras de Marsenio— al interceder ante Aladino y salvar la vida de los cautivos cristianos de Jerusalén que iban a ser quemados vivos, pues le parece que hay "otros medios de más honra" para asegurarle al rey moro la victoria (v. 764).

Tanto esta caridad de la mora guerrera, el difícil trance vivido por Solinda y Eustaquio al que hicimos referencia al principio, como los detalles de la biografía de Clorinda, su bautismo y su muerte, vienen de los Cantos II y XII de la *Gerusalemme Liberata* de Tasso. Entonces, ¿qué distingue al poema épico italiano de la pieza teatral? Precisamente el que las variaciones se encaminen en el drama hacia la problemática de mostrar el choque entre la común debilidad humana y la férrea constancia religiosa de la que alardean muchos cristianos. Situaciones que suelen darse en circunstancias trágicas como la guerra o el cautiverio, que hacen aflorar tanto el miedo como el deseo, y que a la vez despiertan los comportamientos más compasivos, caritativos o humanos. Olindo y Sofronia, que así se llaman Solinda y Eustaquio en el poema, se dicen lo mismo en él, pero ni Olindo habla de la muerte como "trance dudoso y terrible," ni los moros que presencian la escena se sorprenden de los peregrinos extremos a los que llegan los cristianos en su celo religioso, como ocurre en la comedia. Asimismo, en el poema, Tancredo, enamorado de Clorinda desde el Canto III, no anhela el amor de la infiel para seguidamente expresar reparos en que ésta sea musulmana, como sucede en la comedia; ni Erminia hace mención, o es criticada por otro personaje, sobre la contradicción de fe que supone el que una princesa mora, como ella, ame apasionadamente a un soldado cristiano, algo que sí se recalca en el drama. Con todo, al dramaturgo le viene muy bien echar mano de Tasso a la hora de recrear para el teatro los acontecimientos de la primera cruzada, pues en la *Gerusalemme liberata* el material puramente épico se encuentra entreverado de éstas y otras historias intercaladas sobre las diversas vivencias por las que atraviesan los que conducen y sufren la cruzada. Tanto es así que, tras las críticas recibidas por adornar las narraciones épicas con episodios novelescos, Tasso purgará su propia obra de todo lo que no sea historia religioso-legendaria y publicará su *Gerusalemme conquistata* en 1593, claudicando a la rigidez de las unidades aristotélicas y a los ideales de la religiosidad contrarreformista.

La conquista de Jerusalén no se centra tanto en macrodramas universales propios de la épica, sino en microdramas personales. En ese movimiento de trasplantar el material épico desde un terreno trascendental a uno personal en un ambiente fronterizo, la identidad se convierte en una máscara —como la indumentaria que se coloca Erminia para suplantar a Clorinda—, una forma de representación fluida y no una subjetividad trascendente, fija, que ofreciese el orden simbólico en la creación de sus ideales. En circunstancias fronterizas se ve la común naturaleza humana, su debilidad y su hipocresía, pero también se ven más facetas que unen a los hombres que aquéllas que los dividen. Los moros se enamoran de los cristianos y los cristianos de los moros, se ayudan entre ellos y muestran compasión ante su sufrimiento. Como ya vimos, esto sucede en zonas de contacto cultural como Argel (*El trato*, *Los baños*) o Constantinopla (*La gran sultana*), y ahora en Jerusalén (*La conquista*).

En estas obras teatrales, la zona de contacto cultural que se asocia o bien con el cautiverio o bien con la guerra permite la apertura de espacios de ambigüedad en que tanto los valores musulmanes como los cristianos aparecen mediatizados (o incluso relativizados) por la mirada del Otro. Nos encontramos con situaciones en las que se entrecruzan pasiones, creencias y actitudes que van desde la antipatía a la conmiseración. En general, el deseo se presenta aquí como un denominador común que parece, si no anular, al menos suspender momentáneamente actitudes dogmáticas. Es en este espacio de ambigüedad donde los mitos en los que se asienta la identidad cultural y religiosa parecen quedar en entredicho.

Ejemplos como los analizados en este capítulo son los que Cervantes quería que sus lectores vieran "despacio" y examinaran cuidadosamente en la lectura, si no en la representación de su teatro. En definitiva, en *La gran sultana*, *El trato de Argel*, *Los baños de Argel* y *La conquista de Jerusalén*, las zonas de contacto entre moros y cristianos se convierten en escenarios de dramas humanos que acaban por desvelar el sinsentido de las fantasías sociales que nos distancian del

Otro. Toda la ambivalencia, la ambigüedad, la aparición simultánea de ideas contrapuestas y la ironía que aparecen por momentos en el texto cervantino nos separan de la ortodoxia esencialista, del fanatismo insensato, proponiendo la defensa de la integridad humana, la virtud y la empatía. Se trata, por tanto, como en *Don Quijote*, de mover al lector hacia un humanismo que, desde la teatralidad, pone en jaque dogmas y certezas absolutas, critica la miopía del esencialismo y denuncia la intransigencia religiosa y cultural.

2
La humanización del enemigo en el teatro bélico de Cervantes: *El gallardo español* y *La Numancia*

EN EL LIBRO *Cervantès dramaturge,* Jean Canavaggio hizo la siguiente afirmación sobre el teatro de Cervantes: "Par-delà ses vicissitudes, la trajectoire que dessine la production dramatique cervantine fait apparaître d'emblée une constante essentielle: celle d'une réflexion sans cesse reprise et approfondie sur le statut même de la fiction. Pareille préoccupation ne saurait surprendre chez un écrivain qui a inscrit au coeur même de son oeuvre majeure le débat de la vérité et du mensonge romanesque" (35).

Esta reflexión, que incide en la idea de que el teatro del complutense está marcado por una indagación constante sobre la naturaleza de la ficción, nos lleva a abordar temas que hoy nos resultan especialmente familiares. Concretamente el hecho de que nuestro mundo moderno o posmoderno es más barroco que nunca, en la medida en que estamos inmersos en un panorama de apariencias, ostentación, manipulación y exceso; un mundo movido por espectáculos de masas y realidades mediáticas que promueven una respuesta inmediata e irreflexiva, y fomentan la indiferencia, la apatía, la indolencia y en algunos casos las noticias falsas y la posverdad. Ante esta grave situación, es necesario, más que nunca, detenerse a reflexionar, inspirarse y aprovecharse de las estrategias cervantinas para favorecer esa "alfabetización en la realidad" de los individuos, esa "reality literacy" de la que hablan Castillo y Egginton (*Medialogies*). En este sentido precisamente, la deliberada ambigüedad y la ironía de Cervantes nos despiertan y desengañan, haciéndonos agudizar el juicio crítico además de devolvernos la autonomía y la creatividad.

Como es sabido, la escritura cervantina reaccionó desde la prosa y el teatro a la manipulación operada por la maquinaria de la recién nacida cultura de masas propagada por el estado monárquico absolutista. De hecho, la fórmula de la 'comedia nueva' de Lope y sus seguidores, como ya hemos mencionado, ejemplificó el espectáculo barroco que esencialmente embelesaba y entretenía al público, moldeando, en muchos casos, un espectador pasivo y crédulo, al que, si era menester, como llegará a decir Lope: puesto que las comedias "las paga el vulgo, es justo / hablarle en necio para darle gusto" (*Arte nuevo de hacer comedias en este tiempo* vv. 47-48). Con todo esto en mente, este capítulo profundizará en el significado que hay detrás del arte teatral cervantino. Más específicamente, a través del análisis de *El gallardo español*, en conexión con otros dramas de cautiverio o de guerra que escenifican distintas versiones de "nuestro" choque violento con "el Otro" y la búsqueda de la fama, caso de *La Numancia* o *La conquista de Jerusalén*, pretendo subrayar las lecciones humanísticas de la teatralidad cervantina y sus implicaciones éticas. Como veremos, estas implicaciones podrían abrir un espacio donde promover comportamientos y actitudes en pro y mejora de la sociedad, así como consideraciones de justicia social.

Por un lado, en estas obras donde se tematiza la guerra, el dramaturgo problematiza una versión hiperindividualista de la fama, similar a la arrogancia desmedida (*hybris*). Una fama que en última instancia se considerará antiheroica y contraproducente, bien porque enraíza en un absurdo concepto de reputación y españolía (*El gallardo*), bien porque deriva en una fuerza deshumanizante que lleva a la injusticia (*La Numancia*). Por otro lado, Cervantes subvierte críticamente aquella construcción del enemigo que considera a éste como esencialmente diferente de nosotros, es decir, como un Otro radical, permitiendo al lector o al espectador imaginar la posibilidad de una comunidad transcultural. De hecho, imbuido por una actitud humanista que acentúa la dignidad, la valía y la virtud individual, Cervantes defiende la idea de una humanidad común tendiendo hacia una humanización del enemigo.

EL GALLARDO ESPAÑOL

Está claro que la fama es la base de la trama en *El gallardo español* (ca. 1605-06), la primera obra de *Ocho comedias y ocho entremeses nuevos, nunca representados*. Esta comedia de cautivos sui géneris, en la tradición del romance morisco y de las comedias y romances fronterizos,[1] constituye una mezcla de historia y ficción: un relato de gallardía y galanteo que presuntamente tiene lugar durante el asedio de la fortaleza española de Orán por Hassán Bajá en 1563.[2] El nudo del argumen-

---

 1   Ver Anne Fastrup, Mª Soledad Carrasco Urgoiti, y Gómez Canseco ("Lecturas cervantinas" 65-68).

 2   Las fuentes del episodio de las que se alimenta la comedia, "cuyo principal intento / ha sido mezclar verdades / con fabulosos intentos" (vv. 3132-34), se encuentran muy posiblemente en el testimonio de Francisco de Valencia, quien participó en la fortificación de la plaza; en las informaciones que el propio escritor aglutinara al visitar Orán en 1581; y, sobre todo, en las lecturas que contenían crónicas del asalto, como la obra de Baltasar de Morales titulada *Diálogo de las guerras de Orán* (1593) y el *Libro tercero y segundo volumen* de la *Descripción general de África, sus guerras y vicisitudes, desde la fundación del mahometismo hasta el año 1571* (1573 y 1599) de Luis del Mármol Carvajal. Por otro lado, también se ha dicho que este episodio está basado en lo que le sucedió a un soldado real, Alonso Maldonado, cuando en 1539 abandonó su puesto para enzarzarse en un duelo que lo llevaría a la muerte y a la eventual caída del fuerte de Castel Novo de Dalmacia. Jerónimo Jiménez de Urrea en *Diálogo de la verdadera honra militar* (1566) relata, analiza y condena la conducta del soldado (Carrasco Urgoiti 579). Algunos críticos se han centrado en la dicotomía entre verdad y ficción en la obra (Eric Kartchner), o de qué modo el texto cervantino borra sus límites (Melanie Henry, *The Signifying* 78-79). Michael Gerli ("Aristotle") analiza cómo Cervantes subvierte el concepto aristotélico de verosimilitud, para sostener que el objetivo del drama es "to probe the limits, possibilities, and difficulties of integrating historical and strictly imaginative (essentially mendacious) discourses" (44): "In this way, *El gallardo* offers a kind of ontological critique of theater which discloses at every step the semiotic strategies it exploits to represent the truth" (53). Lourdes Albuisech explora los recursos metateatrales que usa Cervantes para exponer los límites de la verdad a través de conceptos como el valor

to presenta a la hermosa mora Arlaja que se muere por ver al famoso soldado español Fernando de Saavedra, conocido por sus hazañas heroicas. Arlaja le dice a su guardián Alimuzel que si le trae a don Fernando como cautivo ella se casará con el musulmán. Tras aceptar la propuesta de Arlaja, Alimuzel viaja a Orán y reta al español, sólo para descubrir que el superior de don Fernando no le permitirá aceptar el desafío del moro. Sin embargo, don Fernando no puede permitir tal afrenta a su honra (reputación). En contra de los deseos expresados por su superior, en realidad se rendirá a las tropas moras para poder batirse en duelo con Alimuzel y encontrarse con Arlaja bajo una identidad secreta, mostrando, de cara a la galería, tanto una gallardía extraordinaria como una galantería sin igual. Su imprudente determinación de defender su reputación/fama por encima de todo lo llevará a luchar contra sus propios correligionarios cristianos en defensa de Arlaja. Al final, sin embargo, la lealtad triunfa cuando don Fernando se traga su orgullo, completamente fuera de lugar, y pelea valientemente junto a sus camaradas cristianos una vez más.

El deseo y la fama hacen avanzar la trama, en una comedia novelesca que, por sus desarrollos, aparataje escénico y, a mi ver, gesto ideológico, parece mucho más adecuada para la lectura que para la representación, algo que ha hecho correr mucha tinta entre la crítica. La fama de Don Fernando es la causa del deseo de Arlaja de conocerlo y la fama es también la razón por la cual el español desobedece a su superior para aceptar el desafío que le permitirá aumentar su reputación. Ahora bien, la versión egoísta del honor de Don Fernando, que lo lleva a la búsqueda de la fama individual, en el fondo será desenmascarada en *El gallardo español* como una equivocada arrogancia (*hybris*). Por tanto, estoy de acuerdo con la afirmación de William A. Stapp de que Cervantes critica la conducta de don Fernando como "inconstante" y "mudable" (129), como la actuación de un chaquetero cuya única ambición es acumular gloria personal, independientemente del bien común: "el bien tangible," "colectivo" (127). Consecuentemente, no es

---

(330). Para Gómez Canseco "al juego entre historia y literatura Cervantes añade la tensión entre verdad y ficción e incluso, ya dentro del propio texto, entre las verdades y las fabulaciones que envisten la vida de los principales personajes" ("Lecturas cervantinas" 65).

una desobediencia momentánea ("désobéissance momentanée") por parte del gallardo soldado, como opina Canavaggio (*Cervantès* 393), ni un pecado venial que adorna al protagonista heroico (Carrasco Urgoiti 578), sino un equivocado sentido del honor ("misplaced sense of honour") lo que finalmente lo lleva a desertar y a colocar sus propios intereses por encima de los de sus hermanos cristianos, como considera Gethin Hughes (66, 69). Una actitud claramente antipatriótica y antiheroica que Cervantes condena fuertemente.³ No sorprende entonces que Melanie Henry haya visto en este inapropiado heroísmo de don Fernando una actitud crítica de Cervantes hacia el nacionalismo e imperialismo españoles:

> The gap which exists between audience expectation of Don Fernando and the reality of who he is, establishes a profound sense of ambiguity. This has further repercussions if we accept El gallardo's protagonist as representative of Imperial Spain which is, therefore, as fictitious as the analogies evoked by Arlaxa and Margarita. His desire to forsake his duty and indulge his capricious nature destabilises the illusion of a glorious nation founded on absolutes. [...]

---

3   Como arguye Alcalá-Galán, este tipo de heroísmo es cuestionado en la obra a través de unas estrategias que implican cambios y desplazamientos, entre los que se encuentran: el enclave geográfico donde la acción tiene lugar, Orán; el uso de fuentes históricas como base de un ejercicio de inverosimilitud ficcional; el espacio teatral que abandona los muros de la plaza militar y se localiza en la periferia de la ciudad; la caracterización de musulmanes y cristianos que socava los estereotipos; el hecho de que el protagonista de *motu proprio* se haga cautivo y adopte costumbres y vestidos musulmanes, al igual que Margarita bajo el nombre de Fátima; y el traslado del eje de la obra del cristiano protagonista, don Fernando, a su antagonista moro, Arlaja, quien ocupa el centro del drama y se convierte en catalizadora de la acción ("African Space" 81-82). Por su parte, Anne Fastrup defiende que: "*El gallardo español* considers how the individual, in the name of his own heroism, ends up in a demonstration of fatal disobedience to the state" (363). Francisco Márquez Villanueva lo ha llamado un "*impasse* entre el individualismo de la caballería medieval y una disciplina militar a la moderna," un dilema que lleva a la "flagrante y quijotesca desobediencia" (*Moros, moriscos* 50-51). Lo mismo sostiene Gómez Canseco ("Lecturas cervantinas" 70-71).

The idea of a Spain founded on "one nation, one faith, one destiny" is, therefore, problematised by Don Fernando's arrival on stage. The early-modern audience is confronted with the uncomfortable image of a Spain whose rhetoric and reality are violently at odds. (*The Signifying* 83)

Por otro lado, hay que añadir que Cervantes está al mismo tiempo llamando la atención sobre la común humanidad de los rivales musulmanes y cristianos, los cuales no son vistos como enemigos acérrimos, sino como congéneres o compañeros, incluso amigos potenciales que casualmente profesan diferentes fes. En esto, el dramaturgo hace uso de las convenciones que le brindan los géneros o subgéneros de los romances moriscos, las comedias fronterizas de moros y cristianos, o las novelas moriscas como la *Historia del Abencerraje y la hermosa Jarifa* (ca. 1561-65), pero pone de relieve la humanidad compartida con el Otro, con el culturalmente distinto, como podemos ver en el siguiente intercambio:

<pre>
ALIMUZEL   No es enemigo el cristiano;
              contrario, sí, que el lozano
              deseo de Arlaja bella
              presta para esta querella
              la voz, el intento y mano.
D. FERNANDO   Presto te pondré con él,
              y fía aquesto de mí,
              comedido Alimuzel;
              y aun pienso hacer por ti
              lo que un amigo fiel,
              porque la ley que divide
              nuestra amistad no me impide
              de mostrar hidalgo el pecho;
              antes, con lo que es bien hecho
              se acomoda, ajusta y mide (vv. 1035-49)
</pre>

Estos versos parecen ir más allá de la cortesía típica mostrada en las novelas moriscas o en las comedias fronterizas para retratar a ambos adversarios actuando de acuerdo con la virtud: "lo que es bien hecho." Las estereotípicas nociones de odio o intolerancia religiosa o cultural han desaparecido. El moro es más que un digno enemigo.[4] Asimismo, de manera insólita, los personajes nobles cristianos, Fernando y Margarita, voluntariamente se ofrecen como cautivos a los musulmanes y adoptan sus costumbres y atuendo. De forma que, por más que los peninsulares mismos llamen a esto "disparates" en frente del auditorio (vv. 825-29; vv. 1543-47), se trata, de nuevo, de esas inversiones de roles tan comunes en las comedias de cautiverio del complutense y que tanto nos hacen pensar. Además, Cervantes "does not insist on the conversion of the two Moslems, a detail he would surely not have overlooked if his concern had been to emphasise the superiority of Christianity" (Hughes 74). De este modo, en el Acto III, Alimuzel incluso usará un oxímoron retórico para llamar a don Fernando: "amigo enemigo" (v. 2779), subrayando, una vez más, no sólo la cortesía caballeresca, sino la humanidad de ambos. De hecho, Cervantes enfatiza las debilidades humanas tanto de don Fernando como de Alimuzel al poner en primer plano la falsa virtud del español junto con los defectos del propio musulmán.

La palabra 'deseo' a menudo se usa en la obra junto con su sinónimo 'antojo.' Como comenta Alimuzel, "el lozano deseo de la hermosa Arlaja" provoca un conflicto personal entre los rivales masculinos, no entre sus respectivos ejércitos o religiones. Al igual que se ve en el resto de las comedias de cautivos de Cervantes (*El trato de Argel*, *Los baños de Argel*, *La gran sultana* y *La conquista de Jerusalén*), el deseo y el amor conectan al moro y al cristiano en escenas que nos invitan a repensar nuestra actitud hacia el Otro.[5] En consecuencia, como espec-

---

4   Como Abi-Ayad afirma: "Cervantes rompe las barreras étnicas y religiosas para sobrevalorar la amistad, el respeto y la tolerancia" ("Argel" 138). E igualmente García Valdés: "Existe, por una parte y por otra, amistad, respeto, tolerancia, sin tener en cuenta diferencias religiosas ni étnicas" ("Vida y literatura" 647). Ven asimismo tolerancia en la obra Abdellah Djbilou (158) y Aziz Tazi (330).

5   Como sostiene Anne Fastrup: "Cervantes' works have played and still play a decisive role in this research as a type of literature which in a low-key way resists the state's mono-cultural constructions of identity by pointing to

tadores somos testigos de múltiples muestras dramáticas de empatía, conmiseración y comprensión de las vicisitudes y el sufrimiento de ese Otro. Por ejemplo, la mora Arlaja siente lástima y expresa su solidaridad al conocer el sufrimiento de la que llama hermana, la cristiana Margarita: "Cristiana, de tu dolor / casi siento la mitad" (vv. 2310-11). Si en *El trato de Argel*, los musulmanes y los cristianos son presentados como igualmente codiciosos, en *El gallardo español* Margarita acusa a su hermano del mismo vicio al querer enclaustrarla en un convento para de ese modo quedarse con su herencia: "Vi que mi hermano aspiraba, / codicioso de mi hacienda, / a dejarme entre paredes, / medio viva y medio muerta" (vv. 2199-2202). Lo mismo puede decirse acerca de atributos positivos como la virtud, la solidaridad y la compasión, los cuales trascienden las barreras de la sangre y de la religión en escenas de dramática —a veces trágica— afirmación de nuestra común humanidad.

En definitiva, contrariamente a las afirmaciones de Gustavo Correa ("El concepto" 292) o Joaquín Casalduero (*Sentido y forma del teatro* 27, 33, 35), entre otros, y a pesar de lo que su título parezca sugerir, *El gallardo español* es todo menos una celebración patriótica de gallardía, heroísmo, deber y honor españoles. Stapp lo expresa de la forma más sucinta y rotunda: "esta comedia no es un encomio de la gallardía española" (135). Todo lo contrario, en la pieza se cuestiona el heroísmo y la españolidad basados en la fama individual, o en la malentendida honra/reputación que se pueda esconder, como es el caso, tras la gallardía. De hecho, Cervantes parodia ese heroísmo egoísta, esa absurda y gallarda españolía y los valores que encierra, al negarle a don Fernando,

---

the presence of many and mixed cultural identities in Catholic Spain" (366). Y Alcalá-Galán afirma: "in this more ethical than epic work, Cervantes sketches a series of human values that neither deny nor affirm the theme of Spanishness because they situate themselves on a plane beyond differences of nationality, religion or even gender" ("African Space" 85). Minni Sawhney subraya el marcado "cosmopolitismo" que fomenta el individualismo al que lleva "the freedom [of Arlaxa] or the courage of Don Fernando to reach out to the Other" (170, 172, 174); circunstancia originada por compartir el espacio cultural, y por las experiencias militares y el ambiente que rodea los presidios norteafricanos como el de Orán.

en última instancia, el duelo con Alimuzel por su honor —por más que el español termine derribando y venciendo al moro en el asedio—, o al hacer que Arlaja no reconozca al ilustre como el sujeto de su deseo y admiración, teniéndolo como lo tiene enfrente bajo la identidad de Juan Lozano.[6] En suma, coincido con Alcalá-Galán cuando defiende que:

> *El gallardo*, in effect, explores the essential and profound bond that unites us by the fact of sharing the human condition, independent of creed, gender, or social position. This supposedly heroic *comedia*, set in an endless and meaningless border war, reflects on what unites us and, in its way, ridicules what separates us and finds human value on the other side of the wall, personified in an admirable feminine character. ("African Space" 93-94)[7]

Pues bien, recientemente he defendido una tesis similar al entrar a analizar otro drama cervantino, *La Numancia* (ca. 1583-85), la cual, si en la superficie puede leerse como una obra nacionalista, basta acercarse para ver de qué manera apunta en una dirección totalmente diferente.

---

[6] Por eso Márquez Villanueva entiende que: "Lo que en *El gallardo español* se maneja es una protesta contra un mundo (cristiano y para nada islámico) minado por la desconfianza vigilante, así como su ámbito moruno es por entero literario y supone un avance por el camino de aquella maurofilia que no era más que una coartada reflexiva sobre graves problemas internos de la sociedad española" (*Moros, moriscos* 58). Henry apunta a esos problemas al decir: "In *El gallardo español* Cervantes dialogues with the discourses which both form and inform the world of the seventeeth-century spectator in order to protest against the absolutes and assurances of Counter-Reformation Spain and the devices which the state utilises to ensure compliance and conformity" (*The Signifying* 90).

[7] En opinión de Alcalá-Galán, "Arlaxa is undoubtedly the protagonist of the work, its center and the personification of what it means to be human" ("African Space" 93). Para otras lecturas que ensalzan a las protagonistas femeninas Arlaja y Margarita, ver Henry (*The Signifying* 83) y Ellen M. Anderson ("Mothers" 21).

La Numancia

Esta tragedia cervantina nos ha llegado a partir de dos textos manuscritos: el número 15.000 de la Biblioteca Nacional de España —copia de actor o libreto de una compañía teatral del XVII—, y el códice con ortografía modernizada que se halla en la Hispanic Society of America en Nueva York, transcrito por Antonio de Sancha en 1784 junto con el *Viaje del Parnaso*. Aunque ninguno de los textos se ha considerado cercano al supuesto original cervantino, los editores modernos prefieren seguir la edición de Sancha. La obra se representó en su época, y el texto circuló con asiduidad posteriormente, por más que la obra no apareciera publicada hasta doscientos años después de su creación y estreno. Prueba de ello el impacto que tiene en las versiones de Rojas Zorrilla en el XVII, y en las de López de Ayala y López de Sedano en el XVIII.

La tragedia del complutense recrea la última defensa en el heroico levantamiento del pueblo celtíbero de Numancia frente al imperio romano. Numancia, ciudad castellana cercana a la actual Soria, históricamente se mantuvo rebelada contra el poder de Roma y asediada por ello durante catorce años (dieciséis en la obra, v. 117). La tragedia, en la tradición neo-senequista, revive para el teatro el cerco final que durante un año y siete meses puso el general Publius Cornelius Scipio Aemilianus (Escipión/Cipión) sobre los numantinos y llevó a la destrucción total de la ciudad en el 133 a.C, poniendo fin a las guerras celtíberas (153-133 a.C.). Hasta aquí, el perfecto guion para un buen drama histórico, más aún, si somos testigos del clímax dramático apocalíptico que la tragedia despliega y que representa la inmolación del pueblo numantino entero para negarle así al romano la gloria de su vencimiento. Con el paso del tiempo, Numancia llegará a ser en el imaginario colectivo español sinónimo de orgullo patrio, resistencia y coraje sin límites. Por todo ello, la tragedia cervantina, la que Max Aub (1956) consideró "la mejor tragedia española" (27) —quizá por su modernidad: su "tendencia hacia la 'existencialización', la humanización, si se prefiere, de la experiencia trágica" (Maestro, *La escena* 121)—, se constituirá como fuente de inspiración y/o modelo dramático de numerosas obras hasta el presente. Piezas que incluyen las ya clásicas, como el poema épico de Francisco Mosquera de Barnuevo (*La Numantina*,

1613), las comedias de Francisco de Rojas Zorrilla (*Numancia cercada* y *Numancia destruida*, ca. 1630), Ignacio López de Ayala (*Numancia destruida*, 1775), —refundida por Antonio Sabiñón (*Numancia. Tragedia Española*, 1818)—, y José López de Sedano (*Cerco y ruina de Numancia*, 1776);[8] las versiones actualizadas de Rafael Alberti (*Numancia*, Madrid 1937; Montevideo 1943) y Alfonso Sastre (*Crónicas romanas*, 1968; *El nuevo cerco de Numancia*, 2002); o las producciones extranjeras como la mexicana de José Emilio Pacheco (1974) y la japonesa estrenada en Almagro en 2016. Además de las adaptaciones más recientes como la dirigida por Paco Carrildo de Verbo Producciones (2016); o las reescrituras y puestas en escena novedosas entre las que se encuentran la de Nao d'amores/CNTC (2021), la relectura posmoderna de Laila Ripoll titulada *La ciudad sitiada* (1999), o la propuesta sonora, visual, con evocaciones operísticas de Juan Carlos Pérez de la Fuente llamada *Numancia* (2015-16), las cuales siguen manteniendo un diálogo intertextual con la tragedia cervantina.[9]

En verdad no debe sorprender la identificación entre el pueblo celtíbero y el español, pues pocos años antes de que Cervantes escribiera *La Numancia*, el cronista de Felipe II Ambrosio de Morales ya celebraba la hazaña numantina como un señero episodio de la historia de España (*Corónica general de España*, 1574).[10] Por tanto, Numancia

---

8   Mi colega Ana Rueda y yo estamos preparando una edición moderna de la obra de este dramaturgo de la segunda mitad del XVIII (no el neoclásico Juan José López de Sedano con el que se suele confundir) que esperamos vea la luz pronto.

9   Sobre la imagen de la Numancia en la dramaturgia española, y la tragedia cervantina como fuente de inspiración en el teatro desde el XVII hasta hoy, ver Urszula Aszyk ("La imagen") y Javier Huerta Calvo ("'Numancia'"). Para un estudio sobre la versión de Pérez de la Fuente, ver Begoña Gómez Sánchez ("La actualidad").

10   Ambrosio de Morales (1513-91) fue el continuador de la *Corónica general de España* (1574-86) que comenzara Florián de Ocampo (1495-1558), quien escribió los primeros cinco libros (I-V), a partir de 1541, narrando los destacados acontecimientos nacionales hasta justo antes de la conquista romana de Hispania. Morales terminó escribiendo doce libros más para un total de diecisiete que forman la obra completa y que fueron publicados en Alcalá de Henares en tres volúmenes: 1574 (libros VI-X), 1577 (libros XI-XII)

y 1586 (libros XIII-XVII). El levantamiento, resistencia y caída de Numancia se narran en el libro VIII (7-10), que comienza en el 209 a.C. y cubre el periodo completo de dominación y gobierno romanos. Morales identifica claramente a los numantinos con los españoles, hablando de "el grande esfuerzo y valentía de los nuestros" (fol. 122), y exaltando el hito nacional: "llega ya aquí la historia de España a lo más alto de gloria y fama, que en estos tiempos pudo subir: pues se ha de comenzar a escribir la guerra de los Romanos con nuestros Numantinos" (fol. 121). Sobre las fuentes históricas y literarias del cerco de las que se alimenta la tragedia ha escrito Rey Hazas: "*La Numancia* de Cervantes manifiesta un cierto respeto por la historia, como ha dicho Canavaggio, pero la utiliza con libertad y no se atiene a ninguna versión concreta, sino que mezcla noticias de acá y de allá para reelaborarla, atento sobre todo a enriquecer y adaptar a sus propósitos el mito de la ciudad de los arévacos, antes que a perpetuar la leyenda, sin más. Por eso añade motivos procedentes de otras fuentes históricas, legendarias o literarias, como la escena final de Viriato, el niño que se arroja de la torre, que puede proceder de la *Crónica abreviada* de Diego de Valera, o de un romance de la *Rosa gentil*, de Timoneda, aunque lo más fácil es que sea deudora de las *Epístolas familiares*, de fray Antonio de Guevara, y no sólo en este episodio" ("*La Numancia*" 140). Sobre el último numantino, Viriato (Variato), la obra no sigue la crónica de la que en principio pareciera ser su fuente, la *Historia romana* de Apiano de Alejandría (siglo II d.C.), sino el *Compendio de las hazañas romanas* (II) de su contemporáneo, Lucio Anneo Floro, quien afirmaba que no quedó vivo ningún numantino, tal como narra Cervantes. Ambrosio de Morales siguió de cerca la versión de Floro, siendo la *Corónica* la que el alcalaíno probablemente tuviera de cabecera. Rey Hazas concuerda con esto (138), y añade que en la obra cervantina: "Abundan, asimismo, episodios relacionables con distintas fuentes literarias, como *La Farsalia*, de Lucano, el *Laberinto de Fortuna*, de Juan de Mena, o *La Araucana*, de Ercilla, aunque el modelo fundamental es *La Eneida* de Virgilio, que establece el origen del imperio romano en la mítica caída de Troya a manos de los griegos, a cuya imitación Cervantes fija el nacimiento mítico del imperio español en la caída heroica de Numancia a manos de los romanos" ("*La Numancia*" 140), algo esto último que había defendido ya Carroll Johnson ("*La Numancia*"). Por lo que respecta a estudios detallados sobre las fuentes históricas romanas y las versiones y relatos medievales y de la temprana modernidad sobre el cerco de Numancia, véanse Cotarelo Valledor (*El teatro* 121-25), las introducciones a varias ediciones de la obra como la de Hermenegildo (1994), el estudio de Baras Escolá ("Lecturas cervantinas"), es esa proto-España que se convierte en mito fundacional de la identidad nacional e imperial: la fuerza numantina, considerada ejemplar, se proyecta como el origen del carácter de la dinastía de los Habsburgo, del valor de esa estirpe de reyes que ya desde Fernando el Católico dominará el mundo y que encabeza Felipe II: "*Fama*: Indicio ha dado esta no vista hazaña / del valor que en los siglos venideros / tendrán los hijos de la fuerte España, / hijos de tales padres herederos" (vv. 2433-36). Las figuras alegóricas del río Duero en el primer acto y Guerra y Fama en el cuarto se encargan de inmortalizar el valor "único y solo" (v. 2431) de los numantinos y de profetizar la caída del imperio romano a manos de las tropas de Atila, o de la propia Roma a manos de las españolas, ya en el siglo XVI.

Sin embargo, el asunto no queda ahí pues, como la crítica ha puesto de manifiesto, en esta obra los Austrias no sólo son representados como los herederos del valor numantino, sino también como los sucesores del poderío del imperio romano. Esto es, por un lado, la obra parece celebrar sin fisura alguna el heroísmo y la gloria imperial españoles de la mano de un Cervantes netamente patriota (Ynduráin, *La Numancia*; Doménech, *La destrucción*; Casalduero, *Sentido y forma del teatro* 285; Zimic, *El teatro* 86; McKendrick, *Theatre*; Lewis-Smith, "Cervantes' *Numancia*"; Stiegler, "The Coming"; Weiner, "*La Numancia*"; Rey Hazas, "Cervantes y Lope", "*La Numancia*"; Vivar, "El ideal"; Cortadella i Morral, "*La Numancia*"); y por otro, contrariamente, la tragedia está plagada de señales que alegóricamente proyectan la identificación entre el cónsul romano Escipión y sus tropas, y el rey Felipe II y las suyas —partiendo del hecho de que a Escipión se le llama a lo largo de toda la obra "general prudente" (vv. 1153, 1748, 2258, 2318), precisamente el seudónimo con el que se conocía a Felipe II. De acuerdo con esta interpretación, tras la batalla contra los numantinos librada por este renovado y disciplinado ejército liderado por Escipión, Roma se ha hecho militarmente merecedora de ser un gran imperio, uno que se ve ahora revivido, "renovado" con nuevo brío y esplendor en los poderosos y católicos Habsburgo (Avalle-Arce, "'*La Numancia*'"

---

el libro de Jimeno Martínez y de la Torre Echávarri y el ensayo reciente de Stephanie Schmidt ("Cervantes").

254). Por consiguiente, si la obra profetiza esta *renovatio et translatio imperii*, esta identificación Escipión-Felipe II, Roma-España, el imperio español es retratado como víctima (Numancia) y verdugo (Roma), lo cual siembra la duda sobre su actuación en pos del ideal imperial.[11]

En esta vena política, parte de la crítica se ha venido centrando en aquellos pasajes de la obra —como los específicos actos y motivaciones de los dos líderes, o las intervenciones de los personajes alegóricos Guerra, Hambre y Enfermedad en el cuarto acto— que alegóricamente tienen el potencial de evocar el asedio que el imperio español mantiene con las posibles, históricas y más contemporáneas numancias, léase: la revuelta de los moriscos en las Alpujarras, asedio liderado por Don Juan de Austria (Hermenegildo, *La 'Numancia'*, *La destrucción*; Buezo,

---

11   Avalle-Arce no observó la trágica ambigüedad que supone la representación de una España a la vez víctima y verdugo imperiales. Sin embargo, otros críticos han llamado la atención sobre este hecho, entre ellos Hermenegildo (*La 'Numancia'*; *La destrucción* 34-35); Greer ("Imperialism"), Rachel Schmidt ("The Development"), Armstrong-Roche ("Imperial Theater"; "(The) *Patria* Besieged"), Jules Whicker ("'Seguid la guerra'"), McKendrick ("Writings"), Kahn (*The Ambivalence*), Reed ("Empathy") y Stephanie Schmidt ("Cervantes"). Felipe Valencia (100), como ya lo hizo Marie Laffranque (284), sostiene que los españoles del siglo XVI no sólo se identificarían con los numantinos, sino también con los romanos. Frederick de Armas incide en la ambivalencia política que deriva de las ambigüedades de las figuras alegóricas (*Cervantes* 116-35; "Las mentiras"; "El saber"), y Luis Rodríguez-Rincón ha analizado los parlamentos y la representación de las figuras alegóricas que personifican el agua (el imperio) y la sangre (sus consecuencias) ("Cervantes"). Shifra Armon hace mención a "the play's vexing ideological indeterminacy," lo cual continúa provocando controversia en la crítica (11); y Huerta Calvo ("'Numancia'") estudia cómo la ambigüedad textual de la obra ha suscitado múltiples y enfrentadas representaciones de la misma —y "todo tipo de tergiversaciones" (86-87)— a lo largo del tiempo. En ese sentido, posturas como las de Zimic ("Visión"), Rey Hazas ("*La Numancia*"), Güntert ("La tragedia" 271-72) o Endress ("La guerra" 283) no ven en la tragedia una España sitiada y sitiadora, con lo que niegan esta ambivalencia, considerándola una extrapolación arbitraria de la crítica.

"Ambigüedad" 21-22),[12] el levantamiento de los protestantes en Flandes, del que se ocuparán las tropas del Duque de Alba (King, "Cervantes' *Numancia*"; Johnson, "*La Numancia*"; Cantalapiedra Erostarbe, "Las figuras"), o la rebelión de los indios araucanos, sofocada por García Hurtado de Mendoza (King, "Cervantes' *Numancia*"; Simerka, *Discourses*; Reed, "Empathy").[13] Además, según Aaron M. Kahn, "In *La Numancia*, Cervantes's general target of criticism is Philip II's shift in imperial policy and the nearly one hundred years of Spanish incursion into America" (*The Ambivalence* 37).[14]

Todo esto es lo que ha llevado a Michael Armstrong-Roche a explorar las consecuencias de la inversión de roles, de esa España vista

---

12   Contrariamente, Robert Marrast entiende la tragedia como una "causa santa contra los moriscos de las Alpujarras" ("Introducción" 5).

13   En una línea de interpretación político-teológica, la obra también ha sido puesta en relación con la persecución déspota de los herejes por Felipe II (Eric C. Graf, "Valladolid"). Por otro lado, en opinión de Baras Escolá, la obra es "sinceramente patriótica," Cipión representa al Duque de Alba y la tragedia es un trasunto del sitio de Amberes ("Lecturas cervantinas" 179). Sin embargo, para Gilabert Viciana, el que la tragedia de Numancia sea reflejo del sitio de Amberes supone, además de un alegato nacionalista, una condena velada al imperio español que fulmina libertades. La obra, por tanto, es un juego de espejos en el que se critican los comportamientos de los personajes de ambos lados de la muralla (*Tragedia de Numancia*).

14   Si bien Rey Hazas ha venido defendiendo "la actitud nacionalista y triunfalista" de la tragedia y que "*La destrucción de Numancia* era el cénit triunfante del imperio español hacia 1585" ("*La Numancia*" 168, 149), el estudioso incide en criticar las políticas de Felipe II, sobre todo en *Los tratos* y *La Galatea*, por estar más preocupadas en anexionar Portugal que por acudir al rescate de todos aquellos españoles cautivos en los baños argelinos: "Así, con suma perspicacia, Cervantes proyecta sobre el momento de mayor auge del imperio toda la miseria del cautiverio que padecían miles de españoles. En su visión del mundo se dan la mano la cara y la cruz del imperio, pues capta la realidad española de la época en toda su dimensión y contempla cómo la historia oficial y gloriosa de la España áurea iba indisolublemente unida a una intrahistoria penosa y oscura" (*Poética* 23). Opinión compartida por Montero Reguera (*Miguel*), Blasco Pascual (*Cervantes* 180) y Marín Cepeda (*Cervantes* 377).

como 'nueva Roma,' y de manera convincente desvelar así las paradojas que amenazan la fundación y defensa de la identidad nacional imperial en *La Numancia* cervantina. La estrategia en palabras del crítico consiste en:

> rather than defend a triumphalist patriotic or anti-imperial critical reading of the play as has already been done very well, I am interested in drawing attention to the way the text plays those implications off one another in the light of Numancia's sixteenth-century consolidation as a proto-national myth for Spain. ("(The) *Patria* Besieged" 208)

De este modo, en dos artículos complementarios sobre *La Numancia*, Armstrong-Roche intenta dar sentido a la multiplicidad de referentes históricos propuestos por la crítica ("Imperial Theater") y a la polifonía interna del propio texto ("(The) *Patria* Besieged"). En el primero, contrasta la idealización clásica y humanística de Escipión (dechado de virtudes) con la versión de Cervantes, que remite al repetido abuso de la retórica de la virtud en guerras injustas alimentadas por el imperativo de la fama. Y en el segundo, propone una lectura paradoxográfica (paradoxographical) de la polifonía interna de un texto que acaba confundiendo los dos antihéroes, Escipión y Teógenes, y, por ende, Roma y Numancia. De modo que, si por un lado —con las voces de Duero, España y Fama— se celebran el concepto de patria y de sacrificio patriótico que parecen inspirar la obra cervantina; por otro, y a la vez, se cuestionan profundamente —mediante la voz de Hambre, la asociación repetida del suicidio con el homicidio, la falta de unanimidad entre los numantinos respecto al "suicidio," el canibalismo, y el ansia de fama que impulsa a Teógenes a matar a su propia esposa e hijos.

A la luz de estos argumentos, y en continuidad con las piezas teatrales en las que se representa la visión que Cervantes tiene del Otro, *La Numancia* evidencia una intencionada e "inquietante ambigüedad" —según Johnson ("*La Numancia*" 310)—, un texto que resulta "paradójico," "irónico y contradictorio" —al parecer de Hermenegildo (*La 'Numancia'* 45)—; en suma, una obra que trasmite una oscilación, una ambivalencia, que si bien por un lado enaltece el heroísmo patrio, por otro marcadamente lo pone en entredicho, lo cual claramente socava la construcción de identidad nacional y expansión imperial en torno a conceptos como el de patria y sacrificio patriótico.[15]

¿Qué nos queda entonces? Por un lado, la tragedia, el fin de una civilización: las muertes de los numantinos son un apocalipsis,[16] de la misma manera que lo pueda estar siendo para muchos sometidos por el imperio (Greer, "Imperialism") o que se encuentren bajo "the injustice of tyrannical imperialism" (Kahn, *The Ambivalence* 25). Por otro, nos queda también el ensalzamiento de las cualidades que nos hacen mejores a todos —seamos numantinos o romanos— y que el humanismo de la obra irradia: la resistencia ante la adversidad, la dignidad, la lucha por la libertad —contra el opresor o el destino—, la conmiseración ante el sufrimiento, la caridad, la búsqueda de la paz, o el valor. De modo que, estoy de acuerdo con Cory A. Reed en que es la dignidad humana frente al sufrimiento y la empatía que ésta genera en la audiencia, tanto por vía emocional como discursiva, lo que la obra estéticamente exhibe y persigue respectivamente. Una empatía que, de lograrse, permitiría al público, según el crítico, percibir la relación y el paralelo entre la conquista romana de Iberia y la empresa colonial española ("Empathy" 108, 115).

Llegados a este punto, resulta revelador examinar aquellos temas claves que aparecen en *La Numancia* y el tratamiento que reciben por parte de Cervantes. Partamos de los versos que profiere el personaje del río Duero y que hacen referencia a la envidia y temor que otras naciones extranjeras sentirán del vasto imperio español: "¡Qué invidia y qué temor, España amada, / te tendrán las naciones extranjeras, / en quien tú teñirás tu aguda espada / y tenderás, triunfando, tus bande-

---

15   Según Verónica Ryjik, dichas contradicciones son el resultado del resquebrajamiento del discurso nacionalista en *La Numancia*: "Desde esta perspectiva, el mensaje de la obra ya no resulta tan ambiguo. El imperio no tiene pertenencia nacional" ("Mujer" 218).

16   Carácter apocalíptico de la obra subrayado por la aparición de las figuras Guerra, Hambre y Enfermedad, que junto con la Muerte conforman los cuatro jinetes del Apocalipsis, como notó Stiegler ("The Coming") en su visión conservadora e imperialista de la tragedia.

ras!" (vv. 521-24). Nótese cómo se mezcla la imagen del ensalzamiento triunfalista del imperio español con la del mismo que tiñe la afilada espada en la sangre de sus numerosos pueblos conquistados; imagen y actuación paralelas, sin duda, a la crueldad que el imperio romano ejercerá sobre los hispano-numantinos. Además, también se insiste en el providencialismo, que en esta obra aparece íntimamente imbricado a la unificación territorial e identitaria peninsular culminada por Felipe II con la anexión de Portugal en 1581. De este modo, el Duero le profetiza al personaje España: "Debajo de este imperio tan dichoso / serán a una corona reducidos, / por bien universal y tu reposo, / tres reinos hasta entonces divididos" (vv. 513-16), refiriéndose a Aragón, Castilla y Portugal. Además, se insiste en el "celo" religioso (v. 502), esto es, la misión redentora universal de los católicos Habsburgo: "Católicos serán llamados todos, / sucesión digna de los fuertes godos" (vv. 503-04). Por tanto, es la desunión el pecado que provoca el largo dominio extranjero del gran imperio español, penitencia que cesa con la llegada de los Austrias, los cuales constituyen una auténtica redención para ese imperio proporcionándole el verdadero ascenso a la hegemonía mundial (Álvarez Martí-Aguilar, "Modelos").

Ahora bien, el imperialismo y providencialismo claramente promovidos en *La Numancia* se ven socavados por la aparición de otros temas, como la barbarie que el suicidio masivo numantino representa, el canibalismo y el ansia de fama. Por lo que respecta al suicidio, es notablemente revelador el hecho de que Cervantes escogiera llevarlo a las tablas, pues implica desatender adrede la prohibición, decretada por el Concilio de Trento, de representar este tema en la literatura (Maestro, "El triunfo" 30; Santos de la Morena, "Sobre suicidio"). Por añadidura, Cervantes se sitúa al borde de lo heterodoxo, cuando menos de lo doctrinalmente poco pío y decoroso, al incidir en la antropofagia, habida cuenta de la identificación manifiesta que se establece entre el pueblo numantino y el español. En *La Numancia* el pueblo celtíbero clama por su libertad, "¡Numantinos, libertad!" (v. 1357), e insulta a los romanos llamándolos "pérfidos" (v. 1679) y codiciosos, "romanos / hambrientos y fieros lobos" (vv. 1376-77), socavando su humanidad. Sin embargo, los numantinos pecan asimismo de inhumanidad, concretamente de canibalismo, pues en los versos siguientes Teógenes manda a sus compatriotas descuartizar y comerse a todos los romanos presos para saciar el hambre (vv. 1434-41).[17]

---

17   En lo concerniente a este episodio canibalístico, Cervantes de seguro está bebiendo de los relatos históricos sobre el cerco como el de Apiano de Alejandría, *Historia romana*, o el Libro Primero (1539) de las *Epístolas familiares* de fray Antonio de Guevara (1521-1545), obispo de Mondoñedo y cronista oficial de Carlos V. Sin embargo, Apiano de Alejandría alude a la endo-antropofagia, esto es, el canibalismo que se da entre los miembros del mismo grupo: "[los numantinos] comenzaron a lamer pieles cocidas ante la total ausencia de comestibles, de trigo, ganado y yerba. Mas, cuando aquéllas también faltaron, comieron carne humana cocida, comenzando por la de los muertos, que cortaban en pedazos en las cocinas; luego no tuvieron ningún aprecio por la vida de los enfermos y finalmente los más fuertes usaron de su fuerza contra los más débiles. Ninguna depravación se echó en falta en unos hombres cuyas almas se llenaron de cólera a causa de los alimentos ingeridos y cuyos cuerpos en nada se diferenciaban de los de las bestias, a causa del hambre, de sus cabellos y del tiempo" (s.p.). Cervantes altera este hecho en el tercer acto del drama, probablemente siguiendo en este punto a Guevara, y escribe acerca de la exo-antropofagia por la cual Teógenes instruye a su gente que descuartice y se coma a los prisioneros romanos para mitigar el hambre. Guevara relata los hechos así: "Como a los numantinos se les acabasen los bastimentos y les faltasen ya muchos de los suyos, ordenaron entre sí y hicieron voto a sus dioses de ningún día se desayunar sino con carne de romanos, ni beber agua ni vino sin que primero gustasen y bebiesen un poco de sangre de algún enemigo que hubiesen muerto. Cosa monstruosa fué entonces de ver, como lo es agora de oír, que ansí andaban los numantinos cada día a caça de romanos, como los caçadores a oxeo de conejos, y tan sin asco comían y bebían de la carne y sangre de los enemigos, como si fueran espaldas y lomos de carneros" (29). Este evento al que Teógenes y Caravino refieren en la obra como una cena que será recordada como "extraña, crüel, necesitada" (v. 1441) y como "tan extraño y tan honroso hecho" (v. 1445) iguala a los numantinos con los indios caribes —los caníbales por antonomasia según los cronistas de Indias— algo que sin duda causaría repulsa en la audiencia. Simerka (*Discourses*), William Whitby ("The Sacrifice"), De Armas (*Cervantes*), Rachel Burk ("'La patria'") y Avalle-Arce ("'*La Numancia*'") consideran esta cena canibalística y/o el episodio sacrificial de Marandro por Lira, que acaba con el mendrugo ensangrentado, unos sacrificios que anticipan el celebrado por Cristo en la misa católica. Sin embargo, el inquietante sincretismo religioso

Por otro lado, en esta tragedia no sólo el líder romano Escipión ambiciona empecinadamente la fama asociada a la victoria, lo cual desata la destrucción total del pueblo arévaco; sino que el jefe numantino Teógenes, llegado el momento, muestra el mismo defecto, como prueban las últimas palabras que pronuncia el líder a uno de los suyos: "[...] camina, que se tarda / el tiempo de morir como deseo, / ora me mate el hierro o el fuego me arda, / que gloria y honra en cualquier muerte veo" (vv. 2180-83). Lo cierto es que privar de la gloria al enemigo romano —una venganza que se torna homicida, como diría Armstrong-Roche, ("(The) *Patria* Besieged"), o Whicker ("'Seguid la guerra'")— es acicate para asimismo eternizarse en la fama:

> TEÓGENES Solo se ha de mirar que el enemigo
> no alcance de nosotros triunfo y gloria,
> antes ha de servir él de testigo
> que apruebe y eternice nuestra historia;
> y si todos venís en lo que digo,
> mil siglos durará nuestra memoria:
> y es que no quede cosa aquí en Numancia
> de do el contrario pueda haber ganancia. (vv. 1418-25)

Así, esa gloria llevará a Teógenes a impulsiva e innecesariamente asesinar a su familia y después clamar, abierto el pecho, que uno de sus soldados lo mate con su propia espada como si fuera un "pérfido romano" (v. 2149). Todo ello le hace recibir las críticas del personaje Hambre (vv. 2024-63), el cual versos antes denuncia que ese anhelo de fama es una

---

del que hace gala la tragedia, mediante el cual se mezclan ritos mágicos y paganos con este pseudocristianismo, por el que se intenta inmolar a un carnero de claras referencias eucarísticas y un Demonio lo impide, ha llevado a muchos críticos a coincidir en una visión irónica que desacraliza todo acto de religiosidad en la obra, y que, en algún caso, llega a ser sinónimo de aguda crítica cervantina a la doctrina desde una atalaya heterodoxa. Para el tratamiento de la religión en *La Numancia*, véase Maestro ("Cervantes y la religión"), Baras Escolá ("Lecturas cervantinas"), Whicker ("'Seguid la guerra'" 142-43), Bauer-Funke ("*El cerco*"), Burk ("'La patria'") y Santos de la Morena ("La desintegración").

manera "extraña," coreografiada (espectacular), "homicida," de buscar la muerte para la posteridad y "el daño" a los suyos:

> HAMBRE   Venid: veréis que, en los amados cuellos
> de tiernos hijos y mujer querida,
> Teógenes afila y prueba en ellos
> de su espada el crüel corte homicida;
> y como ya, después de muertos ellos,
> estima en poco la cansada vida,
> buscando de morir un modo extraño,
> que causó, con el suyo, más de un daño. (vv. 2056-63)

Por último, el soldado romano Gayo Mario declara las palabras que Teógenes pronuncia antes de suicidarse arrojándose al fuego y que redundan en esta búsqueda de fama: "¡Oh, clara Fama, / ocupa aquí tus lenguas y tus ojos / en esta hazaña, que a cantar te llama!" (vv. 2291-93).[18]

Verdaderamente, es la arrogancia y la búsqueda de fama de Escipión y Teógenes lo que hace que ambos líderes desoigan los juiciosos consejos, o las reclamaciones de los suyos. Yugurta apercibe a Escipión de que: "la fuerza del ejército se acorta / cuando va sin arrimo de justicia, / aunque más le acompañen a montones / mil pintadas banderas y escuadrones" (vv. 61-64). Mientras que a Teógenes le recrimina un numantino: "¿A quién, fuerte Teógenes, invocas? / ¿Qué nuevo modo de morir procuras? / ¿Para qué nos incitas y provocas / a tantas desiguales desventuras?" (vv. 2164-67). Por eso, en *La Numancia* esa ansia de fama coloca bajo la misma luz negativa tanto a Escipión como a Teógenes, tanto a Roma como a Numancia, confundiendo ambos adalides y ambos pueblos. Una cuestión que se agrava si, como ya he-

---

18   Por lo que respecta al tema de la inmortalidad por la fama, si bien el *telos* de la obra está marcado por lo irremediable del destino para un pueblo numantino que resurgirá glorioso en el posterior advenimiento de la monarquía hispánica de derecho divino, la escenificación del sacrificio heroico se presenta tan desbordada hacia el ansia de inmortalidad que para Matthew Stroud la pieza supone "un drama de martirio," un "apólogo dramatizado histórico-político: un auto secular" (*"La Numancia"* 303, 307).

mos comentado, asumimos la inversión de roles que la obra profetiza e identificamos a Escipión con Felipe II.[19] En otras palabras, por un lado, en el discurrir de la tragedia se van difuminando las diferencias entre el comportamiento de los dos líderes y el de sus respectivas comunidades hasta el fundir de ambos; y por otro, progresivamente se van identificando los numantinos con los españoles del XVI, y Escipión con el rey Felipe. De esta suerte, son muchos los versos, ya desde el principio de la obra, en los que los romanos se refieren a los numantinos como "españoles" (v. 115), "pueblo hispano" (v. 126) y "bárbaros hispanos" (v. 164). El Duero habla del actual sufrir de Numancia y del alivio que la "España amada" encontrará en sus conquistas futuras (vv. 521-28), Caravino se refiere al valor numantino como "el valor de la española mano" (v. 565) y, lo más sobresaliente, el hecho de que Escipión recalque que la gloria de Numancia, tras la muerte de Viriato, es la gloria de España: "que no solo a Numancia, mas a España / has adquerido gloria en este hecho" (vv. 2403-04). Todo lo cual lleva a Jordi Aladro a subrayar que: "Así, por medio de una poderosa combinación de implicaciones, insinuaciones e ideología se produce la triple asociación: la Roma Imperial con la Numancia mítica y, finalmente, con la España de Felipe II. Exégesis audaz, pero en absoluto caprichosa" ("*La Numancia*" 936).

Por otro lado, la barbarie de la antropofagia no sólo es un acto homicida de desesperación que retrasa una muerte segura, sino la expresión del "canibalismo" que todo imperio —aquí España como nueva Roma— inflige sobre sus dominados (Hulme, "The Cannibal Scene" 5). En definitiva, tanto el canibalismo como el anhelo de inmortalidad por la fama numantinos son aparentemente elementos efectistas que potencian el dramatismo; pero bien mirado, desde el punto de vista

---

19 En su análisis de *El trato de Argel*, Tania De Miguel Magro ha corroborado que este drama comparte con *La Numancia* un discurso imperialista contradictorio que, mientras por un lado celebra los valores del imperio español, al mismo tiempo constituye un ataque directo a las políticas imperiales de Felipe II ("Fragmentarismo" 186). Por su parte, Graf lee la obra "como texto que critica el despotismo político de Felipe II" ("Valladolid" 273). Y para Jordi Aladro, en un enjundioso artículo, "*La Numancia* es una obra escrita no contra España ni su Imperio ni contra sus guerras justas o injustas, sino contra su monarca" ("*La Numancia*" 941).

argumental e ideológico conducen a una exageración, podríamos decir, típicamente cervantina, un exceso dramático que vemos en otras comedias del alcalaíno y que tiene como objetivo introducir la doblez y la ambigüedad. Al hacerlo en *La Numancia*, Cervantes está poniendo a prueba, si no cuestionando directamente, los conceptos de patria, sacrificio patriótico e identidad nacional imperial frente al auditorio.[20]

Quizá el mejor ejemplo de esta ambivalencia cervantina se da cuando la Guerra, como figura alegórica, sale a escena para decir que se equivocan todos aquellos, incluidos los numantinos, que la maldicen pues en otros momentos futuros ayudará a España en sus conquistas de la misma forma que ha ayudado ahora a los romanos en las suyas:

> GUERRA [...] pero tiempo vendrá en que yo me mude,
> y dañe al alto y al pequeño ayude.
> Que yo, que soy la poderosa Guerra,
> de tantas madres detestada en vano
> —aunque quien me maldice a veces yerra,
> pues no sabe el valor de esta mi mano—,
> sé bien que en todo el orbe de la tierra
> seré llevada del valor hispano
> en la dulce sazón que estén reinando
> un Carlos, un Filipo y un Fernando. (vv. 1990-99)

Es francamente significativo que sea la Guerra misma la que explicite cómo España, la ahora heredera de los "abatidos" "hispanos" (v. 1989) numantinos, será en un futuro la sucesora del poderío del imperio romano en la monarquía de Fernando el Católico y los Austrias. Y por más que se considere la llegada al trono de estos reyes una feliz ocasión ("dulce sazón"), las consecuencias de la guerra como instrumento de expansión imperial en estos versos son manifiestamente claras: el lugar que ocupan ahora las víctimas numantinas frente a Roma será el que

---

20 Se socava así el perfecto patriotismo que, según Lewis-Smith, la obra despliega como propósito moral: "Cervantes is evidently a dramatist with a moral purpose: to reinforce or awaken in Spaniards the spirit of perfect patriotism and to strengthen the nation's self-confidence in time of war" ("Cervantes' *Numancia*" 21).

ocupen las víctimas del futuro imperio español, sean moriscos, flamencos o amerindios.[21] Asimismo, esta aparentemente buena imagen de la guerra (como 'guerra justa') que llevará España al mundo entero será duramente criticada si va acompañada de la ambición o de la fama que tanto muestran aquí Escipión o Teógenes. Cervantes simplemente no soporta que se presente como virtud lo que en tantas ocasiones sólo es ambición, y, en consecuencia —como también recalca Armstrong-Roche ("Imperial Theater")—, considera injustas las guerras que se llevan a cabo por el imperativo de la fama —"bárbara arrogancia" (v. 2307) en palabras del propio Cipión—, algo que queda puesto patentemente de manifiesto en *La conquista de Jerusalén por Godofre de Bullón*, escrita por los mismos años.

En esta obra los soldados Charles y Fabricio, dos de los protagonistas que escenifican la primera cruzada de 1099, hablan en el tercer acto de diversas vicisitudes, y en el diálogo uno de ellos dice estar muy contento. Cuando Fabricio le pregunta por la causa de tal alegría la respuesta de Charles es muy reveladora: "El ser esta jornada diferente / de cualquier otra, que esta es santa y justa, / las demás llenas de ambición y envidia" (vv. 1337-39). El señalar a esta guerra como la única santa y justa me parece una exageración innecesaria que planta la ambigüedad y deja en entredicho lo que expresa. O al menos, siembra la duda si ya no sobre la legitimidad de esta "santa" guerra, sobre todas "las demás llenas de ambición y envidia." El pasaje, desde una actitud desengañada, muestra acaso desconfianza en las guerras y supone una autocrítica con respecto a las motivaciones de todas aquellas batallas que han tenido que librar los cristianos por intereses menos loables para llegar a esta última, especialmente aquéllas que se luchan motivadas por la ambición y el ansia de fama.[22]

---

21 Además, como nos recuerda Jorge Checa, esta intervención de la Guerra pone en entredicho la misma estabilidad del imperio español "prometido," pues en un futuro, siguiendo el tópico de la 'mudanza,' se sugiere que cambiarán las tornas: "el dominio universal de los españoles podría ser tan perecedero como el de los romanos" ("Razón" 120).

22 Merece la pena recordar con Laguna la postura de Erasmo al respecto de las guerras, especialmente las de cruzada y colonización: "In his critique of the corruption, violence, and allegiance of the Catholic Church to political

Con todo ello, en este punto de *La Numancia*, quizá lo que nos quiera transmitir Cervantes sea tanto la inutilidad de la búsqueda de la fama a través de la aniquilación de un pueblo por parte de los romanos, cuanto la vacuidad de un malentendido, exagerado patriotismo (suicidio patriótico) que tintado de ansia de fama igualmente lleva al homicidio; un sinsentido del que hacen gala Teógenes y el senado citadino con su decreto, pero del que a la vez se quejan profundamente muchos numantinos: "mas, ¡ay!, que se ha de dar, si no me engaño, / de que muramos todos cruel sentencia" (v. 1674-75); "verdugos de nosotros nuestras manos / serán, y no los pérfidos romanos" (vv. 1678-79). Este horror, este "heroísmo inhumano" (Checa, "Razón" 121), que destaca la falta de unanimidad sobre el decreto del senado numantino acerca del suicidio en masa es expresado por los anónimos Numantino 1º, 2º, y Mujer, los muchachos Variato y Servio, y los personajes alegóricos Guerra, Hambre y Enfermedad que narran las atrocidades del suicidio masivo que ocurre fuera del escenario. He aquí, como ejemplo, las palabras de Hambre:

HAMBRE   Cual suelen las ovejas descuidadas,
siendo del fiero lobo acometidas,
andar aquí y allí descarriadas
con temor de perder las simples vidas,
tal niños y mujeres delicadas
huyendo las espadas homicidas
andan de calle en calle –¡oh, hado insano!–,
su cierta muerte dilatando en vano.
Al pecho de la amada nueva esposa
traspasa del esposo el hierro agudo;
contra la madre –¡oh, nunca vista cosa!–
se muestra el hijo de piedad desnudo;
y contra el hijo el padre, con rabiosa
clemencia, levantando el brazo crudo,

---

power, Erasmus had morally delegitimized the two pivotal institutions of his time, the church and the empire, and all their 'greatest' enterprises —wars, conquests, and crusades. For Erasmus, all wars reflected an abhorrent Christianity too often tied to political interests" (*Cervantes* 41).

> rompe aquellas entrañas que ha engendrado,
> quedando satisfecho y lastimado.
> No hay plaza, no hay rincón, no hay calle o casa
> que de sangre y de muertos no esté llena;
> el hierro mata, el duro fuego abrasa
> y el rigor ferocísimo condena. (vv. 2032-51)

Por eso, tiendo a coincidir con Jules Whicker cuando asevera que:

> In conclusion, then, it seems to me that *La Numancia* does more than express scepticism about the official values of a Spain that seeks to emulate and surpass the glories of the Roman Empire. Cervantes's criticism is both more engaged and more urgent. Far from promoting a popular view of the Spanish national character as fanatically devoted to the ideas of honour, valour and liberty, the play denounces such a view, with sperpentic irony, as a dangerous myth, and it lays the blame for the perpetuation of that myth at the door of a ruling élite for whom it serves as an effective means of political control and exploitation. Consequently, *La Numancia* portrays the pursuit of fame as hollow and posited on loss, absence and destruction. ("'Seguid la guerra'" 144)

Llegados aquí, podemos preguntarnos: ¿qué código ético estamos reconociendo en (o asignando a) la teatralidad de Cervantes, tal cual se expresa en *El gallardo español, La Numancia, La conquista de Jerusalén* y los dramas de cautiverio ya analizados, en los cuales los Otros culturales y religiosos desempeñan un papel preponderante? Todas estas obras cervantinas ponen de relieve y acentúan nuestros vínculos humanos mucho más que lo que nos divide y separa de los Otros, ya sean moros, cristianos, judíos, romanos o numantinos.[23] Con todo su

---

23 Detrás de esa cualidad quizás descansa lo que para A. Robert Lauer constituye la idea fundamental de *La Numancia*: "la patria no es aquí un territorio o una comunidad religiosa, estamental o militar, sino una unidad fraternal, desinteresada y común que inspira amor, solidaridad y sacrificio" ("*La Numancia*" 995). Por su parte, Cory Reed pone el énfasis en cómo Cervantes, escenificando el mito de Numancia, ensalza la identidad grupal en torno a la

trasfondo bélico *La Numancia* ensalza cualidades humanas que nos hacen mejores a todos, revelando una empatía y solidaridad que promueven una serie de atributos y virtudes. En primer lugar, por encima de todo el valor heroico, claro está, pero también la resistencia ante la adversidad y especialmente frente al gobierno injusto: los embajadores numantinos en el acto 1º buscan justicia, no independencia de Roma, y fundamentan su rebelión en los depravados, avaros, e injustos gobiernos de cónsules anteriores. En segundo lugar, la dignidad y el derecho: Viriato acusa a Cipión y a Roma de haber roto previos "pactos y conciertos" con ellos (v. 2363). En tercer lugar, la búsqueda de la paz, algo que los numantinos enfáticamente subrayan en el acto 1º: "pedirte, señor, la amiga mano" (v. 237), "pedirte las paces" (v. 258), "concierto" (v. 252). En cuarto lugar, la actuación honorable (vv. 592, 593, 661, 666, 1295, 1298). En quinto, la libertad como valor supremo, la conmiseración ante el sufrimiento individual, la caridad, la amistad, y el sacrificio por los demás: el auto-sacrificio de la madre que por el hambre es incapaz de amamantar a su hijo, o el amante que, acompañado de un amigo que pone su propia vida a su servicio, sale a morir al campo para intentar traerle unos pedazos de pan a su esposa. En sexto

nobleza, compasión y sacrificio que se encontraban en el carácter español y deberían ahora ser los verdaderos emblemas del imperio: "[...] in invoking a creation myth for the emergent Spanish nation, Cervantes does not accept Spanish military and political hegemony unquestionably. Rather, he offers his creation myth as a cautionary tale, challenging Spain to become an empire worthy of the nobility, compassion, and sacrifice that historically define the Spanish national character. [...] By redefining anagnorisis as a collective recognition in the audience, Cervantes not only invites identification with the tragic suffering in his play, but in effect requires the public's collaboration in the formation of group identity through the interactive medium of theatrical performance" ("Identity" 68). Stephanie Schmidt incide en este tema de manera similar: "Cervantes thus challenges Spain to reclaim its native virtue; and, in its age of Empire, to model those virtues and arts that Cipión lacks: justice, piety, and clemency; peacemaking and mercy toward the conquered" ("Cervantes" 134). En términos parecidos, Luis Avilés concluye que Escipión carece de visión futura y de prudencia, y que *La Numancia* "illustrates the need for empire to contemplate limitations to violent action and a more ethical way of treating the enemy" ("War" 260, 270).

lugar, los escrúpulos y rechazo a la guerra en general —tachada como un 'mal' y "dura pestilencia" (vv. 1156-58)— mediante asertos antibélicos como el de la Madre que exclama: "¡Oh, guerra, solo venida / para causarme la muerte!" (vv. 1722-23). Además, Guerra aparece como personaje alegórico flanqueado en escena por Hambre y Enfermedad. Por último, hay que mencionar las críticas a toda guerra que se lleva a cabo motivada por la ambición o el ansia de fama, como ha quedado claro.[24] En verdad, con frecuencia, es en las zonas de contacto fronterizo donde imperios, naciones y religiones entran en conflicto y desnudan las contradicciones que los fraguan, donde los personajes cervantinos despliegan de forma más patente su precaria y compleja humanidad, sus noblezas y defectos, sus deseos y ansiedades, su teatral pero auténtica experiencia vital.

Hemos visto, en *El gallardo español* y *La Numancia*, cómo el arte dramático de Cervantes humaniza a los Otros, culturales y religiosos, incluso cuando pueden ser representados como enemigos militares. Como dice el filósofo político Antonio Cerella "si creemos en la humanidad, debemos otorgársela a nuestro enemigo" (36). El deseo ciego de gloria del general romano Escipión, su falta de clemencia y caridad, lo llevó a tratar a sus adversarios numantinos como bárbaros, indignos de la oportunidad de batirse con sus tropas cara a cara en el campo de batalla: "bestias sois, y por tales encerrados / os tengo donde habéis de ser domados" (vv. 1191-92).[25] Llevó a cabo un cruel y deshumanizador asedio —"tortura" lo llama Karageorgou-Bastea ("Del coro" 58)— que condujo a los numantinos al canibalismo y al suicidio en masa.[26] Ésta

---

24 Manuel García Puertas ha insistido en la crítica de Cervantes a la guerra, especialmente en aquellas instancias en las que el conflicto está causado por el interés personal (*Cervantes* 78). En la misma línea, Whicker ("'Seguid la guerra'") habla de un pacifismo implícito en Cervantes.

25 En palabras de Checa: "Este planteamiento reduce los defensores de Numancia a un pedazo de naturaleza irredenta y bestial; además descarta automáticamente la posibilidad de atraer a las 'fieras' indómitas hacia la propia esfera humana, con el resultado de que la dicotomía de Cipión veda de antemano cualquier mediación apaciguadora" ("Razón" 126).

26 Por eso, tras la caída final de Numancia, Escipión Emiliano pasará a ser conocido como "el numantino." Este último epíteto revela a la vez la

es la ceguera del imperio, que, como hemos visto, puede atribuirse tanto a los romanos como a los españoles de siglos posteriores. En verdad, no sólo Cipión busca que su 'ganancia' o fama ("gloria mía" v. 272) conlleve necesariamente la 'pérdida' o aniquilación de los numantinos ("vuestra sepoltura" v. 272), sino que el mismo Teógenes hace de ello el lema de la lucha, fama, autodestrucción, e inmortalidad de él y los suyos: "Solo se ha de mirar que el enemigo / no alcance de nosotros triunfo y gloria, [...] y si todos venís en lo que digo, / mil siglos durará nuestra memoria: / y es que no quede cosa aquí en Numancia / de do el contrario pueda haber ganancia" (vv. 1418-25).[27]

No obstante, los dramas de Cervantes ofrecen modelos de resiliencia, virtud, libertad, valor y dignidad. Al explorar y promover estos conceptos, la escritura cervantina propugna la articulación de valores sociales, históricos y políticos alternativos para la acción e interacción humanas. Valores con los que hacer frente a la ideología fundamentalista, ésa que ciega nuestra común humanidad y nos impide la empatía con el Otro. Como Suzanne Keen afirma: "concord in authors' empathy and readers' empathy can be a motivating force to push beyond literary response to prosocial action" (141). En la nueva época de los populismos, del Trumpismo, del auge de peligrosos movimientos xenófobos de ultranacionalismo-identitario, de la posverdad, y de la creencia de muchos individuos a tener 'su propia verdad,' mucho nos

---

estrategia del historiador del siglo XIV Fernández de Heredia de explicar la etimología de Numancia como "inhumançia", por los actos inhumanos cometidos allí, además de identificar a Escipión como "Inhumantino," en lugar de "Numantino" (Jimeno Martínez y de la Torre Echávarri 50).

27 Como nos señala Checa, en *Querela Pacis* Erasmo "denuncia estas rígidas dicotomías al comparar la conducta bélica de su tiempo con la presuntamente más moderada de otras épocas". En el tratado *Antipolemus* (1515) el roterodamense "condenó asimismo los planteamientos dicotómicos sobre la guerra, empleando en este caso expresiones binarias semejantes a la pareja 'pérdida / ganancia' de la tragedia cervantina" ("Razón" 126-27). Zimic destaca que Cervantes se muestra en su teatro en contra de la "bestialidad humana" independientemente de distinciones religiosas, mientras defiende unos ideales de paz universal (*El teatro* 51).

queda todavía que aprender de los textos de un pensador tan ponderado y agudo como es Cervantes.

Por eso, contra el tratamiento (dramático) convencional del enemigo como un Otro radical que es esencialmente diferente de nosotros, las obras de Cervantes permiten al lector o al espectador imaginar la posibilidad de una comunidad transcultural. Hoy, estas lecciones cervantinas encuentran eco en las advertencias de Antonio Cerella contra el nacionalismo recalcitrante y el discurso fundamentalista. Me gustaría enfatizar —siguiendo a Cerella— que cualquier noción factible de justicia debe comenzar con la *humanización del enemigo*:

> When the enemy is reduced to the empty image of "collateral damage" or the "inverted icon" of the crusader to be destroyed, a frightening abyss —in which all the legal covers sink— opens, leaving room only for naked violence and its intrinsic brutality. German jurist Carl Schmitt warned against this ideological drift. The figures of the enemies, he argued, are our existential reflections, the shaping of ourselves, the embodiment of our own question. Their dehumanization leads to the loss of our most intimate humanity. The dehumanizing mechanism rips human faces from the Others, thus transforming them into what is infinitely identical to itself and yet ontologically different, into the indefinite, abstract, and absolute Enemy of humanity: Islam, the West, America, the French, the Arabs. In this way, individual responsibilities are turned into collective ones: everyone is guilty, and no one is responsible. (35)

En conclusión, en el mundo de hoy, donde uno puede ser testigo cotidiano de los trágicos resultados de los continuos conflictos sociales y de guerras como la de Rusia-Ucrania o la de Israel-Gaza, vale la pena volver a los escritos de un autor profundamente marcado en mente y cuerpo por los conflictos políticos y militares de su época. En el caso de Cervantes, estas heridas abiertas inspirarían un estilo de pensamiento crítico sin precedentes que continúa teniendo impacto en la audiencia a través de los siglos. Cervantes nos habla hoy sobre el valor de la vida humana y los horrores de la guerra y el cautiverio, y sobre la importancia de la libertad como valor supremo, la comprensión, la empatía, la solidaridad, la dignidad y la virtud ética. Confrontados con las luchas del mundo actual lleno de contiendas y nuestra propia condición 'posthumana,' ahora más que nunca debemos encontrar el coraje del humanismo cervantino para soñar otros mundos que nos permitan trabajar para mejorar el que habitamos.

3
Poéticas de la ejemplaridad en el tratamiento del Otro: *El amante liberal* y *La española inglesa*

DEBIDO A SU EVIDENTE teatralidad, las *Novelas ejemplares* se han adaptado para las tablas, sobre todo aquellas con trama, estructura, ambientes o personajes más cercanos a la comedia de enredo (*La gitanilla, El amante liberal, La fuerza de la sangre, La ilustre fregona* y *La señora Cornelia*), aunque no así sorprendentemente otros relatos igualmente dramatizables como *Las dos doncellas, La española inglesa* y *El casamiento engañoso* (Vaiopoulos, *De la novela*). Según los estudios de Frances Luttikhuizen (*The English*) y los de Mª Luisa Pascual Garrido ("Acomodándose"), los teatros británicos durante el XVII se llenaron de adaptaciones de las *ejemplares*, especialmente de *La gitanilla*.

Ahora bien, ¿en qué sentido son estas novelas ejemplares? ¿hay ejemplaridad ética y/o estética en la colección? Como se sabe, éste es un debate de enorme tradición en el cervantismo, que ha preocupado a la crítica desde principios del siglo XX hasta nuestros días y generado muchos estudios, entre los que se encuentran los clásicos de Castro, Casalduero, González de Amezúa y Mayo, E. C. Riley, Pabst, El Saffar o Forcione. Acercarse a su ejemplaridad es a su vez indagar en qué hay detrás de la "mesa de trucos" (I, 52)[1] de estas novelas, esto es: su origen,

---

[1] De aquí en adelante cito las *Novelas ejemplares* por la edición de Harry Sieber (1980), concretamente el volumen en números romanos seguido de la página.

objetivos y supuestas duplicidades genéricas —romance y novela, sea esta bizantina, pastoril, cortesana, caballeresca, picaresca, italiana, morisca, o una amalgama que crea algo enteramente nuevo, quizá la novela moderna—. Asimismo, qué motiva su atribuida dicotomía (idealistas y realistas) y el sentido que tiene cada una por separado, o el que obtiene bajo el marco global del todo orgánico que constituye la colección, o incluso el marco particular e implícito que parece establecer para todas la última, *El coloquio de los perros*.[2] Por último, el porqué del orden que ocupan, el hecho de si Cervantes fue el primero en novelar en lengua castellana, como él mismo se arroga, y de qué manera están escritas para que supuestamente el autor se protegiera de la censura.[3]

Por un lado, Cervantes, ya desde su primer teatro, es muy del gusto del enseñar deleitando, por eso conmina a sus lectores a hacer una lectura cuidadosa que vaya más allá de las apariencias: "será forzoso valerme por mi pico, que aunque tartamudo, no lo será para decir verdades, que, dichas por señas, suelen ser entendidas" (I, 51). Por otro, la estructura y convenciones del género de la novela corta en los antecedentes italianos de los *novellieri* allanan la comprensión de su potencial ejemplaridad:

> desde los orígenes del género, sus autores se las ven con el horaciano *delectare et prodesse*, y como muy a menudo, siendo la novela un género condenado por sus orígenes al *delectare*, confinaban el *prodesse* a las páginas del prólogo, por más que después, en el texto

---

2   Sobre la libertad que Cervantes le da al lector para acercarse a la lectura, estructura y sentido de la colección, ver Rey Hazas ("*Novelas ejemplares*").

3   Para un extraordinario resumen y análisis de los distintos aspectos y problemáticas generados por las *ejemplares* y las diversas posturas críticas, ver la introducción de Stephen Boyd al volumen *A Companion to Cervantes's Novelas ejemplares*. En cuanto a lo que hay detrás de esta "mesa de trucos," consultar el nutrido artículo de Cruz ("Cervantes's *Novelas*") y las ediciones y estudios de Aylward (*The Crucible*), Nerlich y Spadaccini (*Cervantes's Exemplary*), Ife (*Exemplary Novels*), Rodríguez-Luis (*Novedad y ejemplo*), Avalle-Arce (*Novelas ejemplares*), Ricapito (*Cervantes's Novelas*), Sevilla Arroyo y Rey Hazas ("Introducción"), Olid Guerrero (*Del teatro*), y Clamurro (*Beneath the Fiction; Cervantes's Novelas*), entre otros.

de las novelas, a veces se pudiera entender un cierto enseñamiento didáctico o moral. (Rubio Árquez, "Los *novellieri*" 50)

Quizá en el espíritu de estas novelas se encuentre la recreación honesta de la *eutrapelia*,[4] la que quiso ver uno de los censores amigo de Cervantes, Fray Juan Bautista Capataz, para dar su aprobación al texto. O quizá el guiño de Cervantes no contenga didactismo alguno. O tal vez a sus posibles enseñanzas "sólo hay que buscarles explicación en el *otium*," pues "no tienen como pretensión educar para el *negotium*" (Blasco, "Novela" xxiii). Pese a todo, estoy convencido que, como hemos visto, podemos atribuir a la ficción cervantina un cariz de pasatiempo edificante, que va más allá de su aceptado carácter provechoso y desengañador. Ése es el caso propiamente de las *Novelas ejemplares*, algo que recientemente ha apuntado E. Michael Gerli al analizar *El casamiento engañoso* y *El coloquio de los perros* y concluir:

> At bottom in both the narratives we encounter the Platonist and Aristotelian critique of the believability of literature based on the fact that it is fiction and therefore wrought of lies, illusions crafted from mendacity and deceit, yet it is something capable of containing and conveying moral truths. ("Aristotle, Plato" 44)

Lo cierto es que el "si bien lo miras" (I, 52) del prólogo cervantino significa 'si bien lo lees y así lo quieres entender,' pues el sentido de la obra literaria depende, como decíamos arriba, no únicamente de la atenta lectura, ésa que sabe navegar entre líneas, sino de la re-creación, de la articulación interpretativa que hace de la obra el lector en un momento y una situación vital concreta. Todo ello es clave en el género de la novela, como Spadaccini y Talens han visto: "The novella incorporates the concrete, i.e., the individual and personal existence of the reader in its most inmediate context" ("Cervantes and the Dialogic" 214). Cervantes es plenamente consciente de esta idea, de esa contemporá-

---

4   Ver a este respecto los estudios de Wardropper ("La *eutrapelia*"), Jones ("Cervantes"), y Thompson ("*Eutrapelia*"). Para este último, la eutrapelia posibilita la síntesis del *prodesse* y el *delectare*, "exemplarity and pleasure" (265), con la intención de desengañarnos (281).

nea actualización o re-articulación por parte del lector del sentido del texto,⁵ que se hace más inteligible y necesaria aún si nos encontramos, como es el caso, en unas novelas de las cuales se puede extraer, si se quiere, "algún ejemplo" (I, 52). O como diría Thomas Hart: "Cervantes, like other Renaissance writers, may mean only that a reader who chooses to do so will find in the *Novelas* a moral teaching precisely suited to his own situation" ("Cervantes' Sententious" 379).⁶ Por eso, estoy de acuerdo con Spadaccini y Talens en que la ejemplaridad de la novelística cervantina no consiste en una lección moral del autor, sino más bien en una invitación a los lectores a que hagan una exploración imaginativa de sí mismos en el mundo ("Cervantes and the Dialogic" 220). Una maniobra que, en mi opinión, lleva a los lectores tanto al autoconocimiento y a un mejor entendimiento de la vida, como, sobre todo, a una concienciación ('phrónēsis') del individuo en la virtud que redunda en una mayor empatía hacia las vicisitudes vitales de los Otros. Así, el potencial sinfrónico de la ejemplaridad cervantina y su carácter ético se separan de las nociones tradicionales de ejemplaridad y exceden con creces el entretenimiento honesto que conlleva la eutrapelia, pues alientan a los lectores a actuar virtuosamente en la vida, enfatizando modelos de convivencia que subrayan una humanidad común.

Por consiguiente, en esa propuesta cervantina que suponen las *Novelas ejemplares*, envuelta en la metáfora de la "mesa de trucos," de ese juego de billar que para Stephen Boyd implica "an ever-changing interaction between the balls on the table (the particulars of each story), the rules of the game (the great, stable principles which, in Cervantes's culture, were believed to underpin life) and the players (the writer and

---

5   Como opinara Percas de Ponseti, Cervantes lleva a cabo un sutil manejo del lector, que es quien en realidad proyecta en la obra "lo verdadero y auténtico o lo fantástico y maravilloso que, según su temperamento y psicología, descubre en la ficción verosímil, tanto la histórica como la poética, que se le pone delante" (*Cervantes* 150).

6   En una línea similar se encuadra Ife al decir: "The exemplarity of each novel, and of the collection as a whole, lies in the way they provoke thought and invite judgement about serious issues of moral conduct which may appear escapist but are not nearly so distant from our experience as we may think" ("*Novelas*" 248-49).

the reader)" ("Introduction" 40), la virtud y el buen entendimiento sobresalen como lo único real y verdaderamente digno de estimación y valor. Es así como sucede literalmente, tal y como lo refleja Cervantes en las palabras de Cipión que ponen fin al diálogo de los dos canes en *El coloquio de los perros*, obra que para muchos supone el epítome, o el marco implícito de la colección: "Cipión.— La virtud y el buen entendimiento siempre es una y siempre es uno: desnudo o vestido, solo o acompañado. Bien es verdad que puede padecer acerca de la estimación de las gentes, mas no en la realidad verdadera de lo que merece y vale" (II, 359).

Tras estas nociones previas, me gustaría entrar al análisis de aquellas novelas ejemplares que mejor exploran esa concienciación del individuo en la virtud en contacto directo con el Otro, y cómo ello resulta en una mayor empatía y acercamiento a la experiencia vital de ese Otro, sea turco, protestante, o gitano. Hay que empezar por decir que las tres novelas objeto de estudio presentan concomitancias al poner en marcha tramas amorosas de personajes con roles genéricos, dentro de las convenciones del romance y de una perspectiva de cariz neoplatónico. Sin embargo, Cervantes se distancia del tratamiento de sus personajes como si fueran arquetipos, es decir, figuras que funcionan como paradigmas de buen o mal comportamiento normalmente inspirados en modelos de relatos idealistas como la novela bizantina, la sentimental o las comedias de enredo, entre otras.[7] Antes bien, Cervantes rechaza o modifica el ideal y presenta personajes más humanizados, que evolucionan, que mejoran o se equivocan, a veces contradictorios, o que viven el choque entre la virtud y la vileza en ellos mismos. A esto se une la problemática del tratamiento del Otro, algo que le interesa al autor en toda su producción, desde las comedias al *Persiles*. Todo lo cual provoca que las convenciones o los estereotipos queden cuestionados y

---

7   En esto me distancio completamente de la interpretación de Olid Guerrero para quien los personajes cervantinos en las *ejemplares* funcionan como máscaras, disfraces de cierto comportamiento social; personajes que en un momento existencial "acuden al disfraz como resultado de una personalidad en crisis. El recurso de ocultar la identidad conlleva una puesta en escena de comportamientos ritualizados en un contexto privado y/o público" (*Del teatro* 276).

superados en función de unos desarrollos argumentales que, anclados en unas particulares experiencias vitales, enfatizan no las diferencias entre los individuos, sino la empatía que los mueve hacia modelos de convivencia que subrayan una humanidad compartida.

A continuación, tanto en este capítulo como en el siguiente, me centraré en explorar estos temas partiendo de *El amante liberal*, pero centrándome en *La española inglesa* y *La gitanilla* pues abordan el asunto de la Otredad en mayor medida y, por lo tanto, resulta de más urgencia ocuparme de estas últimas en diálogo con la crítica.

El amante liberal

Como en algunas comedias ya analizadas, y bajo el trasfondo del rapto y el cautiverio de cristianos a manos de corsarios otomanos y mercaderes judíos en ciertas ciudades del Mediterráneo, en *El amante liberal* se vuelve a representar el deseo que sienten los turcos principales por sus cristianos cautivos y las artimañas que aquéllos ponen en marcha para doblegar a éstos y satisfacer su voluntad. Sin embargo, lo que la obra realmente patentiza es cómo la indescriptible experiencia vital del cautiverio —"el mayor mal que puede venir a los hombres" (*Don Quijote* II, 58, 515)— y el tráfico de seres humanos marcan a los protagonistas provocando una mejora en su comprensión de la realidad y en su tratamiento del Otro. Todo ello se explicita en un desenlace que desgrana la evolución clara en el concepto de amor que siente Ricardo por Leonisa. De un amor, el de Ricardo, guiado por la bravuconería, la violencia y la insensatez de los celos al comienzo, se pasa, tras las vicisitudes del cautiverio de sendos protagonistas y la lucha por la libertad, a un amor liberal, esto es, desprendido, desinteresado, generoso, digno de persona cabal y virtuosa, que entiende que la amada no es posesión del amado, y que, por tanto, ésta es libre de sentir lo que le plazca hacia él o hacia otro. Ricardo termina siendo ese amante liberal que entiende y anima a que, tras lo evidenciado en su comportamiento anterior, Leonisa prefiera a su rival, Cornelio.[8] Sin embargo, Leonisa cambia su

---

8   El *Diccionario de Autoridades* sitúa al hombre liberal entre los extremos de la prodigalidad y la tacañería, por tanto como "generoso, bizarro, y que sin fin particular, ni tocar en el extremo de prodigalidad, graciosamente da y socorre, no sólo a los menesterosos, sino a los que no lo son tanto, ha-

parecer convencida tanto por la inacción de Cornelio en procurar su rescate —pues éste la tiene en menos[9]—, como por la transformación personal que ve en Ricardo. Debido a ello, la joven termina escogiendo a este último como futuro esposo, aquél que siendo menos rico ha luchado en todo momento por liberarla y viene probando que mejor la estima.

La novela acaba exaltando la fama de Ricardo como "*amante liberal*," prolongada en los muchos hijos que tuvo con Leonisa, la cual "fue ejemplo raro de discreción, honestidad, recato y hermosura" (I, 188). En esto la obra coincide en subrayar las cualidades humanas que sobresalen en los protagonistas de *La gitanilla* o de *La española inglesa*, especialmente los personajes femeninos. Cualidades que, como veremos, Cervantes se ocupa de desgajar del estereotipo al uso que pusiera en marcha la novela bizantina, sentimental, caballeresca, o la comedia de enredo tradicionales, para reevaluarlas a la nueva luz de la experiencia vital de dichos personajes. Asimismo, *El amante liberal* concuerda con otras obras cervantinas en la crítica y rechazo de los celos, "la pesadumbre de los celos" (I, 87) o "la amarga pestilencia de los celos" (I, 101), que leemos, por ejemplo, en *La gitanilla*. Tal como se representa de forma jocosa en el entremés de *El viejo celoso*, y de forma más cáustica y seria en la novela *El celoso extremeño*, los celos son la antítesis del amor, el ejemplo de una masculinidad tóxica, que diríamos hoy. Los celos son el síntoma de la enfermedad del patriarcado que entiende el amor como acto de posesión y no como acto de generosidad, y esto, lejos de ser un tema exclusivo de un par de obras, es una constante que deja sustanciales trazas en la obra de Cervantes.

---

ciéndoles todo bien" (396). Se sigue así el concepto aristotélico de generosidad como virtud ética en el medio de esos dos extremos, tal cual aparece en la *Ética a Nicómaco*, Libro IV, Capítulo I.

9   Muchos críticos coinciden en los graves defectos de Cornelio que el texto pone de manifiesto: el afeminamiento, la tacañería y la cobardía. Ver por ejemplo Rodríguez-Luis (*Novedad* I, 15). Adrienne Martín va más allá para defender que es descrito no ya como un afeminado, sino como un homosexual, y por tanto, un pretendiente imposible, pues se trata de un personaje impotente física, sexual y moralmente ("Rereading" 154 y ss.).

El amante liberal explora y subraya que la liberalidad de la que necesita el amor es conectable con el desinterés del acto ético. El amar sólo se realiza si se es capaz de actuar virtuosamente, conforme a una ética de la virtud (Aristóteles), una ética que se adquiere y perfecciona a través de la práctica. En otras palabras, únicamente los que practican la virtud pueden llegar a verdaderamente amar en Cervantes. Así, al final de la obra, una vez recuperada la libertad, Ricardo se da cuenta de que es capaz de amar porque sabe actuar éticamente, desinteresadamente. Por eso, en primer término, él mismo se recrimina delante de los circunstantes que el gesto que tuvo de dar toda su hacienda por el rescate de Leonisa no es en realidad magnánimo, pues escondía el interés por ella:

> Bien se os debe acordar, señores, de la desgracia que algunos meses ha en el jardín de las Salinas me sucedió con la pérdida de Leonisa; también no se os habrá caído de la memoria la diligencia que yo puse en procurar su libertad, pues, olvidándome del mío, ofrecí por su rescate toda mi hacienda, aunque ésta, que al parecer fue liberalidad, no puede ni debe redundar en mi alabanza, pues la daba por el rescate de mi alma. (I, 185)

Por su parte, Leonisa solamente se deja amar por él cuando lo ve que actúa sin interés propio, cuando se entrega a ella y la concibe no como posesión, sino como sujeto con agencia, individuo que, igual que él, debe tomar sus propias decisiones y tiene la capacidad de transformar libremente su propio destino: "siempre fui mía, sin estar sujeta a otro que a mis padres, a quien ahora humildemente, como es razón, suplico que me den licencia y libertad para disponer [de] la que tu mucha valentía y liberalidad me ha dado. [...] Tuya soy, Ricardo, y tuya seré hasta la muerte" (I, 187).

Pero ¿qué es lo que ha generado dicha transformación en ambos personajes? La indeleble experiencia vital del cautiverio y los sufrimientos que lleva aparejada. Por eso estoy de acuerdo con Steven Hutchinson cuando sostiene en *Economía ética en Cervantes* que:

En esta novela sobre la pérdida y recuperación de la libertad, el enfoque principal está en la subjetividad de los protagonistas cuyo cautiverio no puede reducirlos a objetos de uso o cambio. El texto esboza sus sentimientos y sus maneras de seguir siendo ellos mismos mientras van superándose a través de las circunstancias más adversas. (90)

En efecto, como aduce el crítico: "por el cautiverio mismo se forjan y purifican sus cualidades más apreciadas," de modo que ambos personajes se convierten en ejemplares (Hutchinson, *Economía* 91). Así pues, la cautiva Leonisa ha guardado con suerte su "honestidad y recato" (I, 187), "la entereza" (I, 163) de su virginidad en tierra de infieles, pero en lo que ha ganado tras el cautiverio y la posterior liberación es en discreción, en buen juicio, lo cual ella misma reconoce que carecía (I, 161). Por su lado, Ricardo ha aprendido a desterrar los celos, a estimar y respetar la autonomía de Leonisa, a amarla sin obligarla a que ella le corresponda, en definitiva, la huella del cautiverio le ha hecho ganar en virtud. De ahí que caiga en la cuenta de su malentendida liberalidad por la que momentos antes le entregaba Leonisa a Cornelio como si ella le perteneciera:

> ¡Válame Dios, y cómo los apretados trabajos turban los entendimientos! Yo, señores, con el deseo que tengo de hacer bien, no he mirado lo que he dicho, porque no es posible que nadie pueda demostrarse liberal de lo ajeno: ¿qué jurisdic[c]ión tengo yo en Leonisa para darla a otro? O ¿cómo puedo ofrecer lo que está tan lejos de ser mío? Leonisa es suya, y tan suya, que, a faltarle sus padres, que felices años vivan, ningún opósito tuviera a su voluntad; y si se pudieran poner las obligaciones que como discreta debe de pensar que me tiene, desde aquí las borro, las cancelo, y doy por ningunas; y así de lo dicho me desdigo, y no doy a Cornelio nada, pues no puedo; sólo confirmo la manda de mi hacienda hecha a Leonisa, sin querer otra recompensa sino que tenga por verdaderos mis honestos pensamientos, y que crea dellos que nunca se encaminaron ni miraron a otro punto que el que pide su incomparable honestidad, su grande valor e infinita hermosura. (I, 186-87. Énfasis mío)

Ahora bien, llegado este punto, Steve Hutchinson se pregunta: "¿Se trata aquí, como creen varios críticos,[10] de un chantaje moral o una magistral jugada retórica, de una manipulación por parte de Ricardo para coaccionar a Leonisa a renunciar a todo a favor de él? Me parece que sí. Precisamente, así funciona la economía ética" (*Economía* 91-92). El estudioso entiende por 'economía ética' "un sistema de valoraciones, obligaciones, reciprocidades, derechos, servicios, 'deudas,' 'pagos' [...] que funciona dentro del núcleo de todo tipo de relaciones interpersonales y que configura en gran parte sus modalidades de sentimiento y acción" (21). Todo esto se traduce aquí en que ambos personajes actúen por puro interés: Ricardo chantajearía a Leonisa porque sabe que ésta le debe de estar agradecida, y porque colige que Cornelio no ha estado nunca a la altura de ser un buen partido; y Leonisa, evaluando su situación, decidiría por la mejor de sus opciones: casarse con Ricardo, hombre rico, noble y últimamente un dechado de virtudes. En suma, Hutchinson y otros defienden que ambos personajes adoptan una posición acomodaticia, pues interpretan que lo vivido por Ricardo y Leonisa en el cautiverio les ha condicionado y enseñado a negociar su subjetividad y valía, sirviéndose para ello de estrategias retóricas que en última instancia exclusivamente persiguen el interés y la gratificación personales.[11] De este modo, aunque, como hemos visto, Hutchinson afirma que por el cautiverio los dos protagonistas "mejoran mucho con respecto a lo que eran antes," éstos "no dejan de responder como agentes dentro de una economía ética, sobre todo entre ellos mismos" (90).

Contrariamente, a mi entender, en *El amante liberal* la expcriencia vital del cautiverio funciona como catalizador de una transformación intelectiva que lleva a los personajes principales a reafirmar su autonomía y libertad, tras la recuperación de las mismas, y a actuar virtuosa-

---

10   Se refiere a los trabajos de Gonzalo Díaz Migoyo (*La diferencia* 66-74), Georges Güntert (*Cervantes* 126-42), Theresa Ann Sears (*Marriage*) y Carroll B. Johnson (*Cervantes* 147-52), teniendo en cuenta que cada uno trata y argumenta el hecho de manera diferente.

11   Ver en este sentido también las lecturas irónicas de la novela que realizan Martín ("Rereading"), Fuchs (*Passing*), Irigoyen-García ("El libro") y Olid Guerrero (*Del teatro* 277-86).

mente, de forma ética y por tanto desinteresada. Coincido así plenamente con la lectura que hace Luis F. Avilés, quien examina igualmente

> how the protagonist's ethical evolution, accomplished in a Mediterranean context of captivity and contact with otherness (mainly Turks), can produce a development that can be assessed as an ethical way of being [...] *El amante liberal* proposes a different possibility to the forceful possession and the assignment of a price to human life that eschews normative standards of masculinity while ultimately preserving human will and agency through a recognition of the other's right to freedom. ("Expanding" 234)

No veo —como tampoco lo hace Avilés— evidencia textual en el desarrollo de la obra que conduzca a interpretar ese final irónicamente, o como una velada estrategia retórica, de mera conveniencia, o egoísta. Todo lo contrario, la novela, empapada del idealismo neoplatónico que caracterizará igualmente a *La española inglesa*, manifiesta la posición que Cervantes compartía con Erasmo sobre la armonía de amor predicada en el Evangelio, y por la que los cristianos deben demostrar humildemente su fe en la vida diaria llevando a cabo buenas obras y actos de caridad —como nos recordaran Castro (*El pensamiento* 291-95, 299-300) y Bataillon (*Erasmo y España* 793-95).[12] Uno de los mayores actos de caridad, de altruismo, de liberalidad, es la entrega amorosa hecha en libertad, y esto es lo que resalta *El amante liberal*, pero, quede claro, sin misticismos ni teologías. Inversamente a la esclavitud que han sufrido los dos personajes durante su periplo de cautiverio, y sin duda por haber sido víctimas del tráfico de vidas humanas y de la economía lujuriosa de la que se enriquecen sus amos turcos —incluyendo el mercader judío—, Ricardo ama libremente a Leonisa sin exigir que ella lo corresponda: "sin querer otra recompensa" (I, 186); mientras que Leonisa afirma su autonomía delante de todos, y le da el sí voluntariamente al valiente soldado que acaba de reconocer sus defectos en

---

12 Ver la lectura ejemplarizante de ese final como alegoría católica que hacen Casalduero (*Sentido y forma de las* Novelas), González de Amezúa y Mayo (*Cervantes*), Avalle-Arce ("Introducción"), El Saffar (*Novel to Romance*), Hart (*Cervantes' Exemplary*), y Zimic (*Novelas ejemplares*).

público. De ese modo, Leonisa corresponde a su humildad y generosidad.[13]

Si bien la joven les pide a los padres consentimiento para casarse con Ricardo, es una mera formalidad, pues ya ha asentado previamente que una vez recuperada la libertad es dueña de su voluntad, "siempre fui mía" (I, 187), y bajo esa nueva discreción se entrega a Ricardo. Llega a ser tan así, es decir, el personaje se encuentra tan fuera en ese momento puntual del sistema de autoridad patriarcal, que por eso es ella misma la que concierta el matrimonio y no su padre. De hecho, tanto el narrador como la propia joven respectivamente, se ven en la obligación de justificar dos actuaciones. La primera, el que los padres se echen a un lado fiados del buen juicio de su hija: "Sus padres dijeron que se la daban (licencia), porque fiaban de su discreción que usaría della de modo que siempre redundase en su honra y su provecho"; la segunda,

---

13   Así, Caterina Ruta afirma que Ricardo llega "a la magnanimidad absoluta y absolutamente desinteresada" ("Comienzo" 175), y Romo Feito coincide y habla de "una auténtica y repentina conversión, aunque posibilitada por la experiencia anterior" ("La 'victoria'" 718), es decir, la experiencia de cautiverio. Por eso extraña el que Márquez Villanueva (*Moros, moriscos*) por un lado exprese que la cautividad en esta obra es un mero "fondo convencional" (60-61), cuando por otro lado acaba defendiendo con buen criterio que "la cautividad entre infieles ha servido de elemento catalizador de una ascesis positiva hacia la madurez afectiva de la pareja protagonista sobre el plano de la ética más depurada" (63). Edwin Williamson defiende que: "Cervantes ha querido resaltar en el título de la novela misma la cualidad ética que distingue a su protagonista, precisamente su 'liberalidad' como amante. Esta liberalidad, que contrasta con la cobardía de su rival Cornelio, es precisamente la cualidad que ha permitido la liberación de la bellísima Leonisa —personificación del ideal de la poesía— del 'imperio violento' de los turcos. Para resumir, la novela de *El amante liberal*, más allá de su alegoría católica, desarrolla un subtexto que enseña cómo el arte, a pesar de fundarse en una especie de engaño (y expresarse por ello a base de ficciones, burlas e ironías), puede conservar la entereza ideal de la palabra poética si el artista obra de buena fe y con espíritu de liberalidad" ("Hacia la conciencia" 531-32). En lo relativo al perseguir una ética de los sentimientos en la obra, ver Thomas A. Pabón ("Viajes"; "Courtship").

el que esta libertad de juicio y acción de Leonisa no sea vista por sus convecinos como mera desenvoltura o procacidad:

> —Pues con esa licencia —prosiguió la *discreta* Leonisa—, quiero que no se me haga de mal mostrarme desenvuelta, a trueque de no mostrarme desagradecida; y así, ¡oh valiente Ricardo!, mi voluntad, hasta aquí recatada, perpleja y dudosa, se declara en favor tuyo; porque sepan los hombres que no todas las mujeres son ingratas, mostrándome yo siquiera agradecida. Tuya soy, Ricardo, y tuya seré hasta la muerte, si ya *otro mejor conocimiento* no te mueve a negar la mano que de mi esposo te pido. (I, 187. Énfasis mío)

En suma, como arriba nos recordara Cipión en *El coloquio de los perros*, son la virtud y el buen entendimiento lo único que merece y vale, las dos facetas humanas que, a tenor de lo expuesto, acaban siendo verdaderamente ensalzadas en *El amante liberal*. El humanismo cristiano que refleja la novela ni se expresa ni se basa en actitudes dogmáticas. No hay categorías apriorísticas que sirvan de basamento a ese humanismo, pues a él se llega a través de actitudes libres y desinteresadas. El comportamiento virtuoso de los dos personajes emana de las experiencias vitales sufridas durante el cautiverio. En una palabra, la aceptación del dogma no lleva a la virtud, lo que lleva a la virtud es la concienciación que los personajes adquieren tras las vicisitudes sufridas en convivencia con el Otro, en esos espacios donde a la imaginación teatral cervantina le gusta indagar las posibilidades de actuación ética.

Cómo si no explicar la magnanimidad de Ricardo y del renegado Mahamut con su amo, el cadí, del que ambos se han liberado aprovechando la batalla naval entre turcos, y al que le dan no sólo la libertad, toda vez le han curado las heridas, sino una nave, pertrechos y dineros para volverse a Nicosia. Una liberalidad que veremos practicada también, en términos muy parecidos, entre católico y musulmán en *La española inglesa*. Aún más, la última y generosa acción de Ricardo en la obra consiste en darle a los padres y sobrinos de la mora Halima suficientes riquezas para que vivan cómodamente. Se trata de la esposa de su amo, enamorada de Ricardo desde que estaba cautivo y con la que comparte que el destino la haya llevado junto con sus parientes a la ciudad del protagonista, Trápana, para terminar casándose cristianamente con Mahamut. Y he aquí ¿qué necesidad tenía Ricardo de ser caritativo, y aún menos espléndido, con la esposa y parientes de su cautivador? ¿Será que la quiere regalar por haberse hecho cristiana? Puede ser. A fin de cuentas, la virtud y la liberalidad de *El amante liberal* enraízan en el ideario erasmista de caridad y concordia, y conectan directamente con el amor en libertad, la virtud y la generosidad que veremos en *La gitanilla*, y con la caridad del inglés Ricaredo hacia los Otros español y turco en *La española inglesa*.

La española inglesa

En lo que sigue de este capítulo me propongo analizar *La española inglesa* cervantina, así como la adaptación fílmica de la novela ejemplar dirigida por Marco A. Castillo que produjo Radio Televisión Española (RTVE) en 2015, con la intención de revelar la imagen que se tiene en ellas del Otro o los Otros y las consecuencias ideológicas que se derivan de dicha representación. El objetivo consiste en discutir y mostrar cómo la novela en 1613 y la película recientemente, atravesadas de imaginación teatral, ponen de manifiesto algunas de las lecciones humanísticas y de las implicaciones éticas inherentes al pensamiento de Cervantes. Así pues, la inclusión de la transposición fílmica aquí se debe a que ésta interpreta y acentúa —desde la mirada de "nuestra sensibilidad moderna", ésa que revitaliza el clásico, según Azorín (*Lecturas españolas* 15)—, ciertos elementos del texto original que permiten visualizar algunas de las ideas más importantes que fomenta la novela.

La novela

Aunque ya en su tiempo Alonso Fernández de Avellaneda en el prólogo del *Quijote* apócrifo advertía la teatralidad de la mayoría de las *Novelas ejemplares* al tildarlas de "comedias en prosa" (12), "más satíricas que ejemplares" (11), *La española inglesa* no entró en esa categoría por su exiguo diálogo (Close, "Characterization" 338). Como nos recuerda Rafael Lapesa, hasta las primeras décadas del siglo XX "los relatos cervantinos de imaginación y aventura fueron considerados como obras fallidas, perdonables desahogos de una fantasía artística empeñada en ejercitarse fuera del campo más propicio a sus espléndidas condiciones"

("En torno" 242). Así, dentro de la colección de las *ejemplares*, de las por todos consideradas "idealistas" (*Las dos doncellas*, *La señora Cornelia*, *La fuerza de la sangre*, *El amante liberal* y *La española inglesa*) es esta última la más denostada por su idealismo, pues "la idealización de sus elementos compositivos prima sobre lo realmente vital, con mengua de su vigor" (González de Amezúa y Mayo, *Cervantes* 151). Rodolfo Schevill y Adolfo Bonilla previamente habían abundado en esto descalificándola como "una solemne niñería, basada en sucesos y ocurrencias puramente casuales y de lo más inverosímil que imaginarse puede" (*Obras completas* 383).[14] Sin embargo, setenta y tres años más tarde, Montero Reguera ha visto en ella totalmente lo contrario, un ejemplo paradigmático de cómo conseguir crear verosimilitud a la hora de escribir una novela:

> Cervantes logra crear [verosimilitud] [...] porque presenta personajes de carne y hueso, hombres y mujeres que se comportan con normalidad en el trato cotidiano, que, a pesar de su trascendencia política e histórica, van más allá de ser entes abstractos. Y esta proximidad, esta cercanía, les hace más humanos y, por ende, consiguen sintonizar mucho mejor con los lectores de la obra. (*La española* 1077)

Evidentemente, los motivos para tan dispares juicios entre los críticos tienen que ver con los supuestos peregrinos "sucesos y ocurrencias" que esta novela bizantina despliega, y sobre los que quizá estereotípicamente se lleven la palma el presentar una reina Isabel I de Inglaterra tolerante y hablando español, y un capitán londinense, Ricaredo, que en plena batalla naval perdona la vida de sus archienemigos hispanos. Como veremos, es ese hacerse más humanos los personajes, al que alude Montero Reguera, y concretamente la humanización que se hace del Otro, lo que nos importa en lo que sigue.

La virtud, la hermosura y el celo católico se convierten en las tres cualidades humanas más sobresalientes de *La española inglesa*, siendo

---

14 Por su parte, Ludwig Pfandl creyó que era la novela ejemplar "imaginada con mayor esmero y la más artísticamente embellecida con circunstancias que van retardando la acción" (*Historia* 337).

juntas no sólo las enseñas de los personajes principales Isabel/Isabela y Ricaredo, sino también, por separado, los primordiales atributos, en mayor o menor grado, de otros personajes protagonistas: Clotaldo y Catalina, los padres biológicos de Isabel, o la bella y católica Clisterna. Por eso el relato se inicia y se cierra haciendo referencia a dichas excelencias.[15] Así, es la extremada hermosura de la niña de siete años la que provoca que Clotaldo la secuestre en el saco de Cádiz de 1596. Éste es el único pecado del católico capitán inglés que no encuentra justificación en la acción militar perpetrada por la armada inglesa, la cual supuestamente iba contra "las haciendas y dejaba libres las personas" (I, 243).[16] Clotaldo no devuelve a la niña incluso a riesgo de perder su vida, pues el líder del expolio, el conde de Leste (por Leicester), mostrando su humanidad, en un bando amenazaba con matar a aquél de los suyos que la tuviese y no la entregase. El narrador omnisciente de la novela pondera, pero no enjuicia esta acción, tan sólo narra que el capitán se la llevó a Londres porque se aficionó, "aunque cristianamente, a la incomparable hermosura de Isabel" (I, 243-44). Al principio sorprende, pero este pecado del capitán no solamente es el motor de acción del relato, sino que se convierte en la justificación de la intervención providencial que atraviesa por entero la historia —"que tiene tanto de milagrosa como de verdadera" (I, 282)— y le da un sentido de marcada religiosidad de barniz neoplatónico:[17]

---

15   Sobre los elementos, la simetría, la circularidad o la doblez de los patrones estructurales de la novela que llevan a la identificación y posterior superación de los obstáculos por parte de los dos protagonistas y sus consecuencias, ver Casalduero (*Sentido y forma de las* Novelas), Lowe ("The Structure"), Cluff ("The Structure"), Aylward ("Patterns"), Ruta ("*La española*"), Pini ("La estructura") y Torres ("Now").

16   Clamurro ("Los pecados") ahonda en este latente pecado carnal y el impacto que tiene tanto en el desarrollo de las acciones de los personajes como en el significado de la novela.

17   Marcado carácter religioso que ve Lapesa especialmente en *La española inglesa* y el *Persiles*, y que el crítico relaciona con el hecho de que en 1609 entrara Cervantes en la Congregación de Esclavos del Santísimo Sacramento y en 1616 ingresase en la Orden Tercera ("En torno" 251). Ya Castro había observado esta actitud como un "alarde de ortodoxia" cervantino mezclado, eso sí, con su "no conformismo" (*El pensamiento* 256-65). Ver en general esta

Esta novela nos podría enseñar cuánto puede la virtud y cuánto la hermosura, pues son bastante juntas y cada una de por sí a enamorar aun hasta los mismos enemigos, y de cómo sabe el cielo sacar de las mayores adversidades nuestras, nuestros mayores provechos. (I, 283)

No quiero con esto defender a un Cervantes moralizador o predicador, más bien a un convencido cristiano de marcados tintes racionalistas, no en vano para Jesús Maestro, Cervantes es "el Spinoza de la literatura española" (*Las ascuas* 346): un cristiano, a mi modo de ver, que en su prosa y teatro difícilmente se casa con posturas oficiales u oficialistas, sean políticas o religiosas, y menos a partir de 1600 ¿Cómo explicar de otro modo el que Cervantes escriba esta novela que hermana a protestantes y católicos teniendo tan cerca la guerra que los ha enfrentado mortalmente durante veinte años, aun cuando se haya concertado la paz con los ingleses en 1604 y ratificado en 1605?;[18] o, y por más idealis-

---

dualidad en el capítulo VI de *El pensamiento de Cervantes*. Casalduero lee la novela como una suerte de viaje místico de depuración espiritual individual (*Sentido y forma de las* Novelas 131). Igualmente, Sánchez Castañer alude a una transformación estética que va de la narrativa al lirismo, de lo real a lo místico-poético ("Un problema" 370-74); mientras Collins habla de que en ella se da un "circular frame of divine intervention that works through Isabela and Ricardo to propel them back to the homeland of the true faith" ("Transgression" 57). Recientemente, Santos de la Morena ("Libertad") y Marx ("Las paradojas") han estudiado esta religiosidad bajo el marco del problema entre providencia y libertad, predestinación y libre albedrío en Cervantes.

18   Lapesa justifica el espíritu conciliador cervantino a partir del hecho de que la novela debió escribirse alrededor de 1609-1611, cuando empezaba a haber acercamientos diplomáticos entre los dos países y esperanza en que Inglaterra fuera católica de nuevo ("En torno" 255-56). Lo mismo piensa Rey Hazas, asumiendo una primera redacción del texto hacia 1605, revisada después alrededor de 1609-1611, como muestra la simpatía por la reina de Inglaterra y la permisividad general con los enemigos ingleses ("Introducción" xxiv). Sin embargo, Collins lo fundamenta en el erasmismo cervantino: "Cervantes discloses an 'as-if' world that runs counter to the standard ideology of the time, implicitly articulating an Erasmian plea for religious

ta que se considere el relato, ¿cómo escribir con este cariz conciliador, perdonador hacia el Otro, incluido el turco, en el ambiente en el que se está gestando y llevando definitivamente a término la expulsión de los moriscos?

En mi opinión, contraria a la postura de muchos críticos, *La española inglesa* no vende religiosidad, sino ética. No se trata, si se me permite, de que seamos más devotos, sino más empáticos y comprensivos con el Otro; que nos dolamos de las vicisitudes vitales de los otros, y que humanizándonos nosotros de ese modo, humanicemos a nuestros propios enemigos. Ésa es la enseñanza de esta "mesa de trucos" (I, 52), si el lector así lo estima, y por eso la insistencia cervantina en lo que "esta novela nos podría enseñar," sobre "cuánto puede la virtud y cuánto la hermosura [...] enamorar aun hasta los mismos enemigos" (I, 283).

---

tolerance and moderation that flies in the face of the religious wars dividing Christian Europe. Erasmian thought creates in the narrative what Thomas Pavel has termed an 'epistemic path,' a moralizing construct that enables Cervantes to generate for his readers a utopian vision of a united Christian community in which archenemies Catholic Spain and Protestant England peacefully coexist" ("Transgression" 66). Márquez Villanueva, por su parte, defiende que Cervantes puede "no contradecir, pero sí poner a un lado su fe para proceder, bajo un distanciamiento científico a la moderna, al estudio pre- o para-fenomenológico del hecho religioso" (*Cervantes* 92). C. Johnson basa la escritura de la novela en los acontecimientos políticos de 1605, tras la paz, con Cervantes como invitado y futuro cronista de las festividades del bautismo de Felipe IV, del cual fueron testigos los ingleses y donde se hablaba esperanzadamente de las futuras relaciones entre los dos imperios ("*La española*" 394-96). Contrariamente, Georges Güntert se separa de aquéllos que buscan en la novela coincidencias cronológicas de acontecimientos histórico-políticos que se ajusten a los intereses de la monarquía española: "Lejos de 'reflejar' la situación política de su tiempo, Cervantes trata —en tanto que escritor— de aprovecharla estratégicamente, concibiendo una intriga conciliadora y filobritánica contraria al fanatismo de los más" (*Cervantes* 146). Sobre la fecha de composición y posibles fuentes de inspiración de *La española inglesa*, ver Singleton ("The Date"), Stagg ("The Composition") y Navarro Durán ("*La historia*"). En cuanto a los detalles relativos al contexto histórico e historiográfico de la obra, ver Hanrahan ("History"), Johnson ("*La española*"), Lozano-Renieblas ("Tradición") y Montcher ("*La española*").

O cómo, al decir de Alicia Parodi: "virtud y hermosura son artífices de la superación del odio por el amor" ("*La española*" 50).[19] Por eso también en la obra las diferencias teológicas entre católicos y protestantes se vuelven borrosas (Carroll Johnson, "Catolicismo" 519). De nuevo, como en el resto de sus obras de cautiverio, *El trato de Argel*, *Los baños de Argel*, *La gran sultana*, o *La conquista de Jerusalén*, son el deseo o el amor, aquí la caridad, como en *El amante liberal*, los que conectan a moros y cristianos en escenas que nos invitan a repensar nuestra actitud hacia el Otro. Asimismo, la virtud, la solidaridad y la compasión trascienden las barreras de sangre y religión para crear escenas que reafirman nuestra común humanidad.

En esto, coincido plenamente con Antonio Rey Hazas en lo que constituye la lección humanista, que no mística, de la novela:

> es una lección de humanismo, de confianza en las posibilidades de los seres humanos, por encima de las barreras, las desigualdades y las fronteras. Como era natural para un español del siglo XVII, esta confianza se expresa en términos humanistas, en clave de neoplatonismo católico, pero sin ninguna conciencia mística. ("Introducción" xxxvi)[20]

---

19   Da Costa Fontes ("Love") opina que es el amor y su fuerza equilibradora la moraleja del relato.

20   Jorge García López subraya con respecto al aspecto ético de la narrativa cervantina, concretamente el de las *ejemplares*, que "la novela es por encima de todo una exploración de las condiciones éticas de la vida social [...] una exploración ética que escapa de los condicionamientos sociales de época y nunca se deja rebajar a mera cartilla moralizante" ("Actualidad" 3). Sin embargo, El Saffar en *Novel to Romance* defiende que, a medida que se hacía viejo, Cervantes evolucionó de la novela realista al romance, de modo que este último le servía de vehículo para la afirmación de los valores espirituales y morales del catolicismo postridentino y el poder establecido. Mientras que El Saffar y Forcione (*Cervantes* 93) ven en *La española inglesa* el más puro ejemplo de romance cervantino junto con *El amante liberal*, C. Johnson ("*La española*") se ha centrado en estudiar cómo la novela plasma los problemas histórico-sociales de su tiempo y la manera en que Cervantes los transforma en objeto de ficción.

De manera diferente a lo que pensaba Sánchez Castañer de la pieza, este "mundo de armonía y de comprensión [...] basado en altos conceptos de fraternidad social y cristiana de los que siempre fue preclarísimo adalid Cervantes" ("Un problema" 379), no viene de un trascendentalismo místico, al contrario, está enraizado en la compleja y culturalmente diversa experiencia vital del alcalaíno, en convicciones y valores personales que afloran tanto aquí como en otras obras de su producción. Por eso, muy acertadamente, tanto Isabel Torres ("Now") como Fernando Galván ("Los católicos") leen en *La española inglesa* la expresión de la posición neoplatónica y erasmista de Cervantes. Está claro, por un lado, que se combinan bondad y hermosura, la perfección moral y la física en el desarrollo de la trama, en la relación y en la unión final de Isabel y Ricaredo; mientras que, por otro, se insiste en que esa mezcla de cualidades promueve la comprensión, la concordia y la caridad humanas. Conviene aquí, por tanto, ofrecer —como también hace Galván— las reflexiones de Francisco Márquez Villanueva en "Erasmo y Cervantes, una vez más" pues revelan perfectamente el carácter con el que se forja *La española inglesa*:

> La presencia de Erasmo y el humanismo cristiano en Cervantes resulta, desde luego, primordial y probablemente decisiva dentro de su mapa intelectual. Parece, en cambio, dudoso que pueda ser caracterizada como un gravitar continuo y sin alternativa, porque su sentido, en aquel momento español, era liberador y coincidente con la idea de un pensamiento no dogmático: venía así a abrir perspectivas y no a constreñirlas. Por lo demás, lo que a Cervantes le interesaba era la dimensión humana y relativa de los problemas, y no las soluciones de orden doctrinal, con las que nadie ha podido hacer buenas novelas. Erasmo nunca lo intentó. (136-37)

Por tanto, ese compromiso de su humanismo por la virtud por encima de los credos y los dogmas es lo que lleva a Cervantes a un pensamiento "liberador," preocupado con "la dimensión humana y relativa de los problemas," como prueba la humanización del Otro que se lleva a cabo en *La española inglesa*.

Dentro del tono general de acercamiento, conciliación, empatía y amistad que domina la obra, hay dos momentos paradigmáticos que merecen nuestra atención pues reafirman la apertura de miras del pensamiento cervantino. El primero tiene que ver con la visión que se da en la obra de Elizabeth I como reina tolerante. Si bien el total de la crítica se ha hecho eco de este aspecto, merece la pena volver sobre ello y comentar algunas justificaciones aducidas recientemente, pues inciden directamente en el objetivo de este capítulo. Así, la 'reina virgen' Isabel I es un dechado de virtudes: es magnánima, con fama de altanera pero recta, prudente, empática, cercana, tolerante y generosa. Únicamente en una ocasión en el texto se hace referencia al "duro corazón de nuestra reina" (I, 262) en boca de algunos de sus vasallos. Sin embargo, lo que más sorprende es obviamente la amistad de la anglicana con la católica española Isabel, a la que no sólo insta a hablarle en español —"Habladme en español, doncella, que yo le entiendo bien, y gustaré dello" (I, 249)—, sino a la que protege y estima como a una hija (I, 250). La pregunta que cabe hacerse es la obvia: ¿Qué hay de histórico en esta representación tan conciliadora y qué pretende Cervantes con ella? Dejando a un lado las opiniones de los filólogos que otrora la consideraban un disparate inverosímil, hay que decir que desde Castro (1925) se ha venido tomando en serio y se ha justificado, como hemos visto, de dos formas. En primer lugar, como una recreación de la visión esperanzadora del mejoramiento de las relaciones anglo-españolas tras la paz de 1605, y así, de la posible utópica vuelta de los ingleses al catolicismo, en la línea de Lapesa ("En torno"), Rey Hazas ("Introducción"), C. Johnson ("Catolicismo", *La española*) y otros. En segundo lugar, como actitud crítica que, en mayor o menor medida, refleja el humanismo cristiano erasmista de Cervantes, con el cual quiere dar una lección cultural, política y religiosa a sus contemporáneos —Castro (*El pensamiento*), Zimic ("El *Amadís*"), Collins ("Transgression"), o Pascual Garrido ("Acomodándose"), entre otros. Claramente me inclino por esta última, al observar a una soberana protestante, que por un lado aplaude la firmeza de la fe católica de la joven Isabela —"[la reina] la estimaba en más, pues tan bien sabía guardar la ley que sus padres la habían enseñado" (I, 268)—, y por otro aprueba la caridad de sus subordinados para con el otro enemigo militar español y turco. Efectivamente, el silencio de la reina, en sendas ocasiones en que Ricaredo le informa que tras la batalla naval liberó "en nombre de su Majestad" (I, 263) a los cautivos enemigos del imperio, fundamenta esta opinión.

Últimamente, varios críticos han intentado justificar la actitud tolerante de la reina en la novela basándose en consideraciones de teoría política[21] o historiográficas,[22] sin embargo, atendiendo a los perspicaces comentarios histórico-políticos de Fernando Galván sobre su figura, podemos entender mejor el porqué del retrato tan favorable que Cervantes le hizo:

> La reina Isabel se revela desde el principio como una monarca prudente y pragmática, que intenta, y consigue de hecho, pacificar su reino, evitando mantener las persecuciones a los protestantes más radicales que había iniciado María Tudor, y permitiendo, a su vez, que los católicos siguieran practicando su religión. [...] Isabel ha-

---

21 Olid Guerrero piensa que "Cervantes stages a virtuoso Christian queen who holds moral values in a moderately anti-Machiavellian sense. The message of this fictional Queen for Philip IV's subjects and Cervantes's readers does not seem to be only a didactic warning addressed to growing Counter-Reformation intolerance (as Castro suggested). It also challenges contemporary readers for their failure to critique the Spanish monarchy's controlled press and its subsequent ethical and financial support of the military for reasons of state. Cervantes's Elizabeth I illustrates his change of mind about the Spanish Crown's foreign and domestic policy, but also and more importantly, reveals a political debate that denounces the persistent and passive acceptance of this belligerent strategy" ("The Machiavellian" 75).

22 Montcher, sin embargo, le quita hierro al asunto y basa esta visión positiva de los ingleses en los discursos historiográficos contemporáneos: "*La española inglesa* se hace eco de los discursos historiográficos pacifistas de la primera década del siglo XVII. Dichos textos se caracterizaban por sus alusiones recurrentes al *devoir d'oubli* opuesto al *devoir de mémoire*, subrayando así la esencia inmemorial de la amistad hispano-inglesa. En su conjunto, los citados escritos estaban dispuestos a crear la imagen de una 'guerra sorda' para enaltecer mejor los frutos de una 'paz ruidosa,' [...]. El escritor no hacía más que retomar la retórica utilizada en el tratado de paz de 1604, cuando este estipulaba en sus decretos que 'jamás huvo odios entre ellos' y que la alianza venía 'de tiempos inmemoriales'" ("*La española*" 622).

bía recibido también una formación humanista excepcional [...] lo que le permitió convertirse en una mujer muy ilustrada, que conocía y hablaba diversas lenguas [...]. Pocos años después de su ascensión al trono, en 1563, proclamó los llamados 'Treinta y nueve artículos' (Thirty-Nine Articles), corregidos en 1571, en que se fijaba la posición de la Iglesia anglicana frente a la Iglesia católica y a los disidentes protestantes puritanos. Esa posición, que para muchos fue de ambigüedad, era la de una 'vía media' entre la doctrina católica y el calvinismo puritano, que no conformó del todo a ninguna de las dos corrientes, lógicamente muy enfrentadas, pero que consiguió al menos la paz social y el fin de los enfrentamientos religiosos en su país. [...] Esa imagen de la reina Isabel —tan distinta del estereotipo de una 'perversa Jezabel,' como había propalado la propaganda anti-inglesa en España y otros países católicos— es precisamente la que emerge de la lectura de *La española inglesa*, la de una monarca abierta y tolerante, que no teme la presencia en su corte de católicos secretos, que es muy generosa, e incluso cariñosa, con la bondad y la belleza de Isabela, y respetuosa con Ricaredo y su familia. Las palabras que pone Cervantes en su boca, y su disposición a escuchar a todos y a premiar la bondad, por encima de los credos y los dogmas, sin duda enlazan bien con el espíritu erasmista que muchos críticos asocian con Cervantes, por lo que no es tan extraño, en realidad, que nuestro escritor nos retrate a una reina inglesa tan distinta de las expectativas del lector español contemporáneo. ("Los católicos" 77-78)[23]

Este humanismo de la reina en el relato, tan respetuoso con la diferencia cultural y religiosa, va a tener su paralelo en la actuación de Ricaredo. Me refiero al detalle por el que un Ricaredo, generoso, compasivo,

---

23   Ricapito opina que la insistencia de Cervantes en retratar a los católicos secretos en esta obra es "a pretext for self-criticism of Spain with the objective of promoting a religious norm that worked towards tolerance of faiths" (*Cervantes's* Novelas 55). Sobre esta actitud cervantina explorada alrededor del problema de lo 'converso' en la novela, también ver da Costa Fontes ("Love"), Nair Vitali ("Desarraigos"), García Gómez ("Una historia"), y Colbert Cairns ("Crypto-Catholicism").

caritativo y agradecido a Dios por el botín conquistado en corso, libera sin violencia ni crueldad a los trescientos españoles, dejando que se marchen a la península con cuatro escudos cada uno y matalotaje de sobra para alcanzar las costas peninsulares. Al respecto, el personaje dice:

> Pues que Dios nos ha hecho tan gran merced en darnos tanta riqueza, no quiero corresponderle con ánimo cruel y desagradecido, ni es bien que lo que puedo remediar con la industria lo remedie con la espada. [...] Nadie osó contradecir lo que Ricaredo había propuesto, y algunos le tuvieron por valiente y magnánimo y de buen entendimiento. Otros le juzgaron en sus corazones por más católico que debía. (I, 255-56)

Ésta es la única vez en que se cierne alguna sospecha callada —pues es en los "corazones" de algunos— sobre la actuación y religión de Ricaredo, dada su excesiva benevolencia. Así que, para eliminar cualquier suspicacia, se nos dice en el texto que Ricaredo liberó a veinte turcos con los cristianos. Sin embargo, la intención de Ricaredo va más allá con esta actuación, como prueba el tono conciliador, compasivo y caritativo hacia el enemigo turco: "rogó a los españoles que en la primera ocasión que se ofreciese diesen entera libertad a los turcos, que ansimismo se le mostraron agradecidos" (I, 258). Nótese que no hay ninguna necesidad de liberar a estos últimos, más aún cuando los cristianos, tan cercanos al corazón de Ricaredo, acaban de sufrir esclavitud a manos de esos turcos. Es más, Ricaredo deja la responsabilidad de liberar a los piratas turquescos en puerto seguro a los cristianos españoles. ¿Qué postura oficial o particular en ese momento, no ya justificaría, sino vería con buenos ojos una decisión así? Ningún crítico, que yo sepa, ha hecho especial hincapié o se ha parado a examinar las consecuencias de este sorprendente y notable hecho, excepto Parodi, que se ha referido a él como "virtud misteriosa, la liberalidad liberadora, clave de la armonía en el reinado del mundo" (*"La española"* 57). Igualmente, tampoco se han detenido los críticos en ahondar en la importancia de la recíproca generosidad y caridad del turco, "tan agradecido y tan hombre de bien" (I, 282) que, hacia el final, no denuncia a Ricaredo preso en

Argel y, por tanto, impidiendo que lo maten o lo encarcelen de por vida, facilita y acelera su libertad, en última instancia llevada a término por los trinitarios. Además, el hecho de que se recreen episodios biográficos de Cervantes en la novela, por cuanto que los turco-argelinos, en circunstancias calcadas y bajo Arnaute Mamí, capturaran al escritor treinta años antes en el mismo mar en el que ahora han apresado a Ricaredo, no hace más que subrayar los graves acontecimientos y poner el acento en la reciprocidad de la caridad de los unos con los otros.

Ciertamente, una cosa es fundamentar la actuación de Ricaredo en su secreto y profundo catolicismo, por el que se atormentaba si tenía que sacar la espada contra españoles, y otra muy distinta justificar su magnanimidad y caridad para con el turco. Ninguna de estas actuaciones favorecía los intereses corsarios ingleses, ni suponía mayores merecimientos para conseguir que la reina le diera Isabel a Ricaredo. O quizá sí, pues cuando Elizabeth I escucha de su soldado el recuento de la actuación realizada en su real nombre, no la juzga, como hemos visto, sino que seguidamente homenajea su empresa y le entrega a Isabela. Sin duda, con estos acercamientos al Otro en la novela, Cervantes fomenta la humanización del enemigo, sea inglés, español o turco; anglicano, católico o musulmán, y con ello da una lección humanística a sus lectores promoviendo la comprensión entre culturas y religiones.[24]

Además, el oxímoron del título mismo "la española inglesa," como muchos han notado, indica esa reconciliación y humanización del enemigo, en la reflexión que cabe hacer sobre el significado del recorrido de la experiencia vital y el impacto de esa mujer por todos querida y admirada, "mediadora entre diferentes" (Parodi, "*La española*" 53), lo mismo española que inglesa, lo mismo Isabel que Isabela.

---

24 Por eso Fuchs observa: "The separation of religious and national allegiance in the novella radically breaks with the Spanish model of a perfect correspondence between faith and national identity to suggest—in the mirror image of Cervantes's England—the possibility of a heterogeneous polity" (*Passing* 109). Sobre la posibilidad que la obra propone de una coexistencia pacífica entre los dos imperios, ver los acercamientos astronómico-simbólicos de De Armas ("The Politics") y los alquímico-simbólicos de Stoops ("Elizabeth I").

La película

Como comentamos al principio del capítulo, en España ha habido numerosas adaptaciones teatrales de las *Novelas ejemplares* a lo largo del tiempo; sin embargo, desde los años cuarenta las dos únicas adaptaciones dramáticas de *La española inglesa* son el montaje de Carlos di Paola de 1990, y la puesta en escena a cargo de Miguel Cubero, estrenada en el Festival de Almagro en 2013 (Fernández y Ruiz, "Una 'mesa de trucos'" 193). Pero ¿qué hay de las transposiciones o adaptaciones fílmicas? En el celuloide han tenido suerte, que no éxito, especialmente *La gitanilla* (Gual 1914; Delgado 1940) y *La ilustre fregona* (Pou 1927), mientras que la televisión ha rodado series de aquellas *ejemplares* de argumento literario clasificadas como "realistas," sobre todo en el período 1970 a 1990. Así pues, ha habido que esperar hasta 2015 para que RTVE/Globomedia se atreviera a llevar *La española inglesa* a la pequeña pantalla.[25] Esta adaptación dirigida por Marco A. Castillo es claramente un homenaje a Cervantes por parte de la televisión pública en un momento de monumentalización de su figura con motivo del IV Centenario de la segunda parte de su obra cumbre *Don Quijote* (1615) y la propia muerte del escritor acaecida en 1616.

A día de hoy, Victoria Aranda Arribas ("*La española*"; *Las* Novelas ejemplares *en el cine y la televisión*) ha sido la única que ha analizado esta *tv movie*. La experta fundamentalmente critica el filme por entender, con acierto, que no convence en multitud de facetas y se queda en lo que Esther Fernández y M. Reina Ruiz llamarían "una puesta en escena arqueológica" ("Una 'mesa de trucos'" 194), en este caso fallida, pues no cumple el propósito cervantino de reconciliar lo maravilloso admirable con lo verosímil, o lo que es lo mismo, no hace la ficción creíble, porque ya se sabe: "la mentira satisface / cuando verdad parece y está escrita / con gracia, que al discreto y simple aplace" (*Viaje del Parnaso*, cap. VI, vv. 61-63).

No pretendo aquí una comparación exhaustiva entre la novela y la película, del modo que la ha llevado sólidamente a cabo Aranda Arribas, más bien me ocupo de mostrar cómo el filme, eso sí, con profusos

---

25   Para un completo estudio de las adaptaciones audiovisuales de las *ejemplares*, ver Aranda Arribas ("*La española*" y *Las* Novelas ejemplares *en el cine y la televisión*).

excesos melodramáticos, ha sabido leer y representar la preocupación cervantina por la virtud y la concordia, por la humanización del enemigo, y por la tolerancia hacia el Otro que la novela exhibe. En esto, el largometraje, teatralizando personajes y escenas, sí ha captado el espíritu de la imaginación teatral cervantina, con mayor o menor acierto cinematográfico. Por eso, en lo que sigue, me centraré en analizar fundamentalmente las secuencias que representan las relaciones con el Otro, completando así de paso el trabajo de Aranda Arribas.

De las escenas que nos interesan, curiosamente, la mayoría son añadidos de la película, pero coherentes con el espíritu de la novela, pues ayudan a entender el posicionamiento cervantino ante la diversidad cultural y religiosa. Si la novela se abría directamente con las palabras del narrador contando el relato, dejando a la imaginación del lector el ir armando los acontecimientos, la película cree necesario enmarcar esa situación de forma más teatral y con un Cervantes como protagonista absoluto. Ahora es él, en su casa, el narrador de su propia obra y el que le lee a sus amigos Juan de la Cuesta y Conde de Lemos, impresor y mecenas respectivamente, la novela intitulada *La española inglesa*. La película acaso proyecta así lo que Mack Singleton entendía que era el mundo de esta obra: "a 'seen' world —as if Cervantes has tried to put in narrative form a set of theatrical scenes observed by one person" ("The Date" 329). Aparte de añadir realismo, la escena sirve para acentuar el homenaje que la película quiere hacer al ingenio vivo y creador de Cervantes. Además, los guionistas aprovechan este recurso para mostrar en imagen la necesidad del autor de vender sus obras y las supuestas penurias económicas al final de sus días que los biógrafos han puesto siempre de manifiesto.

Al poco tiempo de comenzar la lectura, Cervantes, interpretado de manera meritoria por Miguel Rellán, es criticado por un Juan de la Cuesta sorprendido por lo fantasioso y lo artificial del relato:

C. de Lemos: –Beba, beba usted, don Miguel. No me gustaría que se muriera de sed antes de terminar este sorprendente relato.

Juan. –Más fantasioso que sorprendente, no tiene lógica.

Cervantes.	–¿Acaso su vida la tiene? Todo lo que sucede en el mundo es milagroso.
Juan.	–Pero ordenado.
Cervantes.	–¡Por Dios!
C. de Lemos:	–Díganos don Juan, ¿le gusta o no le gusta?
Juan.	–Es un desatino entretenido.
Cervantes.	–¡Usted lo ha dicho! Una mentira que satisface porque verdad parece.
C. de Lemos.	–Y está escrita con gracia. (00:20:50)

Con estas últimas palabras, sacadas de su *Viaje del Parnaso*, Marco Castillo y sus guionistas vuelven a hacer un guiño al creador de la novela moderna incidiendo en los elementos esenciales de la ficción, como apuntara Riley (*Cervantes's Theory*).

Las siguientes secuencias que tenemos que comentar son las que tienen como protagonista a esa Elizabeth I tolerante que, por cierto, no sólo entiende español, como en el relato, sino que lo habla: "Estoy impaciente. Entiendo vuestro idioma. Hablad" (00:42:25). En esa línea, la película bebe de la novela y explota sin reparos la magnanimidad y empatía de la monarca para con el Otro, haciendo que sean características intrínsecas de su personalidad en todo momento. Por eso, cuando Ricaredo le informa de haber dado libertad a los turcos —nótese que en la película no se menciona nada de los tantos cristianos españoles, pues el énfasis se pone en la liberalidad con el radicalmente Otro, el infiel— la reina por un lado está de acuerdo, como en el texto, y por otro ensalza esa actuación:

Reina.	–¿Es cierto que perdonásteis la vida al líder de los turcos?
Ricaredo.	–Me temo que sí majestad. No vi motivo alguno para colgarle; y pensé que así tendríamos buena relación con sus gentes.
Reina.	–Bien pensado. (00:34:50)

Anteriormente, tras la batalla, Ricaredo le había dejado claro al musulmán que le perdonaba la vida en nombre de la reina:

Soldado.	–Es el capitán turco, ¿lo colgamos?

Ricaredo.	–No. Que le den una barca, un barril de agua y se lleve sus heridos. Larache está a treinta millas, tardaréis dos días.
Capitán turco.	–Muchas gracias, señor.
Ricaredo.	–No. Déselas a la reina. Fue ella la que no pidió vuestras cabezas. (00:31:25)

En otro momento, la reina anglicana disipa las diferencias entre protestantismo y catolicismo al decir a los padres de Isabel: "Y estoy segura que Dios nuestro Señor, que es el mismo aquí [Londres] que en su tierra [Cádiz], os ha escuchado" (00:43:22). Además, tras el envenenamiento de Isabel por parte de la camarera mayor, quien en la novela se justificaba diciendo que "hacía sacrificio al cielo, quitando de la tierra a una católica" (269), la monarca enfatiza la virtud y relativiza el celo religioso: "Camarera real. –Lo hice por el bien de mi reina y mi país. Reina. –Tu celo no justifica una atrocidad semejante" (00:56:22). Con todo, y pese al gran dolor que ha causado la camarera real, un siempre magnánimo Ricaredo pide que se la perdone tanto en la novela como en la película.

Como ya dijimos, el filme trata de explotar los aspectos más aventureros y melodramáticos de la novela, lo que hizo que Manuel Durán la considerara "a Golden Age Soap Opera" (68). Por eso crea el añadido en el que escenifica los trabajos forzados de Ricaredo en un campo en Argel, su valiente intento de fuga y, cuando le van a cortar la cabeza, la liberación que le llega de la mano del capitán turco, el mismo que en su día recibió la caridad del cristiano inglés. He aquí el diálogo que pone de manifiesto el honor de ambos líderes y cómo sus sendos dioses son igual de caritativos:

Turco.	–¿Me reconoces?
Ricaredo.	–Tú eres el capitán de la galera que apresé hace años.
Turco.	–Alá ha querido que nos volvamos a encontrar.
Ricaredo.	–Sí, te recuerdo. Combatiste con honor.

Turco.	—Creo que mi Dios te envía para ponerme a prueba. Si tu Dios me liberó, el mío no será menos. Sois libre.
Ricaredo.	—Gracias. (01:32:32)

Por último, hay que ahondar en el significado de la coda final de la película. Como era de esperar, si el filme empezaba bajo el marco de un Cervantes leyendo la novela en su casa, tiene que acabar de igual forma. Se concluye la lectura y, gracias a los escudos que promete adelantar el conde, de la Cuesta se marcha con esta novelita y con la esperanza de imprimir el conjunto de ellas cuando se las entregue el autor. Antes de irse, el conde le da una bolsa de dinero a Cervantes para aliviar las necesidades de su familia y el autor se lo agradece. Cervantes se queda solo, y tras otro largo golpe de tos, saca del bargueño el manuscrito completo del resto de las *ejemplares* que coloca encima del bufete. El actor se marcha y la estancia se queda vacía. Entonces, la cámara se enfoca en la ventana; el viento la abre y hace volar algunos pliegos de la pila del manuscrito que se encontraba sobre el escritorio, descubriendo así una dedicatoria al Conde de Lemos. Al tiempo, una voz en *off* recita los versos que a la sazón Cervantes dedicara al mecenas el 19 de abril de 1616 en el *Persiles*: "Puesto ya el pie en el estribo, / con las ansias de la muerte, / gran señor, ésta te escribo" (107). Los versos se completan con lo que sigue en el texto póstumo: "el tiempo es breve, las ansias crecen, las esperanzas menguan y, con todo esto, llevo la vida sobre el deseo que tengo de vivir" (108). Lo único que se omite es la referencia a la extremaunción que al complutense le dieron el día anterior, porque, claro está, nos encontramos alrededor de cuatro o cinco años antes, cuando las *ejemplares* están listas para darlas a la estampa. El recurso melodramático de la película, por el que se nos enseña a un Cervantes que tose y tose durante la lectura y se encuentra cercano al final, no tiene más propósito que contribuir a la monumentalización de su figura, una figura que se quiere viva.

A este respecto, la secuencia final, que pone el foco en el aire entrando por la ventana y haciendo volar los papeles, contiene una polisemia de significados. En primer lugar, los escritos de Cervantes tienen aliento propio y siguen vivos, aún en el presente de 2015. Por eso anteriormente, siguiendo de cerca el prólogo de la novela, se ha subrayado el papel de gran creador que defiende su obra: "Cervantes. –conste que estas letras son mías propias, no imitadas ni hurtadas; mi ingenio las engendró y las parió mi pluma" (01:44:25). En segundo lugar, se pone especial énfasis en el proceso de construcción de la ficción, un proceso vivo acentuado por la llegada del aire, por la presencia y reparos de sus amigos y por las precariedades vitales que se exponen. Por último, el recurso subraya quizá el miedo de que el paso del tiempo deteriore y pueda hacer que caigan en el olvido las grandes obras literarias.

Aunque la película echa el telón con esta escena para celebrar la obra y la vida de Cervantes, previamente el personaje ya había dado el cierre al concluir la lectura de la novela delante de sus amigos:

> Cervantes. –La boda de Ricardo e Isabel todavía se recuerda en Sevilla por su esplendor, tanto como por la belleza de la joven Isabel, que con ayuda de Ricardo mostró cuánto puede la virtud y cuánto la hermosura cuando van juntas. Y de cómo el Cielo sabe sacar de las mayores adversidades, nuestros mayores provechos. (01:43:30)

El filme no reproduce exactamente las mismas palabras finales del relato, entiendo que para hacerlas más digeribles a los espectadores de hoy en día y para poner el acento en la confianza en Dios, enlazando así con el espíritu de despedida cristiana de un Cervantes cercano a la muerte. Con todo, el hecho de que la transposición fílmica sea fundamentalmente un homenaje a la figura del escritor, o el que no presente ningún tipo de originalidad y se limite en su mayoría a calcar pobremente el texto, no la hace un nulo producto artístico, pues, como hemos visto, representa plásticamente muchas de las principales ideas que promueve la novela.

Para concluir, en *La española inglesa* tal vez se podría criticar a Cervantes —como él hacía cuando se trataba de juzgar la comedia nueva de Lope de Vega— de reproducir excesivos clichés amorosos o aventureros, y, sobre todo, de crear una historia fantasiosa e inverosímil, cuasi "milagrosa" (I, 282), un cuentecito idealista y por ende ajeno a las vicisitudes reales de la vida cotidiana. Sin embargo, como hemos visto, fiel al proyecto general de los múltiples experimentos que suponen las *Novelas ejemplares*, y el propósito constante de disipar o hacer porosos los límites entre ficción y realidad —pensemos especialmente en *El coloquio de los perros*, o *El licenciado Vidriera* preñados igualmente de inverosímiles acontecimientos—, Cervantes ahonda en los entresijos de las varias facetas que fraguan la naturaleza humana para terminar, como siempre, poniendo en el lector la responsabilidad de encontrar el sentido, de sacar algo en limpio. De este modo, "si bien lo miras," lo que se aprende de *La española inglesa* es aquello de lo cual sobreabunda y lo que constituye "el sabroso y honesto fruto que se podría sacar" (I, 52), aquél que hemos visto tanto en la novela como en la película: simpatía y empatía hacia el Otro, entendimiento y conciliación entre los opuestos y humanización del enemigo. Quizá en el desarrollo y las consecuencias de este "desatino" (*Viaje del Parnaso*, cap. IV, v. 27), de las rocambolescas o peregrinas peripecias de este romance bizantino poco convencional, encontremos el núcleo que constituye, a mi parecer, un pilar de la imaginación teatral cervantina: el inducirnos a que nos abramos a la posición del Otro. Y claro, ¿qué dice ese discurso de la mezcla de identidades culturales y religiosas?; e igualmente, ¿qué podría decir de la erosión y el aniquilamiento de las mismas en la España de Cervantes, donde se sigue persiguiendo a los Otros, a la sazón los moriscos o los gitanos? Acaso este nuevo guiño cervantino, bajo la pátina neoplatónica bizantina, o caballeresca tradicional (Zimic, "El *Amadís*" 471), e impregnado de doble voz, sea la estrategia para despertar al lector al peligro de los fundamentalismos sobre los que se erige y conduce la sociedad del XVII; así como para involucrarlo en una actitud superadora de la diferencia y que humaniza al enemigo, con la esperanza tal vez de imaginar la posibilidad de una comunidad multicultural. En todo caso, en el ambiente actual de crisis migratorias, de ultranacionalismo, de xenofobia y de racismo sistémico, mucho tenemos que seguir aprendiendo de esta actitud cervantina que mira notablemente más a lo que nos une que a lo que nos separa. Lo cierto es que, si bien no es una actitud moderna de acuerdo *stricto sensu* a parámetros actuales, es un "ejemplo provechoso" (I, 52) que nos da lecciones de humanidad, tanto dentro como fuera de su época, tanto en el XVII contrarreformista, como en el XXI de la posverdad y del populismo nacionalista excluyente.

4
Indagando en el humanismo cervantino: *La gitanilla*

En 1982, uno de los críticos que más se ha dedicado al estudio de esta novela ejemplar, Alban K. Forcione, dedicaba un largo capítulo de su *Cervantes and the Humanist Vision* al análisis de *La gitanilla* como un "romance erasmista" sobre "el ideal de amor y matrimonio perfectos" (151). Forcione recorre cada una de las trazas de los *Coloquios* de Erasmo que tienen que ver con las relaciones y el matrimonio, como *Encomium matrimonii* (1518) o *Christiani matrimonii institutio* (1526), y su impacto en la novela ejemplar cervantina. El objetivo consiste en desvelar concomitancias y paralelos entre el neoplatonismo cristiano de las ideas sobre el cortejo, el amor, la amistad conyugal y el matrimonio desplegadas en la obra del roterodamense, fundamentalmente por los personajes principales María y Pánfilo en *Proci et Puellae* (1523), y las de Preciosa, don Juan y don Sancho en *La gitanilla*. En este marco, reconociendo el gusto de Cervantes por la expresión paradójica (185), el crítico advierte dos finalidades que explican la inclusión del mundo gitano en la novela: en un sentido representa la celebración de la vida en libertad, el contacto con la naturaleza y un primitivista "other-world paradise" desde el cual se critican los constreñimientos y defectos que afligen al "mundo civilizado;" mientras que en otro sentido supone el dominio de la depravación, el "demonic order of lawlessness" (186) que tradicionalmente el romance contiene como dimensión en la que se encuentra la heroína (Preciosa), y a la que el héroe (Juan) tiene que descender para, después de sufrir, redimirla de ese ámbito y devolverla a su identidad verdadera.[1] Por tanto, la inclusión del mundo y la sociedad gitanos en la novela no es más que un símbolo que sirve en el camino de restauración del orden social que implica el matrimonio perfecto entre iguales, conforme a las convenciones genéricas del romance.[2] Al crítico exclusivamente le importa

---

1   Como indica Forcione: "Defined in opposition to the conventional order, the Gypsy society provides a moral standard against which ceremonialism, corruption, flattery, distrust, greed, and other abuses which afflict the 'civilized' society of contemporary Spain can be clarified by contrast and condemned. As such, it reinforces the satirical picture of society emerging in the early scenes of the work, particularly in Preciosa's visits to the house of the lieutenant and the gamblers' den and in the allusions to court intrigue in the poem describing Margarita of Austria's visit to the Church of San Llorente. On the other hand the Gypsy world, as a demonic order of lawlessness, terror, lust, and incest, forms the traditional lower world of romance in which an imprisoned heroine awaits the coming of a redeemer or a mysterious turn of providence that will restore her to her proper identity" (*Cervantes* 186).

2   Ver en este sentido las lecturas idealistas de la novela, guiadas por las convenciones del romance, que igualmente hacen Joaquín Casalduero (*Sentido y forma de las* Novelas), Karl-Ludwig Selig ("Concerning"), Ruth El Saffar (*Novel to Romance*), Jennifer Lowe (*Cervantes*), Frank Pierce ("*La gitanilla*"), o Thomas Hart (*Cervantes' Exemplary*). En esa línea idealista también se encuentran las lecturas costumbristas o folclóricas hechas desde principios del siglo XX, ver Forcione (*Cervantes* 185n162). Sin salir del idealismo, si Stanislav Zimic ve elementos pastoriles (*Novelas ejemplares* 46), Juan Bautista Avalle-Arce considera que "para el lector del siglo XVII 'La gitanilla' tiene arranque de novela picaresca" ("*La gitanilla*" 11), para luego decir en su edición de la obra que de lo picaresco se pasará a "una acabada novela amorosa" ("Introducción" 23, 24). Poco a poco, en cuanto al género se refiere, la crítica mayoritariamente ha tendido a ver la obra como una amalgama entre el realismo de la novela y el idealismo del romance, o en otras palabras, "como novela ideorrealista, a medio camino entre la narración realista y la narración idealista" (Mª Eugenia López Anguiano, "Un acercamiento" 199). Éste es el caso de Georges Güntert ("Discurso" 257) y el de Antonio Rey Hazas, aunque para este último la "poética de la libertad" que la obra despliega va más allá, pues no encaja bien con ninguno de los géneros que el escritor utiliza para dar dimensión realista o idealista: pastoril, bizantina, cortesana, caballeresca, o picaresca, apuntando así hacia la novela moderna ("Novedad" 39).

el valor simbólico y su funcionalidad poética, sin reparar en la primordial importancia que tiene la recreación literaria de la experiencia vital, y las consecuencias que la relación amorosa entre gitana e ilustre conllevan en ese orden social. De hecho, sorprende que al comienzo de su análisis critique el que los estudiosos hasta ese momento no hayan advertido el patente erasmismo de la obra y, sin embargo, él no entre a considerar, bajo el criterio del ideario humanista-reformista erasmista, qué implica y desencadena en términos vivenciales, o ideológicos, "el extraño caso" (I, 134) de la relación entre Preciosa y don Juan. La razón es que, tanto él como otros críticos que abundan en el simbolismo del texto, lo analizan exclusivamente desde el idealismo de sus arquetipos romancescos, muchos de los cuales encuentran sentido y corroboración en las páginas finales con el descubrimiento de la nobleza de la protagonista. Al hacerlo así, estos críticos olvidan, o no quieren tomar en serio, lo que de novela tiene la obra y denota la obviedad del título, es decir, las vivencias de la gitanilla, afectadas primordialmente por el hecho de que Preciosa ha sido desde su tierna infancia criada como gitana —por más que sepamos que no es nieta de la vieja romaní. Ésa es, por tanto, la auténtica naturaleza del personaje, y como tal, interpreta la realidad, interactúa con el mundo y se relaciona con don Juan,

---

Dicho esto, en la línea que también mantuviera Charles Presberg ("Precious" 70), me parece atinada la postura de Edwin Williamson al respecto del uso de los elementos realistas e idealistas: "Cervantes sought to combine romance and the picaresque in order to exploit the resources of each without entirely discrediting either. On the one hand, he allows the reader to experience the wonders of romance: the lovers are exemplary because they represent ideals to which Cervantes' society aspires but fails to reach; but, on the other, he draws on the critical potential of the picaresque in order to condemn implicitly the abuses of the nobility, a class that romance was designed to endorse." Esta estrategia, continúa el crítico, no hizo al autor caer en el cinismo "and in both *La gitanilla* and *La ilustre fregona* he evinced an enduring faith in the constancy of spiritual values beyond the unjust social order, a faith personificado in the little gypsy girl as well as in the illustrious kitchenmaid (both are called Constanza)" ("'La bonita'" 34-35). Bradley J. Nelson analiza lo que él llama "implicit structural ironies" derivadas de la dialogía, y no tanto del ensamblaje dialéctico de mundos ficticios que establece Cervantes entre los códigos estéticos de la picaresca y el romance ("Knowledge" 127-29).

contradiciendo a un tiempo los arquetipos romancescos de los que supuestamente surge. En suma, Forcione y muchos de los estudiosos que se han acercado a la obra han tratado de clarificar lo que para ellos es la fundamental ambigüedad del símbolo que supone la entrada de lo gitano en la novela, ofreciendo dispares y frecuentemente enfrentadas conclusiones, pero no se han hecho cargo de la crucial importancia que ese mundo gitano tiene para expresar, desde la inherente teatralidad del texto, las complejidades e implicaciones del pensamiento humanista de Cervantes, por más que algunos hayan detectado la aguda crítica que desde él se hace al sistema de autoridad oficial.[3]

En *La gitanilla*, por decirlo de una vez, el humanismo cervantino pone en cuestión la idea de que la bondad o maldad de las personas dependa del linaje o de la etnia. Con la relación amorosa entre un noble metido a gitano y una gitana que en el fondo es noble, Cervantes se ocupa de socavar y subvertir la idealización convencional del romance y desmontar la extendida creencia en su época —y en ciertos círculos sociales de la nuestra—, de que la virtud depende de la sangre. Al presentar tan exageradamente los estereotipos que se tienen del gitano sobre un paisaje textual en apariencia, y sólo en apariencia, petrificado, terriblemente idealizado y lleno de clichés, Cervantes acaba por señalar la vasta hipocresía del orden social que los alimenta.

Así, desde el principio leemos los constantes comentarios referidos a la naturaleza de los gitanos —incluso, increíblemente en boca de ellos mismos—, en los que se insiste en que son intrínsecamente malos, llevándose la palma lo de ser ladrones, lo cual, cuando menos, sorprende por absurdamente reiterativo y exagerado. La obra comienza con estas anáforas:

---

3   Entre las lecturas antiidealistas de *La gitanilla* que sí han observado y analizado numerosas ironías y críticas al orden social en el texto, desmontando y/o subvirtiendo, a distinto grado, la visión idealizada del mundo recreada en el romance, ver sobre todo Francisco Márquez Villanueva ("La buenaventura"), E. Michael Gerli ("Romance"; *Refiguring*), Jonathan Burgoyne ("*La gitanilla*"), William H. Clamurro (*Beneath the Fiction* 15-40; "Enchantment"), Lesley Lipson ("La palabra"), Tamara Márquez-Raffetto ("Inverting"), Alison Weber ("Pentimento"), Richard Pym ("The Errant") y Bradley Nelson ("Knowledge").

> Parece que los gitanos y gitanas solamente nacieron en el mundo para ser ladrones: nacen de padres ladrones, críanse con ladrones, estudian para ladrones, y, finalmente, salen con ser ladrones corrientes y molientes a todo ruedo, y la gana del hurtar y el hurtar son en ellos como accidentes inseparables, que no se quitan sino con la muerte. (I, 61)[4]

Posteriormente, se dice que "el sustentar su vida consiste en ser agudos, astutos y embusteros" (I, 76), y "las gitanas el nombre que por luengos siglos tienen adquirido de codiciosas y aprovechadas" (I, 88), para terminar con que ellos mismos son los que reconocen hurtar de noche (I, 102), y el hecho de que no robar o ser caritativos "era contravenir a sus estatutos y ordenanzas, que prohibían la entrada a la caridad en sus pechos, la cual, en teniéndola, habían de dejar de ser ladrones, cosa que no les estaba bien en ninguna manera" (I, 107).

Sin embargo, extrañamente, la naturaleza de esa gitana protagonista Preciosa, de "cabello de oro" y "ojos de esmeraldas" (I, 77) es otra: la niña de quince años no cumplidos es la más hermosa, discreta, aguda, excelente bailaora (I, 61), pero sobre todo la más honesta

> que la crianza tosca en que se criaba no descubría en ella sino ser nacida de mayores prendas que de gitana, porque era en extremo cortés y bien razonada. Y, con todo esto, era algo desenvuelta; pero no de modo que descubriese algún género de deshonestidad; antes, con ser aguda, era tan honesta, que en su presencia no osaba alguna gitana, vieja ni moza, cantar cantares lascivos ni decir palabras no buenas. (I, 62)[5]

---

4   Selig interpreta ese "Parece" con el que comienza la obra como una señal al lector para que se distancie del estereotipo sobre los gitanos, reflejado por la acumulación y reiteración del robar, y capte la intención del artificio, lo que en palabras del crítico implica "the intense pile-up of repeated commonplaces about gypsies," para generar un "state of non-reality" ("Concerning" 274).

5   Preciosa ha sido considerada por Forcione (*Cervantes*) "close to Cervantes as an artistic surrogate" (218) y "an alter ego of Cervantes" (219). Ver

Preciosa, no hay que olvidar, va a ser también la más honrada de las gitanas, pues por muy "desenvuelta"[6] que sea, no comete delito alguno en toda la obra. No sabe ser "truhana" y se contenta "con ser gitana y pobre" (I, 82). Todo lo cual nos va preparando para que en el instante en que descubramos al final del relato su auténtica procedencia noble, nos quedemos complacidos y reconfortados con la idea de que sólo los nobles pueden ser honrados; cuando, por otra parte, Cervantes ha ironizado sobre este tema en muchos sitios dándole la vuelta al cuestionarse con sarcasmo, por ejemplo en *Don Quijote* —y al hilo de la doble dimensión honradez/honra— aquello de "[e]l pobre honrado (si es que puede ser honrado el pobre)" (II, 22, 221).

Lo cierto es que hemos asistido hasta ese momento al desarrollo del relato de una vida en la que la discreción, agudeza, honestidad, honradez y todas las demás virtudes de Preciosa provenían de haber sido criada por la que decía ser su abuela como pobre gitana, no como ilustre paya. Sabiendo, como sabemos, y como hemos visto Cervantes considera, que son las circunstancias vitales las que en mucho determinan lo que somos, resulta harto difícil de creer y de asumir un caso como el que se narra. Sin embargo, en la línea de las asombrosas y peregrinas tramas a las que nos tiene acostumbrados el alcalaíno en estas *Novelas ejemplares*, todo acaba por encontrar sentido si se atiende al enmarque que hace el autor del asunto por el cual se transcienden y subvierten las convenciones literarias del romance.[7]

---

también Julia Farmer ("Text"). Para un retrato fisionómico y moral de Preciosa, ver Francisca García Jáñez ("Innovación").

6   Alison Weber ha visto en esa desenvoltura o procacidad que muestra la gitana en espacios públicos, donde se gana la vida, una sexualidad liberada que supone un "*contra-exempla*" del modelo social de codificación de la virtud femenina ("Pentimento" 63). Con esta actitud Preciosa no sólo desafía el ideal de honestidad prescrito para la mujer en la época, sino que echa por tierra las expectativas del lector sobre el mundo idealizado del romance.

7   Ver especialmente los incisivos estudios de Burgoyne ("*La gitanilla*") y de Márquez Villanueva ("La buenaventura") con respecto a los dobles sentidos que introduce Cervantes por boca o actuación de Preciosa a lo largo de la obra en baladas, bailes, lectura de manos, poemas y demás. Con esos dobles sentidos e ironías adscritos a las intervenciones de la protagonista, pero

El escritor urde una historia que pone en relación a dos personas aparentemente muy contrarias en su estatus pero que terminan juntas por el amor. ¡Cuántas veces lo hemos visto salir de su pluma! En ese recorrido, igual que en sus comedias de cautiverio o en *La española inglesa*, la novela nos acerca al Otro, en este caso al gitano, empatizando con él y sus vicisitudes, pues de resultas se enturbian los márgenes que dividen a payos y gitanos, nobles y don nadies, y se saca en claro que la benevolencia o malicia de las personas no depende de su clase o estirpe, por más que a cada paso machaconamente se nos insista en ello. Estas categorías no pueden sostenerse porque el paisaje —las circunstancias para Ortega— hace que las veamos como arbitrarias en el vaivén que es la vida de esos yoes. Lo que principia el deseo amoroso de don Juan, y en última instancia ocasiona la convivencia y la relación de esos diametralmente opuestos, altera el hermetismo de las categorías, de modo que los absolutos y las fronteras creadas por el *a priori* de ese orden social se agrietan, si no se rompen momentáneamente. Adviértase que eso es lo que precisamente le pide Preciosa a Juan de Cárcamo como condición para darse a él: que habite la posición del Otro, esto es, que se haga literalmente gitano por dos años, "en el cual tiempo me satisfaré yo de vuestra condición, y vos de la mía; al cabo del cual, si vos os contentáredes de mí, y yo de vos, me entregaré por vuestra esposa" (I, 86). La aceptación del noble Juan al decir: "cuéntame por gitano" (I, 86), por la que "renunciaba la profesión de caballero y la vanagloria de su ilustre linaje" (I, 103) y se convertía en el gitano Andrés Caballero, corrobora esta idea en el plan maestro de Cervantes para esta obra.

Tanto es así que, en ese ir y venir de las vidas de los personajes principales, en principio ni el ilustre es y se comporta como el orden social espera, al no sólo mezclarse sino dejarlo todo y convertirse en "esa ralea," ni la gitana tampoco. Por eso, tras escuchar la relación de ordenanzas del patriarca, donde se incluye el que los gitanos roban, mienten, e incluso matan a las mujeres que consideran adúlteras, no sorprende que Cervantes, con solapada sorna, le haga decir a don Juan que

---

también a las de otros personajes, se les da la vuelta a las convenciones del romance tradicional con el objetivo de desvelar la hipocresía y la corrupción del orden social.

se holgaba mucho de haber sabido tan loables estatutos, y que él pensaba hacer profesión en aquella orden tan puesta en razón y en políticos fundamentos, y que sólo le pesaba no haber venido más presto en conocimiento de tan alegre vida, y que desde aquel punto renunciaba la profesión de caballero y la vanagloria de su ilustre linaje, y lo ponía todo debajo del yugo, o, por mejor decir, debajo de las leyes con que ellos vivían. (I, 103)

Algunos críticos, como Sieber ("Preliminar" 20-21), Burgoyne, Hart (*Cervantes' Exemplary* 37), Clamurro (*Beneath the Fiction* 15-40), o Wendell Smith ("What's" 169-70), entre otros, han defendido, de una u otra forma, y no por ignorar la ironía en el pasaje, que don Juan no abandona por completo su mundo y realidad de aristócrata al meterse a gitano, pues mantiene el "cordón umbilical" (Burgoyne, "*La gitanilla*" 384) que le une a ese mundo y sus privilegios, el dinero. Con él restituye a las víctimas lo que los gitanos le obligan a robar, quebrantando la "ley" gitana que no admite que entre la caridad en sus pechos (I, 107). Sin embargo, ese dinero es claramente puesto en manos de la comunidad gitana desde el instante en que el noble entra en ella, pues lo contrario sería contravenir la mayor de sus explícitas normas: el que todo es propiedad común, excepto la mujer (I, 101). El dinero que trae Juan es cosa que a ninguno de los miembros se les escapa y por lo que sus nuevos compañeros hacen hasta fiestas: precisamente lo que ocurre cuando en su primera acción en el aduar don Juan reparte doscientos escudos como contrapartida al mes que le dan de licencia para aprender el oficio de ladrón. Consecuentemente, ese dinero, al igual que su estatus, caen bajo el ponerlo "todo debajo del yugo, o, por mejor decir, debajo de las leyes con que ellos vivían" (I, 103). El pagar de su bolsillo los latrocinios de sus compañeros o los suyos propios no hace más que reforzar la honestidad de don Juan bajo la identidad gitana de Andrés; identidad en ningún momento cuestionada por sus compañeros en la obra, entre otras cosas, porque era, junto con Preciosa, el que más dinero generaba para el clan, por eso el narrador dice "desta manera iba el aduar rico, próspero y contento" (I, 108). Esta honestidad de Andrés es paralela a la de la gitanilla, a la que a la postre se le descubrirá una ascendencia ilustre. Todo lo cual es congruente con un claro objetivo de la obra: la defensa de la caridad y la virtud. En el mundo novelesco cervantino, Don Juan llega a ser tan Andrés, como Preciosa, Constanza. Por eso, si hubiera duda de la genuina intención del ilustre de meterse a gitano —tal cual se desprende de la opinión crítica de Carol Koch ("El silencio" 82) o Ann Wiltrout ("Role" 388)—, la obra subraya el hecho significativo de que al final, y después de haber sido fuertemente castigado en prisión, el noble Juan no renuncia a ser el gitano Andrés. Por tanto, cual gitano no confiesa bajo tortura, una de las cualidades de las que más se precian los suyos (I, 101-02) y, por lo mismo, no echa mano de su pecunio o de su alcurnia para salvar el cuello de la horca.[8]

Por su lado, Preciosa, con las rotundas palabras "por la ley de mi voluntad, que es la más fuerte de todas" (I, 103), se niega a aceptar el estatuto gitano que la entrega a un hombre, en este caso a Juan (Andrés), en su ceremonia de entrada a la comunidad gitana; ley que es, según cuenta previamente el patriarca de dicha comunidad, inviolable. Estamos ante una nueva Marcela (*Don Quijote* I, 14), pero cuidado, no una ilustre pastora, sola y enajenada del mundo en una indeterminada época, sino una pobre gitana, a comienzos del XVII, rodeada de prejuicios sociales y morales, perseguida por los edictos de los poderes públicos,[9] que rehúsa verse constreñida hasta ese punto por el orden patriarcal de su comunidad y reivindica frente a ella sus propias condiciones para darse a Andrés:

---

8   Sobre el papel del comercio, la valía material, la transacción y el dinero en esta obra, ver además de las anteriores, Robert ter Horst ("Une Saison"), Peter Dunn (*"Novelas ejemplares"*), Joan Ramon Resina ("Laissez Faire"), Carroll B. Johnson (*Cervantes* 93-114), Francisco J. Sánchez ("Theater"), Pilar Alcalde ("El poder"), Charles Presberg ("Precious") y Emilio José Álvarez Castaño ("Idealismo").

9   Durante 1609 y sobre todo en 1610, alrededor de la fecha en la que esta novela fue escrita, se promulgaron varios edictos y pragmáticas de expulsión de los gitanos, tanto de la villa de Madrid, como de la península, coincidiendo así con los de la expulsión de los moriscos. Ver especialmente Rey Hazas ("Novedad"). Para documentar la historia de los gitanos en la peninsula, ver Lou Charnon-Deutsch, Pym (*The Gypsies*) y María Helena Sánchez Ortega.

> Dos años has de vivir en nuestra compañía primero que de la mía goces [...] Condiciones rompen leyes; las que te he puesto sabes: si las quisieres guardar, podrá ser que sea tuya y tú seas mío" [...] Estos señores bien pueden entregarte mi cuerpo; pero no mi alma, que es libre y nació libre, y ha de ser libre en tanto que yo quisiere. (I, 103)[10]

En el fondo la gitanilla está reclamando para la pareja un tiempo de cortejo o noviazgo para comunicarse, conocerse y apreciarse —en la línea humanista de entendimiento del matrimonio como 'amistad conyugal de por vida' (*affectus conjugalis*) defendida por Erasmo, Molina ("Sermón") o Luján (*Coloquios*)—, y poder tener así una relación más auténtica y duradera, más allá del simple deseo de poseerla que, teme ella, pueda tener ahora Juan.[11] Por eso defiende su virginidad y rechaza el dinero ofrecido como supuestas arras matrimoniales diciendo:

> Una sola joya tengo, que la estimo en más que a la vida, que es la de mi entereza y virginidad, y no la tengo de vender a precio de promesas ni dádivas, porque, en fin, será vendida, y si puede ser comprada, será de muy poca estima (I, 85); [...] no querría yo que fueses tú para conmigo como es el cazador, que en alcanzando la

---

10   Como bien dice Rey Hazas ("Novedad") de la gitana Preciosa, es "evidente de [sic] que cada uno se hace su destino con su voluntad, como los sitiados de *La Numancia*, o como el mismo don Quijote, a contrapelo de las circunstancias, tal y como hacen siempre los más destacados personajes cervantinos, en cuya galería de honor se encuentra con pleno derecho, junto a la Marcela quijotesca" (38). Para Maestro, Preciosa es el personaje cervantino más racionalista (*Las ascuas* 54), en una colección en la que la racionalidad supone una de las características más sobresalientes que definen a los personajes y sus discursos.

11   Por eso la gitana dice: "No quiero juramentos, señor Andrés, ni quiero promesas; sólo quiero remitirlo todo a la experiencia deste noviciado, y a mí se me quedará el cargo de guardarme, cuando vos le tuviéredes de ofenderme" (I, 104). Para Luis Rosales, la estadía de Juan con los gitanos es "un rito de purificación" y la intención de Preciosa es *espiritualizar* la inclinación" de su enamorado (*Cervantes y la libertad* I, 308; énfasis en el original). Lo mismo en esencia opinará Forcione (*Cervantes* 154).

liebre que sigue, la coge y la deja por correr tras la otra que le huye. [...] Esta mi hermosura que tú dices que tengo, que la estimas sobre el sol y la encareces sobre el oro, ¿qué sé yo si de cerca te parecerá sombra, y tocada, cairás en que es de alquimia?. (I, 103-04)

Esta actitud de la joven también la coloca sobre las huellas del dogma del matrimonio cristiano, aquél que únicamente se deshace con la muerte: "Dos años te doy de tiempo para que tantees y ponderes lo que será bien que escojas o será justo que deseches; que la prenda que una vez comprada, nadie se puede deshacer della sino con la muerte" (I, 104). Por último, al final del pasaje, Preciosa reitera su rechazo a las que llama salvajes e insultantes leyes de la comunidad gitana, promoviendo la libertad individual en la mujer de aceptar y escoger pareja, y evitar así en lo posible el antojadizo abandono, el castigo e incluso el asesinato a manos del hombre: "que yo no me rijo por la bárbara e insolente licencia que estos mis parientes se han tomado de dejar las mujeres, o castigarlas, cuando se les antoja; y como yo no pienso hacer cosa que llame al castigo, no quiero tomar compañía que por su gusto me deseche" (I, 104).[12]

---

12   Muchos críticos han estudiado la representación que se hace de los gitanos en la obra. Ver la visión ambivalente que se presenta de ellos según Rosales (*Cervantes y la libertad* I, 297-304), Lowe (*Cervantes* 37-39) o Forcione (*Cervantes* 184-92). Joseph Ricapito (*Cervantes's*) piensa que la descripción hecha por el patriarca de la vida y costumbres gitanas, "a paean to a society untouched by concerns such as honra" (33), constituye "an attempt by Cervantes to present a sympathetic picture of the values by which Gypsies lived" (13). Lo contrario argumenta en respuesta al mismo episodio Colin Thompson ("'Horas'" 88-89). Steven Hutchinson ve a "much more favorable if still ambivalent portrayal of them in 'La gitanilla'" (*Cervantine* 180), en la línea de Isaías Lerner que habla de "una visión equilibrada y, por esto mismo, en el contexto histórico de los lectores a quien iba dirigida, ambigua, de este extraño grupo humano de la sociedad española" ("Marginalidad" 57). El análisis crítico más ponderado del asunto lo encuentro en el nutrido artículo de Rey Hazas ("Novedad"). Para un análisis de los gitanos en esta *ejemplar*, otras obras cervantinas como *El coloquio de los perros* o *Pedro de Urdemalas* y en fuentes historiográficas del periodo, ver Agustín González de Amezúa y Mayo (*Cervantes*), Marie Laffranque ("Encuentro") y Pym ("The Errant").

Es ciertamente revelador, como bien han señalado Weber, Clamurro y Burgoyne, entre otros,[13] que lo que en Preciosa es autonomía, libertad, locuacidad y fuerza de voluntad, se pierde por completo y cambia en obediencia, contención y sumisión al recuperar la joven su identidad aristocrática al final y convertirse en Constanza. Como gitana, Preciosa ha llorado al que considera su esposo momentos antes, y sin embargo, como Constanza, cuando sus padres le preguntan "si tenía alguna afición a don Juan. Respondió que no más de aquella que le obligaba a ser agradecida a quien se había querido humillar a ser gitano por ella; pero que ya no se extendería a más el agradecimiento de aquello que sus señores padres quisiesen" (I, 129). Clamurro piensa que "this before-and-after contrast suggests that for Cervantes the world of the gypsies, as he constructs it here, and the obvious anomaly of the young woman's freedom and force of will, all serve to provide the author and his story with a field of meta-realistic exploration and expression" ("Enchantment" 75-76). Mientras que para Weber, ese contraste en la protagonista es la prueba de que el texto "bears the trace of conflicting artistic and ideological allegiances" ("Pentimento" 72). Burgoyne, por su parte, explica la evolución del personaje de un modo más acertado, a mi entender, de acuerdo al plan cervantino en la novela:

> Although Preciosa does indeed represent these humanist ideals while she is a gypsy, what happens to her "espiritillo fantástico" and free will once she returns to ordered society provides another glimpse of the "moral emptiness" of that world. Rather than the empowered and autonomous subject that transcends both the laws of the gypsy band, and the corrupt codes of structured society, her will is completely subservient and ultimately silenced by the oppressiveness of her rediscovered identity. ("*La gitanilla*" 390)[14]

---

13   Ver también Julio Rodríguez-Luis (*Novedad* I, 138), Gerli ("Romance" 37), Theresa Sears (*Marriage* 141), Pym ("The Errant" 25, 30), Julio Baena (*Discordancias* 180), Koch ("El silencio" 85) y Kátia Sherman ("Scepticism" 30-31).

14   Ruth Fine (*Reescrituras*) ha analizado la concatenación de metáforas bíblicas en los primeros poemas de la obra mediante los que se despliega y anticipa la ulterior evolución de Preciosa de "paloma" (aparentemente man-

Además, esta actitud sumisa de la ahora Constanza sirve para recordarnos, con el trasfondo de subjetividad y voluntad libres de la otrora Preciosa, el humanismo cristiano de Cervantes. Un pensamiento crítico de la alienación que viven las mujeres en matrimonios forzados, o de conveniencia nobiliaria, como el que —por más deseado que sea conforme al amor de los dos jóvenes— termina dándose aquí; así como aquéllos tan comunes en esa sociedad entre ilustres ricos viejos y jovencitas que el complutense satiriza, entre otros, en *El viejo celoso*, o en *El celoso extremeño*.[15]

---

sa), a "leona" (en defensa de su honestidad), y por último a "cordera" (sumisa) (123-29). Fine piensa que esta representación pone de manifiesto la ambivalencia cervantina en la novela: "sin duda, estas trasposiciones invitan a la lectura irónica, pero ésta—muy cervantinamente—, nunca es absoluta y deja entrever resquicios por los que se introduce el deseo, portador de una visión utópica no exenta de melancolía. Se trata de aquel deseo que aspira a que los jardines edénicos y las anagnórisis colectivas e individuales puedan tener una actualización, incluso parcial, cuya proyección socialmente reparadora fuera capaz de desestabilizar los estereotipos y prejuicios sociales, restituyendo o generando una condición de libertad de acción y de conciencia históricamente ausente" (129).

15   Por eso, quizá, Carroll Johnson interpreta el final de *La gitanilla* no como "the celebratory resolution of problems typical of romance, but as something much darker, an ironic meditation on women's place in the patriarchal/aristocratic order that approaches tragedy" (*Cervantes* 114). En el extremo opuesto, J. Ignacio Díez Fernández ("*The Rest*") le ha quitado hierro a todo este asunto diciendo que ese silencio de Preciosa no es algo inusitado, ni implica robarle la libertad, sino que es parte de "una suerte de obligación narrativa que afecta a los demás personajes" en la obra y que se da en los finales de otras *ejemplares* (69). Por su lado, a la estela de L. J. Woodward ("*La gitanilla*") que consideraba el cambio en la protagonista como una mera estrategia, Dayamí Abella Padrón ("La gitanilla") defiende que esta sumisión de Preciosa indica la inteligencia de la gitana en el uso de la palabra, o "el poder seductor del lenguaje" (18), para sacar mayor provecho de cualquier situación, como ha hecho hasta ahora. Todo en ella es acomodaticio: su locuacidad y su silencio. Helena Méndez Medina, en la misma línea, lo llama "el silencio elocuente" (84-102) por el que la gitanilla no rinde su voluntad, sino que se acomoda a sus nuevas circunstancias vitales en tanto hija de noble. Para Stephen Boyd ("El misterio"), Preciosa "representa una concepción

Dicho esto, con mucha razón, Javier Herrero ("La genealogía") ha explicitado que estas actitudes antitéticas de Preciosa en su contexto ideológico-cultural no pueden reconciliarse, pues se trata de "dos discursos contradictorios" (126): por un lado está el de la libertad, la autonomía, el descaro, y la unión desigual —en 'matrimonio de amor'— de la gitana con don Juan, que representa el ideal del humanismo renacentista utópico de raíz erasmista; y por otro, se encuentra el de la obediencia, la sumisión y el silencio, que representa el ideal del matrimonio cristiano del humanismo burgués predicado por los moralistas del XVI (128-29). De aquí se sigue que "el núcleo del discurso utópico está constituido por el tema de la libertad, una libertad que se basa en la virtud, en los valores del alma frente a aquellos que se fundan en la posición social, en los privilegios del nacimiento o la fortuna" (129), los cuales forman parte de un "discurso degradado" (129, 137, 139), promovido por la moral clasista y jerárquica del orden social. Según Herrero, Cervantes expondrá el corazón de esta dialéctica mediante el despliegue y sucesión de temas e imágenes en los poemas insertos en la novela, desde los primeros versos del romance a Santa Ana a aquellos últimos del canto final de Preciosa. Temas que tendrán un impacto decisivo en la tesis fundamental de la *ejemplar* que exalta la humildad y la virtud, personificadas en la enamorada, libre y locuaz Preciosa, por encima del linaje, rodeado de intriga y corrupción, personificado en la sumisa e hipócrita Constanza. Todo lo cual da puntual cuenta del cambio operado en la heroína.

---

dinámica del yo y de la identidad personal como algo esencial y performativo al mismo tiempo. De hecho, es precisamente la seguridad de su autoposesión lo que le permite hacer el papel de la hija sumisa ante sus padres" (14). Por último, Paul Lewis-Smith ("Cervantes' Improper") piensa que esta novela está inspirada en una "comedia de capa y espada/de enredo" e interpreta la evolución de Preciosa y el final como algo providencial y humorístico: "the *novela*'s ending is providential, does not depict the tragic destruction of the heroine's personality, and does not depict a travesty of justice. It does represent a complex and semi-humorous test of reader's judgement in which Cervantes is representing himself to a wise elder as a discreet fusion of the literary professional who knows which side his bread is buttered and literary rebel" (188).

En *La gitanilla* asistimos al despliegue de dos personajes dobles. Por un lado, tenemos a Preciosa/Constanza (gitana y noble), un tipo de personaje híbrido y raptado, como Isabel en *La española inglesa*, alguien que sirve para repensar las categorías estrictas y excluyentes, y trascender los tipos sociales. Pero lo mismo pasa con Juan, caballero de la orden de Santiago que se hace gitano (Andrés) al enamorarse de Preciosa.[16] Es tal la extrañeza y gravedad del caso provocada por la "poderosa fuerza de amor y las transformaciones que hace hacer a los que coge debajo de su jurisdicción y mando" (I, 112-13), que el narrador interviene en un momento dado para sopesar hasta qué punto la hermosura de Preciosa mueve la voluntad de Juan, y provoca lo que anteriormente en boca de la gitanilla "son cosas que parecen imposibles" (I, 93). Esto es, los sucesos que aquí se cuentan por los que un caballero mozo de muy buen entendimiento, criado en la Corte, de ricos padres,

> desde ayer acá ha hecho tal mudanza, que engañó a sus criados y a sus amigos, defraudó las esperanzas que sus padres en él tenían, dejó el camino de Flandes, donde había de ejercitar el valor de su persona y acrecentar la honra de su linaje, y se vino a postrarse a los pies de una muchacha, y a ser su lacayo, que, puesto que hermosísima, *en fin, era gitana*: privilegio de la hermosura, que trae al redopelo y por la melena a sus pies a la voluntad más exenta. (I, 106, énfasis mío)

Por tanto, esta relación y lo que representa en la obra es ciertamente una gran contribución por parte de Cervantes al pensamiento humanista cristiano, como opina Forcione (*Cervantes* 21). Sin embargo, el espíritu erasmista que lo inspira va más allá del respeto estricto de los ideales de la teología tridentina en cuanto al matrimonio, atestiguados por las

---

16 Wendell Smith ha analizado la evolución de Preciosa en Constanza y la de don Juan en Andrés Caballero desde una perspectiva distinta, lo que él llama "trayectorias cruzadas" ("What's" 154, 170, 174). Una visión basada en el anclaje que cada personaje tiene en las convenciones del romance bizantino, o el caballeresco, respectivamente. El crítico concluye que "'La gitanilla' is an attempt to marry these two types of romance" (179) pero sin suscribir los valores implícitos de este género (156-57).

circunstancias del convencional desenlace —las cuales exigen amonestaciones, canonización por parte del sacerdote, consentimiento de los padres—, pues son mujer gitana y noble payo, no lo olvidemos, los que desde una primera hora se atraen y eligen libre y racionalmente vivir, tras la "gitanización" de él, en recíproca y consensuada amistad, a la espera, pero sin la necesidad, de la confirmación sacramental. Por eso estoy fundamentalmente de acuerdo con Márquez Villanueva cuando defiende que:

> En *La gitanilla* hombre y mujer eligen libre y racionalmente la vida en mutua amistad bajo el vínculo del sacramento, garantía a su vez de una sociedad armónica y en paz consigo misma. Más aún, uno de los grandes secretos cervantinos, su visión amable y positiva de la condición humana, es relacionado muy de cerca con el optimismo de Erasmo en lo relativo a la restauración de la naturaleza bajo un concepto teológico cristiano [...] En rigor, el mundo gitano no es ni rousseauniano ni demoníaco, sino una alternativa vital llena de relatividades y de saldo, en todo caso, más favorable que la viciosa holganza cortesana. [...] De un modo u otro, es ese ámbito gitano el que hace posibles la puesta a prueba y el crecimiento del amor puro bajo condiciones de sana libertad, porque aun sin ser perfecto no se impone como coacción al individuo. Con todo ello saca ya ventaja a ese otro mundo nobiliario y convencional que termina por reclamar para sí a la pareja. Nótese que si el matrimonio canónico se hace posible en el decantado desenlace "ejemplar," no es debido a ninguna razón de orden superior, sino porque ambas familias ven en ello una alianza socialmente ventajosa y nada más. ("Erasmo y Cervantes" 125-26)

El novelista nos va a llevar por los caminos ya trillados de su quehacer escritural, incluyendo la típica práctica cervantina del final convencional muchas veces incongruente con el desarrollo que se ha seguido hasta ese momento. En este caso, varios de los elementos desplegados en la trama no tienen sentido en pos de la ejemplaridad moral que asume el estratificado sistema de orden social basado en la alcurnia. La historia principal está plagada de inconsistencias, ambivalencias o incongruencias en los detalles, todos ellos insertados para alertarnos críticamente. De este modo, los gitanos son intrínsecamente malos, mienten, roban, matan, como hemos visto, tanto es así que, según el Corregidor, deberían de ser exterminados (I, 130). Sin embargo, el complutense hace de su protagonista, Preciosa, ésa que ha sido criada desde su infancia como gitana, la persona más honrada de todas. Y si ésta lo es porque en el fondo es noble, como en un principio podría entenderse y a la postre justificarse —algo que ha hecho la mayoría de la crítica que se ha centrado en el simbolismo de la obra—, su así llamada "abuela," la vieja gitana que le ha enseñado todas las tretas del mal vivir, bajo ningún concepto debería de mostrar bondad o caridad, pues, según el texto, es ir contra su propio ser. Empero, contrariamente, la vieja gitana es la que confiesa la verdad y se sacrifica por salvar al noble Juan de la condena a muerte, "aunque [dice ella] a mí me cueste la vida" (I, 126), al tiempo que pierde a Preciosa al devolverla a sus padres biológicos. Todo ello cuando como gitana no le cabe ser caritativa o generosa, pues es opuesto a su naturaleza, que le lleva a ser mala, o a sus estatutos gitanos, como se ha venido diciendo desde el principio. Por tanto, la vieja gitana en su altruismo, —"la más arriesgada y generosa muestra de desprendimiento y falta de codicia" según Lerner ("Marginalidad" 49); "an act of physical annihilation in the service of charity, love and friendship" según Presberg ("Precious" 66)—, al final se sacrifica a partes iguales por don Juan y por Preciosa. Ésa es la ejemplaridad inserta en el personaje Otro que construye Cervantes mediante la cual no sólo resulta incongruente la lectura hecha hasta aquí, sino que se socava la noción de que la bondad viene de la "buena sangre" (I, 107). La benevolencia se halla condicionada por las circunstancias vitales que conforman a las personas y las acercan, o no, a la virtud, pero es una elección del individuo y no depende de la alcurnia, ni en el caso de Preciosa, como programáticamente se nos quiere hacer ver, ni, obviamente, en el de la vieja. El genuino cariño que la anciana siente por la joven a la que quiere como una hija —la cual acaba de pedir se le castigue a ella y no al que llama por primera vez "esposo" (I, 126)—, la bondad y entereza de Juan —quien no revela su identidad noble tras sufrir "muchos martirios y vituperios, que el indignado alcalde y sus ministros y todos los del lugar le hicieron" (I, 124)—, y el verdadero y honesto amor que se tienen los jóvenes durante toda la obra han hecho mella en la vieja gitana para llevar a cabo el acto más caritativo y generoso de todos: dar su vida por la felicidad de ambos.[17] Son estas específicas circunstancias la causa de que el personaje se incline a confesar la verdad del que llama "un gran pecado mío" (I, 127), aportando a propósito un papel autoinculpatorio. Asimismo, se justifica el que "hincándose de rodillas" les diga al Corregidor y a su esposa "aquí estoy para recibir el castigo que quisiéredes darme" (I, 127). Estas vicisitudes, y, sobre todo el cariz compasivo que la obra exalta, hacen que finalmente la gitana salve la vida.

No es esto lo que opina Eric D. Mayer ("Cervantes"), quien ha analizado las concomitancias y diferencias que hay en el proceso de anagnórisis que despliegan la obra de Cervantes y las *Etiópicas* de Heliodoro, —potencial fuente para la escritura de *La gitanilla* que ya apuntara Rudolph Schevill (1906-07) y que otros críticos como Brioso Sánchez y Brioso Santos han desestimado ("De nuevo" 306-07)—. Mayer, por un lado, vuelve a rescatar la obra de Heliodoro como antecesora del tema, y por otro, se afana en defender que, en el proceso de reconocimiento que catapulta el final de la *ejemplar*, la abuela gitana, dada su catadura moral durante toda la obra, no puede pasar de ser una embustera a una mensajera de la verdad (107). El crítico esencialmente defiende que el documento que la vieja presenta es premeditado "a prepared document, ready to use to prove Preciosa's identity on a generally predetermined occasion, at which time it would be presented at the discretion of the grandmother, the possessor of the document. [...] Now the question arises as to *why* would the grandmother feel the need to prepare herself for an eventual meeting with Preciosa's parents? Under what circumstances so dire could she foresee needing to divest herself of her adopted granddaughter and most lucrative performer?" (110). En definitiva, la vieja únicamente puede actuar conforme a su condición a lo largo de toda la obra, en beneficio

---

17 El narrador dice que la vieja gitana, al contar la historia de Andrés Caballero, "contó también el concierto que entre Preciosa y don Juan estaba hecho de aguardar dos años de aprobación para desposarse o no. Puso en su punto la honestidad de entrambos y la agradable condición de don Juan" (I, 129).

de sí o de su propio clan, "out of self-interest and/or self-preservation (rather that altruism) and that the document is now being used for its intended purpose" (111). Además, "the text offers no information to suggest that the grandmother has experienced any change of world view by the end of the story" (111). Pues bien, el cambio que el crítico no ve sí lo presenta Cervantes en los detalles del proceso de anagnórisis. La vieja gitana ha presenciado el castigo al que está siendo sometido Andrés, teme el asegurado ajusticiamiento del joven, es testigo del sufrimiento que esto está causando en Preciosa, y presagia el efecto que el caso puede tener en el resto de los gitanos retenidos, pendientes aún de resolución judicial. Todo ello causa que la anciana se compadezca de ambos jóvenes, dado el amor que se tienen, y decida abrir su pecho para favorecer su unión, con la esperanza de que la verdad le brinde a ella el perdón. Por supuesto que el cofre que la anciana ahora trae fue hurtado con la criatura para que, en caso necesario, sirviera para señalar a su dueña o a la niña y negociar con su devolución la salida de un aprieto, como es habitual en la vida gitana, según el texto. No obstante, el papel que, sin duda, prepara la vieja para aportar con el cofre, no es algo que la gitana escribiera y colocara premeditadamente dentro de él hace unos quince años cuando raptó a la niña, sino algo de seguro pergeñado en ese momento, pues no contiene una revelación al uso, sino una autoinculpación absolutamente innecesaria marcada por el verbo "desparecíla" (I, 127). Es decir, en principio la gitana no tiene en absoluto por qué revelar quién raptó a la niña (podría haber sido otra u otro de su aduar el que le dio el cofre y le dijo o escribió lo que ese papel transmite), y menos admitir que ha sido ella, pues con los dijes en el cofre y el aporte de la fecha del robo todo hubiera tenido el mismo resultado. Sin embargo, la vieja no sólo proporciona el papel con ese "desparecíla" sino que confiesa ante la madre diciendo "yo la hurté en Madrid de vuestra casa el día y hora que ese papel dice" (I, 127). Por tanto, no me atrevo a elucubrar si por arrepentimiento, pero definitivamente por ganas de expiar su culpa, es por lo que la gitana revela la verdad, esperando como dice el texto "alcanzar en albricias el perdón de un gran pecado mío" (I, 127). No atina Mayer tampoco cuando manifiesta que "the notion that Don Juan/Andrés is freed owing to the grandmother's 'sacrifice' is incorrect. Proving his nobility via the insignia of a military order on his clothing is what allows him to be freed" (110). En verdad es la vieja la que puntualmente desvela también los detalles de la identidad de Don Juan y la que se encarga personalmente de proveer esos "vestidos" (I, 129) que atestiguan su nobleza. Y si nos preguntamos ¿qué ganaba la gitana con salvar a don Juan? Ningún beneficio material, pura y simplemente el tratar de librarlo de la horca para que pudiera estar con Preciosa. Nótese que Andrés, durante todo este tiempo, no ha querido revelar su nobleza, lo que prueba que está dispuesto a morir como gitano, algo que sin duda conmueve a la vieja. En definitiva, la anciana gitana realmente se sacrifica por ambos jóvenes, poniendo su vida en manos del Corregidor al autoinculparse innecesariamente. Es ella la encargada de llevar a cabo la anagnórisis de los dos personajes y la artífice, tras "su sacrificio," de que esa unión final se dé. Por otro lado, es bueno recordar, como hace Mayer, el hecho de que, de resultas de la descubierta nobleza de Preciosa, el clan ha conseguido una potencial protectora y amiga de la comunidad romaní en persona rica y principal, algo que al parecer era práctica estratégica habitual de los gitanos en el siglo XVI. Incluso, éstos buscaban en la gente noble padrinos para sus hijos y adoptaban sus apellidos, como apunta Carroll Johnson (*Cervantes* 96).

Cervantes pone de manifiesto durante toda la obra las categorías excluyentes del sistema social con respecto a los gitanos. Por eso, ya desde el principio la gente se admira del desparpajo de Preciosa diciendo: "¡Lástima es que esta mozuela sea gitana!" (I, 65). Igualmente, tras revelarse la verdad sobre su hija, le hace decir a la Corregidora estas palabras a la vieja: "Mujer buena, antes ángel que gitana" (I, 127) y, en la misma vena, el Corregidor le recrimina: "que sólo le pesaba de que, sabiendo ella [vieja] la calidad de Preciosa, la hubiese desposado con un gitano" (I, 128). Además, la propia gitanilla, cuando al final es preguntada por sus padres si quería a don Juan, respondió que no más de lo que le obligaba a estar agradecida a quien se había querido rebajar a ser gitano por ella. Sin embargo, al mismo tiempo, Cervantes se ocupa de salpicar la obra con pasajes que, bien de manera directa o soterrada, ofrecen un contraste a esa visión estereotípica que estigmatiza a los gitanos. De ese modo, Preciosa alardea de la honradez y bondad de algunas gitanas delante de los Cárcamo: "—No todas somos malas —

respondió Preciosa—; quizá hay alguna entre nosotras que se precia de secreta y de verdadera tanto cuanto el hombre más estirado que hay en esta sala. Y vámonos, abuela, que aquí nos tienen en poco. ¡Pues en verdad que no somos ladronas ni rogamos a nadie!" (I, 95). Por su parte, Andrés cura y aloja a un hombre —que resulta ser don Sancho—, diciendo con doble ironía, que incluye la autorecriminación a la etnia: "Veníos con nosotros, que, aunque somos gitanos, no lo parecemos en la caridad" (I, 108). Y más adelante: "Llegóse a él Andrés y otro gitano caritativo —que aun entre los demonios hay unos peores que otros, y entre muchos malos hombres suele haber alguno bueno—" (I, 109). Por último, don Sancho, el paje de persona principal que anda huyendo de la justicia en el aduar gitano, después de conocer la historia de amor entre Juan y Preciosa les dice desear el matrimonio de ambos con la bendición de sus respectivos padres y el que tengan una hermosa descendencia:

> yo pienso pagártelo en desear que estos enredos amorosos salgan a fines felices, y que tú goces de tu Andrés, y Andrés de su Preciosa, en conformidad y gusto de sus padres, porque de tan hermosa junta veamos en el mundo los más bellos renuevos que pueda formar la bien intencionada naturaleza. Esto desearé yo, Preciosa, y esto le diré siempre a tu Andrés, y no cosa alguna que le divierta de sus bien colocados pensamientos. (I, 118)

Es de notar que, contrariamente a lo que esa sociedad, y menos la nobleza, podría aceptar, don Sancho está viendo con buenos ojos la unión entre gitana y noble y el fruto de ella. Incluso después de que Preciosa le haya pedido que no convenza de lo contrario a Juan para que la deje, dada la diferencia de clase y linaje de ambos, lo cual obviamente la gitana sabe que el orden social reprobaría: "no afees a Andrés la bajeza de su intento, ni le pintes cuán mal le está perseverar en este estado" (I, 118). Con todo ello se corrobora que en *La gitanilla* Cervantes pone a prueba los rígidos constructos prescritos acerca del linaje o de la etnia por el orden social. Más notablemente, al hacer que Preciosa sea la más honrada, que la vieja romaní se sacrifique caritativamente por el noble y por Preciosa, y que el amor lleve al ilustre Juan a convertirse en gitano

—a "humillar" su estirpe, ocupando literalmente la posición social y circunstancias vitales del Otro que de suyo lo obligaban a robar—, se demuestra que la virtud no está ligada al linaje.

Además, por esa razón, a lo largo de la novela, Cervantes realiza una incisiva crítica a algunos de los que supuestamente deben ser los garantes de esa honradez conforme a su nobleza. En sendos pasajes, tanto Preciosa como la vieja gitana descubren y ponen en solfa la vacuidad moral y holgazanería de los nobles cortesanos, así como las corruptelas de los miembros de los poderes públicos dedicados a impartir justicia, sean jueces, escribanos o procuradores. Aquella gitanilla Preciosa que denunciaba las salvajes leyes impuestas por el patriarcado en el ámbito de su comunidad, se encarga ahora de hacer lo propio con la depravación de los que estructuran y personifican los códigos del orden social. De este modo, en la casa de juego donde se hayan perdiendo el tiempo los cortesanos, tras un rifirrafe verbal entre un teniente (Alguacil mayor) y Preciosa, ésta termina por acusarlo de lo que es práctica entre los poderosos, sobornar a la justicia: "Coheche vuesa merced, señor tiniente; coheche, y tendrá dineros, y no haga usos nuevos, que morirá de hambre" (I, 81). Más adelante expone los manejos de los cortesanos diciendo: "en algunos palacios más medran los truhanes que los discretos. Yo me hallo bien con ser gitana y pobre" (I, 82). Por su parte, la vieja gitana acepta los cien escudos que Juan le da en prueba de sus intenciones de pretender a Preciosa. Pero al hacerlo, alude a que si las gitanas son "codiciosas y aprovechadas," los jueces, escribanos y procuradores se corrompen y aceptan todo tipo de sobornos por los que los gitanos se libran de la cárcel y los castigos: "¿habrá favor tan bueno que llegue a la oreja del juez y del escribano como destos escudos, si llegan a sus bolsas? (I, 88); y posteriormente: "Por un doblón de dos caras se nos muestra alegre la triste del procurador y de todos los ministros de la muerte, que son arpías de nosotras las pobres gitanas, y más precian pelarnos y desollarnos a nosotras que a un salteador de caminos" (I, 89). Cervantes, por boca del Otro gitano, está desnudando claramente la hipocresía de la aristocracia y la corrupción del sistema de poder en su época, las dos instancias que reestablecen el orden al final. Precisamente, como ya vio Michael Gerli ("Romance" 33), el propio Corregidor únicamente escucha lo que tiene que decir la vieja cuando ve que ésta trae un cofre del que él piensa pueda salir algún soborno: "Volvió la gitana con un pequeño cofre debajo del brazo, y dijo al Corregidor que con su mujer y ella se entrasen en un aposento, que tenía grandes cosas que decirles en secreto. El Corregidor, creyendo que algunos hurtos de los gitanos quería descubrirle, por tenerle propicio en el pleito del preso, al momento se retiró con ella y con su mujer en su recámara" (I, 126-27). Por eso, es todavía más llamativo el que haya opiniones críticas que, de una manera más o menos consistente, siguiendo el simbolismo del romance, defiendan lo que Forcione en su día:

> As the action moves out of the lower world toward its celebrative conclusion, Cervantes carefully draws attention to the ways in which the restored order is distinguished from its demonic counterpart. Just as the allusion to the banns emphasizes all that separates the civilized marriage rite from the Gypsy union of man and woman, so the description of the self-control and moderation of the local mayor following Juan's arrest draws our attention to the difference between the proper judicial procedures of civilization and the barbarous justice of the Gypsies ("no vamos a la justicia a pedir castigo: nosotros somos los jueces y los verdugos de nuestras esposas"; "Bien quisiera el Alcalde ahorcarle luego, si estuviera en su mano; pero hubo de remitirle a Murcia, por ser de su jurisdición. (*Cervantes* 155n113)

Forcione flagrantemente olvida las palabras del que está obligado a impartir justicia al prisionero, el Corregidor, quien dice a Andrés, sin ningún "auto-control o moderación" y más propio de "la justicia bárbara gitana," que encadenaría y mataría a todos los gitanos españoles si estuviera en su mano: "¿Cómo está la buena pieza? ¡Qué así tuviera yo atraillados cuantos gitanos hay en España, para acabar con ellos en un día, como Nerón quisiera con Roma, sin dar más de un golpe!" (I, 130). Esta intervención refleja el sentir mayoritariamente común en esa sociedad en las fechas en las que se decreta su expulsión de Madrid (1609), coincidiendo además con la de los moriscos en el conjunto de la península. Por eso nos preguntamos ¿de qué "civilización" y "apropiados procedimientos judiciales" estamos hablando?, ¿es ésta mejor justicia que la gitana? Además, si bien las palabras del Corregidor hacen referencia a la tradición de acuerdo con la cual Nerón dijo que deseaba que los romanos (ahora los gitanos) tuvieran una sola cabeza para así poder cortarla de un golpe, también dan pie a argüir, como ha hecho Bradley Nelson, que puedan estar refiriendo a la persecución y martirio que el emperador ejerciera sobre los primeros cristianos, con las consecuencias que de esto se derivan si se aplican a los actuales gitanos:

> this is an amazingly problematic comparison on a number of levels, most immediately because Nero's principal role in the persecution and martyrdom of early Christians is a Classical commonplace. In terms of structural irony, the early modern persecution of the gypsies is implicitly juxtaposed to the persecution of the early Christians in Rome, effecting a complete role reversal. ("Knowledge" 133-34).

En fin, el típico juego de ambivalencias y dobleces cervantino pone sobre la mesa que si los gitanos, sólo por serlo, son malhechores, como se ha venido insistiendo desde el principio, muchos encargados del sistema de justicia, representantes de una sociedad en la que los gitanos supuestamente se han de mirar, lo son igualmente. En efecto, esa familia aristocrática urbana del Corregidor y la del alguacil mayor, por ejemplo, no parecen ser tampoco el modelo de "order and reason" frente a la barbarie de la familia gitana, que defiende Sears (41, 42); ni parte del ideal de "una sociedad religiosa y políticamente bien ordenada" como opina Pilar Alcalde ("El poder" 130).

Cervantes deja claro de nuevo en *La gitanilla* el compromiso ético de su humanismo con la virtud y cómo ésta transciende las barreras de la sangre, porque, como se dice en *Don Quijote*: "Mira, Sancho: si tomas por medio la virtud, y te precias de hacer hechos virtuosos, no hay para qué tener envidia a los que padres y agüelos tienen príncipes y señores; porque la sangre se hereda, y la virtud se aquista y la virtud vale por sí sola lo que la sangre no vale" (II, 42, 387).[18] Así, después de es-

---

18 Como apuntara Ana Eva Guasch Melis "la crítica de la honra y el linaje está inspirada en Séneca y Erasmo y sería tema frecuente en Luis Vives o los

cuchar el canto amebeo que Andrés (Juan) y Clemente (don Sancho) le dedican a la hermosura de Preciosa —lo que en esencia ha avanzado la trama hasta este momento—, la gitana les canta una redondilla en la que pone de manifiesto que tiene en más estima el ser honesta que el ser hermosa: "En esta empresa amorosa / donde el amor entretengo, / por mayor ventura tengo / ser honesta que hermosa."[19] En las siete estrofas siguientes, que la mayoría de la crítica sorprendentemente no

---

hermanos Valdés [...] [Sebastián] Covarrubias, por su parte, apunta que 'la honra es el premio a la virtud.' Gracián, Zavaleta, Quevedo o Antonio López de Vega pronunciarán frases similares" ("Gitanos" 337).

19   Dicha honestidad conecta con el parlamento anterior del paje poeta donde se deja claro que, como la joven Preciosa, "la poesía es una bellísima doncella, casta, honesta, discreta, aguda, retirada, y que se contiene en los límites de la discreción más alta" (I, 91). Lo que lleva a Adrián J. Sáez ("La castidad") a argumentar que si en *La gitanilla* "hay un juego constante entre la decencia ('honestidad') y la libertad ('desenvoltura')" (68), también hay "un guiño —todo lo sutil que se quiera— contra la poesía erótica," de modo que "la doncella casta de Cervantes sería una imagen perfecta para defender una apuesta poética marcada por la pureza temática y seguramente también estilística" (74). Por su parte, Williamson ("'La bonita'") incide en que esta canción que inicia Preciosa aquí "emphasizes virtue as the basis of poetic truth" y hace al alma de la gitana protagonista merecedora a través del amor de "the highest rung of spiritual distinction" (32). Williamson defiende que *La gitanilla* muestra la evolución que Preciosa experimenta como "figure of poetry" y que va desde el principio de la novela, donde la poesía le sirve para ganarse la vida (lower poetry), hasta un final en el que consigue alcanzar mayor dignidad, ser "higher poetry, the embodiment of a transcendent union of beauty and truth" (33). Otros críticos que han analizado la conexión de Preciosa con la poesía, incluyendo la gitana como metáfora o personificación de la poesía, son Casalduero (*Sentido y forma de las Novelas* 57-76), José María Chacón y Calvo ("El realismo" 246-67), El Saffar (*Novel to Romance* 101-02), Selig ("Concerning" 273-76), Güntert ("*La gitanilla*"), Forcione (*Cervantes* 215-22), Monique Joly ("En torno" 5-15), Pedro Ruiz Pérez (*Distinción* 63-64), María Antonia Garcés ("Poetic"), J. David Jerez-Gómez ("Pancracio"), José Luis Fernández de la Torre ("De lugares") y Bénédicte Torres ("La Poesía"). Para José Montero Reguera, "Cervantes no solo vindica la poesía, según se ha indicado, sino que también se reivindica a sí mismo como poeta" ("*La gitanilla*" 35).

ha analizado con suficiente atención, Cervantes desvela el núcleo de *La gitanilla* y lo que es una constante en su escritura, que la virtud no depende de la estirpe sino de las buenas obras.[20] El canto en redondillas continúa remarcando que si la humilde voluntad persigue la virtud, alcanza su premio: "La que es más humilde planta, / si la subida endereza, / por gracia o naturaleza / a los cielos se levanta." Que soy pobre, pero honesta: "En este mi bajo cobre, / siendo honestidad su esmalte, / no hay buen deseo que falte / ni riqueza que no sobre." Que la fortuna y ventura en la vida se la fabrica una: "No me causa alguna pena / no quererme o no estimarme; / que yo pienso fabricarme / mi suerte y ventura buena." Que sea yo virtuosa conforme a como soy y quiero ser,

---

20   Las excepciones las constituyen los trabajos de Javier Herrero, Steven Hutchinson, Stephen Boyd y José Montero Reguera. Herrero ("La genealogía") examina la mayoría del canto de Preciosa en términos del humanismo utópico que revela el conjunto de la obra, llegando a conclusiones muy parecidas a las desarrolladas aquí. Steven Hutchinson se centra en analizar el valor personal de Preciosa y concluye: "Muchos son los temas de *La gitanilla*, pero me inclino a creer que en el fondo esta novela nos presenta una meditación artística sobre la cuestión del valor personal, una exploración de las cualidades y condiciones que producen el máximo valor en un ser humano, y una demostración de los efectos que este valor encarnado causa en los que le rodean" ("'Haga yo'" 816). De manera concomitante, Stephen Boyd ("El misterio") apunta al contenido de algunos de estos versos para cimentar lo que "podría considerarse la preocupación temática principal de Cervantes en esta novela: la cuestión y el misterio de la identidad personal" [...] "A través de Preciosa, Cervantes ofrece una visión de la identidad personal como algo natural y humano, influido por la herencia y el ambiente, pero también, en su nivel más profundo, como algo de origen divino, que trasciende tanto la herencia como el ambiente, un misterio en el que cada individuo puede intentar adentrarse en mayor o menor grado" (13). En mi opinión, nada hay de sobrehumano o divino en este asunto, se trata de una inclinación natural a la virtud, como hemos visto a lo largo de la novela y justifica la gitana en su "buen natural" (I, 85), es decir, una expresión de su voluntad, más allá de herencia y crianza, por la que "decide ser libre y virtuosa," (13), como el propio Boyd defiende en un párrafo anterior. Por último, Montero Reguera ("*La gitanilla*") de manera muy sucinta pone de manifiesto lo que a mi entender es fundamental en estos versos: "sugieren el final feliz esperable al justificar la posibilidad de un amor desigual" (36).

y luego que Dios decida: "Haga yo lo que en mí es, / que a ser buena me encamine, / y haga el cielo y determine / lo que quisiere después." Que quiero corroborar si la belleza (conforme a la idea de Platón en el *Banquete*) conlleva la gracia o el privilegio ("prerrogativa") de conducirme al Bien ("mayor alteza"): "Quiero ver si la belleza / tiene tal prer[r]ogativa, / que me encumbre tan arriba, / que aspire a mayor alteza."[21] Que las almas, pobre y noble, se igualan en la virtud. Y que la "majestad," esto es, el reconocimiento y el valor asociado al linaje no tiene el mismo cimiento que el "amor," pues el linaje divide, mientras que el amor iguala: "Si las almas son iguales, / podrá la de un labrador / igualarse por valor / con las que son imperiales. / De la mía lo que siento / me sube al grado mayor, / porque majestad y amor / no tienen un mismo asiento" (I, 121). Todo lo cual viene a resaltar la igualdad moral de Preciosa y Juan por lo que respecta a la virtud y el que sobre ella se dé carta de legitimidad a la relación entre gitana y noble en esta obra. Por eso, al final y del lado del ilustre Juan, se acaba defendiendo lo mismo, cuando el caballero, aun en hábito de gitano y esperando la horca, dice querer casarse con Preciosa y estar seguro de que Dios bendice esa unión sin importar la diferencia de sangre, dado que han sido honestos el uno con el otro desde que se comprometieron: "yo adoro a esa gitana: moriré contento si muero en su gracia, y sé que no nos ha de faltar la de Dios, pues entrambos habremos guardado honestamente y con puntualidad lo que nos prometimos" (I, 131). Adviértase que esa promesa honesta es la que ha hecho que ambos jóvenes se consideren casados sin necesidad de las nupcias que posteriormente sus familias acuerden. Asimismo, es importante notar que estas palabras son pronunciadas por Andrés ante el Corregidor cuando este último lo interroga y ya sabe que no está hablando con un gitano, sino con un caballero de la orden de Santiago. Por consiguiente, lo que en ese instante es simplemente la respuesta a un truco del Corregidor para sonsacar "al tal gitano" cuánto quiere a su hija Constanza (Preciosa), demuestra ser ante los lectores no ya la mejor prueba de su verdadero

---

21 Sara Santa Aguilar ha visto con tino que esta redondilla leída literalmente "tiene la función crucial de anticipar el desenlace" de la obra, ya que la belleza de Preciosa le conduce a Murcia donde alcanzará su nobleza ("Dos ambigüedades" 250).

amor, sino aquélla que realza la renuncia que el ilustre hace a revelar su verdadera identidad o a usar sus privilegios, estando dispuesto a morir como gitano.

El escritor está, igual que ya hiciera con otros tipos de uniones inaceptables o prohibidas, como la que se propone en *La gran sultana*, si no abogando por ellas, mostrándose abierto a que se den pues en el fondo son un hecho de la vida. Aquí, lo específico del "extraño caso" (I, 134), en palabras del narrador, es que se trata de dos personas de diferente clase y etnia que actúan fuera de lo que la estructura social y su propia familia o comunidad permite y espera de cada uno de ellos. De ahí las palabras que Andrés (Juan) —en un nuevo guiño cervantino y ante otra proposición de unión desigual— usa con la hija de la rica mesonera para rechazar sus avances y su propuesta de matrimonio clandestino: "los gitanos no nos casamos sino con gitanas" (I, 122). Por consiguiente, en esta obra volvemos a ver a un Cervantes de clara actitud abierta, compasiva, antidogmática, preocupado con la virtud y la faceta humana de los problemas, es decir, con las vicisitudes vitales. Lo que llama Rey Hazas "la riqueza de vida auténtica, compleja y múltiple, no asimilable a patrones preestablecidos" ("Novedad" 39). Además, se acentúa la fraternidad y el hecho de que todos somos iguales ante Dios, pues somos miembros de un mismo cuerpo místico cuya cabeza es Cristo (erasmismo paulino). Por eso se acepta la relación desigual de la gitana y el ilustre, censurada completamente en la época por el orden social y la ideología de la sangre. Un 'matrimonio de amor' que es algo que Dios bendice si se es fiel a la virtud, como pone de manifiesto Juan (Andrés) en las palabras ante el Corregidor.

En definitiva, *La gitanilla*, como primera de las *ejemplares*, presenta multitud de temas, facetas, desafíos y niveles interpretativos, tanto que, en opinión de Clamurro, nos entrena para ser los agudos lectores que quiere Cervantes del resto de sus novelas ("Enchantment" 82-83). Eso sí, a diferencia de lo que opina el crítico, no es la primera de la serie porque tras su celebración de la autonomía, la voluntad y la libertad para amar se esconda una profunda reafirmación de los rígidos valores aristocráticos del orden social,²² sino precisamente por todo lo contrario. Como opina Rey Hazas, en el año de 1610,

> en plena efervescencia madrileña antigitana, cuando abundaban sobremanera pragmáticas contra los de esa raza. Cervantes, que probablemente escribió la novela por esas fechas, cuando vivía de nuevo en Madrid, la puso al frente de su colección con plena conciencia de lo que hacía, precisamente porque seguían saliendo disposiciones legales madrileñas contra la gitanería, para acentuar su defensa de la libertad contra el determinismo del ambiente [...] Un desafío novelesco del que Cervantes era consciente; buscado por él en términos de enfrentamiento con el entorno, a fin de que sus

---

22 Clamurro defiende que la visión que tiene Cervantes de la sociedad y la moralidad "is conservative and orderly" (*Beneath* 5), coincidiendo con la creencia que otros críticos tienen de que las *Novelas ejemplares* despliegan una fe "in the ultimate rightness of the given social order and the orthodox Christian beliefs and values of his epoch" (*Beneath* 10). El estudioso opina sobre la conclusión de *La gitanilla* que esta constituye: "a seeming celebration of freedom, autonomy or will, and free choice to love, that masks a deeper reaffirmation of rigid values and of class-consciouss 'identity as conformity'" (*Beneath* 39-40). Asimismo, en su último libro de 2015 aduce: "The necessary thematic and socio-cultural logic of *La gitanilla* requires a kind of return and restoration of identities and social order based as much on rank as it is upon truly equitable justice. The idea of a fundamental but aristocratically defined harmony is implicitly affirmed" (*Cervantes's* 10). Aunque estudios como los de Clamurro —fundamentalmente en *Beneath the Fiction* (2, 8, 16)— o Sears (54-55) exponen las ironías, inconsistencias y tensiones internas de las que estas novelas están plagadas, los dos críticos defienden una lectura conservadora de *La gitanilla*. Por el contrario, estoy de acuerdo con Sherman cuando dice que en *La gitanilla* "even if analysed mainly from a single perspective, that of scepticism, it could easily be noted that all the epistemic destabilizing devices employed by Cervantes —contrasts, paradoxes, subverted stereotypes, etc.— conspire to challenge preconceived notions of human nature and behaviour, and hence society's structures as a whole" ("Scepticism" 28).

lectores pudieran ver cómo se verosimilizaba [sic] en la novela un caso que sería imposible en la realidad. ("Novedad" 23)[23]

Tras lo analizado en este capítulo, cabe decir que poco de simbólico y mucho de humano hay en la relación entre gitana y noble y los actos que dicha relación desencadenan en esta obra. Son esos pasajes donde preferentemente vemos las huellas del humanismo cristiano de tintes erasmistas de Cervantes y sus implicaciones éticas, sociales e ideológicas. Más aun, en esa relación y lo que comporta cabría pensar que se encuentra la verdadera ejemplaridad de la novela, toda vez Cervantes socava e ironiza el matrimonio ideal entre iguales y la resolución convencional característicos de la fórmula genérica del romance.[24] Por eso estoy de acuerdo con Gerli cuando expone que "the juxtaposition of the ideal and the real" es el mecanismo estructural que Cervantes usa para satirizar el idealismo del romance. El crítico de manera convincente defiende que la novela despliega y subvierte "society's acceptance

---

23   Llevado de este espíritu, Michael McGaha ("*La gitanilla*") afirma: "I would argue that the most obvious interpretation of *La gitanilla* is to see it as an impassioned plea for greater tolerance and understanding of this oppressed minority" (91). También: "In *La gitanilla* Cervantes proposes that the only hope for redemption or regeneration lay in a rebirth of openness, of pluralism, a willingness to heed other voices" (95). Por su parte, Nuria Godón Martínez ("Aparento") sostiene que: "En suma, Cervantes hace visible la desarticulación del sentido común que proyecta una estampa negativa del gitano. A lo largo de *La gitanilla* desvela la conciencia del autoengaño. De esa falsa conciencia en la que se basa la sociedad hegemónica para castigar —y también envidiar— a todo aquel que se sale de sus normas" (108).

24   Comparto con Olid Guerrero la apreciación de que: "En lugar de idealizar la relación, recurriendo a un exotismo gitano civilizado mediante el envidiable estatus nobiliar, con el fin de alcanzar un modelo contrarreformista de matrimonio cristiano, Cervantes humaniza la interacción entre ambos pretendientes improbables. La idea del cambio y la madurez de sus personajes prevalece" [...] "Por su carácter de ruptura de convenciones entre lo que es o no admisible como posibilidad de contacto entre colectivos en principio tan distantes, la problemática que desarrolla 'La gitanilla' puede ser asumida como interpretación de otros intentos de convivencia entre ciudadanos de religiones, razas y formas de vida distintas" (*Del teatro* 187, 207).

of a nobility based solely on birth and its ratification in romance," permitiendo al lector percibir "ironically the moral emptiness of the trappings of authority" ("Romance" 30, 35, 36). En ese panorama, Preciosa (no Constanza), representa lo contrario de esa vacuidad moral pues encarna una noción de virtud, propia de una subjetividad segura de sí y una voluntad libre —"tengo un cierto espiritillo fantástico acá dentro, que a grandes cosas me lleva [...] más por *mi buen natural* que por la experiencia" (I, 85; énfasis mío). Un ejemplo de honradez y respetabilidad, paralelo al honor de don Juan convertido en Andrés Caballero, que es, como dice Gerli, "the result of the interaction of conscience, volition, and a natural disposition toward good, which all humankind must discover within itself" (*Refiguring* 31). Jonathan Burgoyne en su excelente ensayo no lo ha podido dejar más claro:

> Cervantes does guide his readers to a conclusion that goes beyond the plot of his tale. In *La gitanilla*, the author demonstrates that there is an ideological world view associated with literary form, and that in the case of romance, both its form and ideology are bankrupt. Cervantes provides a tale that invites his readers to contemplate the oppresiveness and artificial nature of conventional modes of expression and behaviour, including the idealized, aristocratic, and absolutist ideologies of his time. ("*La gitanilla*" 390)

Consecuentemente, como hemos visto, la ejemplaridad, de darse, reside en otro lugar del que cabría esperar y no se halla en una lectura programática del texto. En ningún momento en la novela se cumplen las expectativas de los lectores y menos en el aparente y "milagroso" final feliz, pues, como es costumbre en los escritos del alcalaíno no se pueden resolver muchas de las tensiones acaecidas hasta ese momento, por más que se les encuentre un cierre al límite extremo de lo verosímil. Por eso, el propio Corregidor nos traslada su extrañeza sobre los acontecimientos al decir "que tantas puntualidades juntas, ¿cómo podían suceder, si no fuera por milagro?" (I, 128). Y si eso nos reconforta momentáneamente, ¿qué podemos decir del notorio hecho de que sea su padre el que le permita a la recién ilustre Constanza conservar el nombre de gitana —"Preciosa quiero que se te quede" (I, 129)— y a la abuela romaní permanecer "en casa," a su lado (I, 134)?. ¿No es ésta una nueva doblez cervantina que tiene por objetivo ensalzar la fraternidad humana, ésa con la que se rechazan y trascienden los determinismos de su época, y así "celebrar el extraño caso" (I, 134) que ha unido a tan dispares individuos, etnias y linajes, por encima de la insólita fama que los poetas le den? Lo cierto es que Cervantes nunca da puntada sin hilo. La propia ceremonia final —parte del carácter "verosímil maravilloso" que ve Jorge García López (*Novelas* 29) en la resolución— queda convertida en "ostentatious absurdity," al parecer de Gerli ("Romance" 36) o Burgoyne ("*La gitanilla*" 390), y en "*non*sensical closure" para Nelson ("Knowledge" 127). Por su parte, para Rey Hazas, esa ceremonia da "la sanción social y literaria definitiva a la nivelación que ya antes el amor había consolidado, con independencia del linaje de los dos amantes, en un marco natural y bucólico, ajeno a la sociedad. Se trata, en suma, de la justicia poética [...] el matrimonio podía constituirse en la justa recompensa de los amores que lo merecieran, como sucede en numerosas obras suyas" ("Novedad" 31, 32). Siguiendo a Márquez Villanueva, cabría por tanto afirmar que "Cervantes no será nunca apresado por cierta clase de redes, porque su arte consiste precisamente en el deslizamiento valorativo de cuanto narra. Y si no: ¿de cuántas maneras cabe enfocar un mero resumen argumental de *La Gitanilla*?" ("Erasmo y Cervantes" 137).

A fin de cuentas, comparto lo que ha defendido Richard Pym con respecto al sentido de la entrada del mundo gitano en la novela:

> the Gypsies of 'La gitanilla' are first and foremost Gypsies of a distinctly *literary* kind. First, they represent a world which, despite the rejection on moral grounds by both Preciosa and Andrés of many of its practices, nonetheless provides the protagonists with a freedom, space and perspective quite inconceivable within the stifling confines of the dominant social formation. This in turn enables a dialogic process that sets their relationship on a basis of mutual respect, rationalism and maturity in readiness for marriage. This process is quite alien to the static traditionalism of both the violently phallocratic practice of the Gypsies and the equally phallocratic, hollow and morally impoverished *mores* of the society of

the haplessly superficial *teniente* and his wife. But it also allows the young couple, at least at the level of a developing awareness that the reader is also invited to share, to transcend, at least for a season, the automatic, and hence stiflingly reductive assumption of the fixed social roles otherwise prescribed for them. ("The Errant" 25)

En conclusión, los gitanos en *La gitanilla* desmontan el *a priori* del modelo de jerarquía social que los considera intrínsecamente malos, desnudando los constructos deterministas y excluyentes bajo los que se arma el sistema de autoridad oficial. Igualmente, la obra sirve para denunciar, desde la mirada marginal que ocupan los excluidos del orden social, la corrupción de determinados sectores de poder, como la de los jueces, procuradores, y la de los nobles cortesanos engolfados en su viciosa holganza. La novela pone igualmente de manifiesto lo ya sabido y una constante a lo largo de las *ejemplares*, que la justicia es arbitraria, puede ser sobornada y no es igual para todos. Ciertamente, el peso de la misma es diferente si se trata del gitano Andrés, al que, por el mero hecho de serlo, tras el supuesto robo cometido y el posterior asesinato del soldado le esperaba la horca; o si se trata del honorable caballero Juan de Cárcamo, que evita la cuestión con una promesa de dos mil ducados al pariente de quien afrentó su honor, "pues no había de tener lugar el rigor de la justicia para ejecutarla en el yerno del Corregidor" (I, 133).[25] No se castiga a la vieja gitana por el hurto de la niña noble, ni tampoco a Juana Carducha, la hija de la mesonera que acusó injustamente a Andrés de ladrón y en el fondo lo condujo a prisión, "porque en la alegría del hallazgo de los desposados se enterró la venganza y resucitó la clemencia" (I, 134). No es baladí, ni mucho menos, que Cervantes acentúe con el previo "olvidábaseme de decir" (I, 134)

---

25   Además, don Juan es el hijo del futuro corregidor de Murcia, pues, atendiendo a los detalles que ha revelado Blanca Santos de la Morena ("Como si fuese") y que deja entrever sutilmente Cervantes en la obra, don Fernando de Azevedo emparenta con su sucesor como corregidor de esa ciudad, el padre de Andrés, Francisco de Cárcamo. "Por eso, no es de extrañar que, bajo el final aparentemente feliz de *La gitanilla*, el complutense escondiera una crítica a la corrupción de la justicia impartida por corregidores que eran caballeros" y no letrados de carrera (135).

del narrador estas últimas palabras y termine la obra encareciendo la actitud ética que premia la concordia y la clemencia. En *La gitanilla*, igual que en *La española inglesa*, la virtud y la compasión traspasan las limitaciones o exclusiones de la sangre para proporcionar escenarios que afianzan nuestra común humanidad. Asimismo, como en la otra novela, la obra es reflejo del neoplatonismo cristiano y del humanismo erasmista de Cervantes. Pues, por un lado, vuelve a combinarse la perfección moral y la física, la bondad y la hermosura, en la consecución de la relación de amistad conyugal y 'matrimonio de amor' entre Preciosa y don Juan; y por otro, la actuación honorable, tanto de las gitanas (Preciosa y vieja) como del ilustre (Juan), quien "humilla" su sangre y se entrega genuinamente a Preciosa, trasciende las barreras de exclusión sociales e iguala a unos y a otros en torno al amor, la virtud, la compasión y la caridad humanas.

5
Cervantes frente a la expulsión de los moriscos

C OMO ES SABIDO, LOS personajes moriscos aparecen en la obra cervantina, de manera más representativa, en dos de sus novelas, concretamente en la segunda parte de *Don Quijote* y en la obra póstuma *Los trabajos de Persiles y Sigismunda*.[1] Asimismo, es de todos conocida la sana rivalidad que ha mantenido la crítica —más fervientemente en el siglo XX, pero todavía viva en muchas publicaciones en nuestros días—, acerca de qué tipo de opinión traslucía la escritura cervantina sobre la minoría morisca en esas obras y si Cervan-

---

1   No entro en este capítulo al análisis de las acusaciones que se hacen a los moriscos en *El coloquio de los perros*, en primer lugar, porque aquí lo que nos interesa es examinar cómo Cervantes representa la expulsión de esta minoría en la ficción. En segundo lugar, por considerar que en la novela ejemplar se trata de "acusaciones universales con trazo grueso" que diría Bernabé Pons ("De los moriscos" 167), como aquéllas hechas contra los gitanos; generalizaciones de figuras estereotipadas, que de seguro son "la encarnación de una sociedad española 'podrida,'" pero, asimismo, "imagen y semejanza de la que tanto los critica y condena" según Quérillacq ("Los moriscos" 96; "El *Coloquio*"). En definitiva, como opina Márquez Villanueva, la soflama acusatoria de Berganza hacia los moriscos es "un ejemplo clásico de *epideixis* o elogio paradójico, típico ejercicio de sofistas reintroducido por el Humanismo" (*Moros, moriscos* 220). Un discurso que forma parte del elenco de murmuraciones irresponsables, es decir, de sofismas que el perro Berganza urde sobre tantas profesiones y grupos sociales en sus diatribas picarescas.

tes estaría o no de acuerdo con su expulsión, acaecida en la península de 1609 a 1614.²

En este capítulo volveré sobre esos pasajes para ahondar una vez más en ellos, con la firme convicción de que, si tenemos en cuenta todo lo analizado de la obra del complutense a lo largo de este libro, especialmente lo relativo a las estrategias cervantinas de representación de la otredad, podremos entender mejor la postura humanista de Cervantes con respecto a los moriscos.

---

2   En términos generales, se puede aducir que las distintas opiniones críticas a este respecto se hallan vinculadas a las varias posturas historiográficas que se vienen manteniendo sobre ambas novelas y, concretamente, al peso que se le dé en esas interpretaciones a la parodia o ironía cervantina. En *Don Quijote*, es la postura hermenéutica perspectivista, defendida por multitud de críticos, la que más se abre, aunque no en todos los casos, a detectar ambivalencia o ironía en pasajes que lidian con el tratamiento del Otro, en esta ocasión la expulsión de los moriscos. En cuanto al *Persiles*, depende de si se lee al pie de la letra y, así, se concibe como una directa imitación de los romances bizantinos, e ideológicamente como una alegoría de la Contrarreforma, en cuyo caso se defiende a un Cervantes de sentimientos oficialistas y por lo tanto antimoriscos —en la vena de Casalduero (*Sentido y forma de* Los trabajos), Vilanova ("El peregrino"), Lapesa ("En torno"), Avalle-Arce ("Introducción"; "*Persiles*"), o Forcione (*Cervantes' Christian*)—; o si, por el contrario, se detecta ironía en la novela póstuma, y se interpreta más bien como una parodia de las convenciones de los romances cristianos o bizantinos, y/o como un diálogo matizado por planteamientos críticos y antioficialistas —al modo Castro (*El pensamiento*), Zimic ("El *Persiles*"), Wilson (*Allegories*), Williamsen (*Co(s)mic Chaos*), Nerlich (*El* Persiles), Armstrong-Roche (*Cervantes' Epic*), o Lee ("Sexual Deviance"). En esa línea, se puede pensar en otro grupo de críticos para quienes el *Persiles* llega en muchos pasajes a constituirse, con diferentes tonos y grados, en una burla de las prácticas y creencias religiosas y sociales más intolerantes de la época, algo que obviamente estaba en la base del edicto de expulsión de los moriscos. Me refiero a estudios como los de Márquez Villanueva (*Personajes*; *El problema morisco*), Fuchs (*Passing*), Molho (*Les travaux*), Childers (*Transnational Cervantes* 169-93; "Quixo-Journalism"), Baena (*El círculo*), Maestro (*El mito*), David R. Castillo (*(A)wry Views* 94-112) o Castillo y Egginton ("Cervantes's Treatment"; *What Would Cervantes do?* 129-47), entre otros.

En lo que concierne al *Quijote*, la 'cuestión morisca' se trata en un grupo de episodios hacia el final de la segunda parte. En el capítulo 54, Sancho se reencuentra con el que fuera su vecino y amigo, el morisco Ricote; le sigue el 63, en el que se cuenta la aparición de Ana Félix, hija de Ricote; para terminar con la esperanzada reunión de padre e hija en el 65, dejando el futuro de ambos abierto.

Sin duda, a Cervantes le preocupaban las vicisitudes y sufrimientos de la minoría morisca que, por los mismos años en que él trabajaba en dar fin a su obra maestra, era expulsada de su patria.[3] De ahí que en la novela se afane en dar voz a las víctimas del drama humano de ese forzado exilio. Uno de los episodios que mejor desvela el andamiaje de la imaginación teatral cervantina y los objetivos de su humanismo es aquél en el que Sancho se topa con su vecino, el morisco Ricote,[4] quien ha vuelto a España en secreto a rescatar un "tesoro" que dejó enterrado en su pueblo manchego. El tendero que hace ya tiempo fuera su amigo, irreconocible ahora a primera vista por ir en hábito de peregrino, sorprende al escudero en medio del camino, le descubre su identidad y le cuenta los acontecimientos que sucedieron a su destierro. Al hacerlo expone la razón de cómo, en su día, Ricote considera, "fue inspiración divina la que movió a su Majestad a poner en efecto tan gallarda resolución" que extirpara de raíz "los enemigos" religiosos que se criaban en "el seno" de España, enemigos como él, "la sierpe"[5] morisca:

---

3   Ver el nutrido ensayo de Bernabé Pons ("De los moriscos") y el libro de Márquez Villanueva (*Moros, moriscos y turcos de Cervantes*) como estudios pormenorizados de la información que podía manejar Cervantes sobre la expulsión de los moriscos.

4   Nombre intencionado toponímicamente ligado al valle murciano de Ricote, que para 1609 se encontraba en un nivel de asimilación y aculturación superior a otras comunidades moriscas, lo que le hizo eludir los primeros edictos. De este valle se sabe que partieron muchos de los últimos moriscos expulsos.

5   Con esta animalización, al morisco "se le niega todo carácter humano para convertirlo en la imagen misma de la abyección." Se potencian así "las acusaciones arquetípicas a los moriscos como astutos engañadores que escondían sus verdaderas intenciones; dado que la astucia y la perfidia engañosa

Y forzábame a creer esta verdad [la ejecución de la expulsión] saber yo los ruines y disparatados intentos que los nuestros tenían, y tales, que me parece que fue inspiración divina la que movió a su Majestad a poner en efecto tan gallarda resolución, no porque todos fuésemos culpados, que algunos había cristianos firmes y verdaderos. Pero eran tan pocos, que no se podían oponer a los que no lo eran, y no era bien criar la sierpe en el seno, teniendo los enemigos dentro de casa. Finalmente, con justa razón fuimos castigados con la pena del destierro, blanda y suave al parecer de algunos, pero al nuestro, la más terrible que se nos podía dar. Doquiera que estamos lloramos por España; que, en fin, nacimos en ella y es nuestra patria natural. (II, 54, 491)

Estas palabras son, aparentemente, una justificación directa de la controvertida campaña de limpieza racial y religiosa puesta en práctica en la península por la corona con sus edictos de expulsión.⁶ Y no pocos las

---

son de los atributos que la tradición occidental más ha identificado con los ofidios" (D'Onofrio, "La serpiente" 120-21).

6   Una serie de decretos que Felipe III creó y mandó ejecutar de 1609 a 1614 y que terminaron progresivamente expulsando a todos los moriscos del reino y a sus descendientes (más de 300.000 en la península ibérica), independientemente de la sinceridad de su fe, además de confiscar sus bienes y propiedades. En el primer edicto, dirigido a los moriscos valencianos, el rey declara: "[a]ssigurandome que podia sin ningun escrupulo castigarlos en las vidas y haziendas, porque la continuacion de sus delitos los tenia conuencidos de hereges apostatas, y proditores de lesa Magestad diuina y humana" (cit. en Boronat y Barrachina II, 190; y en García-Arenal 252). Llegado el momento, el exilio de toda la comunidad morisca, no sólo la valenciana, se basó en la razón de estado, alegando la apostasía de los individuos y el recalcitrante apego al islam, además de la amenaza que para el católico reinado de Felipe III suponían las supuestas confabulaciones de los moriscos con el sultán de Marruecos, otras comunidades en Berbería, e incluso los turcos. De este modo, la medida política fue al final defendida como la puesta en ejecución de la voluntad de Dios, algo que queda reflejado, por ejemplo, en los textos contemporáneos de Aznar Cardona (51r), Fonseca (76), Guadalajara y Xavier (93v) o Bleda (596). Dicha medida redundó en una mitificación de la figura de Felipe III alrededor de determinadas profecías milenarias (Magnier,

han considerado así, siguiendo quizá la extendida suposición de que los años de milicia y el cautiverio argelino hacían que los escritos de Cervantes tuvieran que manifestar el odio que todo español, y sobre todo 'cristiano viejo,' sentía o debía sentir hacia el musulmán, el judío o el converso. De hecho, a finales del XIX Menéndez Pelayo sostenía: "siempre juzgaremos la gran medida de la expulsión con el mismo entusiasmo con que la celebraron Lope de Vega, Cervantes y toda la España del siglo XVII: como triunfo de la unidad de raza, de la unidad de religión, de lengua y de costumbres" ("Moriscos" 336-37). En esa línea, Miguel Herrero García tiene claro en 1926 que "[c]uando Cervantes escribía el *Coloquio de los perros*, puso sus ideas contra los moriscos en boca de Berganza" (568), como opina igualmente González de Amezúa que hicieron "tantos hijos de su siglo" "contra aquella raza proterva" (*Coloquio* 133). Américo Castro ve la posición de Cervantes contradictoria o entre extremos (*El pensamiento*), y Luis Astrana Marín también, aunque a mitad de la centuria apostilla: "No puede negarse que Cervantes fue partidario de la expulsión de los moriscos" (*Vida* VI.1 354), como lo sigue afirmando, en el XXI, Darío Fernández-Morera ("Cervantes" 154-55; 166n80). Asimismo, Michael Gerli menciona a Colonge, Mas, Osuna, y Arco y Garay, entre los críticos que, tomando pasajes como el de Ricote al pie de la letra, defienden a un Cervantes de claros sen-

"Millenarian Prophecy"). Sin embargo, por otro lado, habrá muchas opiniones doctas que rechacen los edictos, sobre todo la violencia con la que se lleva a cabo la expulsión y por la cual pagan todos, los convertidos al cristianismo y los musulmanes secretos. Para un buen resumen de muchas de las retóricas a favor y en contra de la expulsión, ver Feros ("Retóricas"); y para los debates religiosos y las posturas de las diferentes órdenes, ver Benítez Sánchez-Blanco ("El debate") y Broggio ("Las órdenes"). Por otra parte, son abundantes los estudios historiográficos dedicados a la situación morisca en la península a lo largo del tiempo, antes y después de su exilio y diáspora. Ver, entre otros, Boronat y Barrachina, y los más recientes Harvey, Dadson, Márquez Villanueva ("El problema historiográfico"), De Epalza Ferrer, Bunes Ibarra (*Los moriscos*), Domínguez Ortiz y Vincent, García-Arenal y Wiegers (*Los moriscos*; *The expulsion*), Perceval (*Todos son uno*), Bernabé Pons ("El exilio"), Hutchinson ("The morisco") o Lee (*The Anxiety*). Verdaderamente, como opinara Fernand Braudel, el problema morisco se convirtió en esa época en un "conflicto de civilizaciones" (*The Mediterranean* II, 780).

timientos antimoriscos (*Refiguring* 58). Marcel Bataillon no ve cómo puedan leerse las palabras de Ricote si no es literalmente (*Erasmo y España* 796-97), del mismo modo que Martín de Riquer ("El Quijote" 228). Por último, John Jay Allen en *Don Quixote: Hero or Fool? (Part II)* arguye: "My reluctant conviction that Cervantes and I disagree on the issue [la expulsión de los moriscos] is confirmed by my inability to identify any clues to irony in the context" (103).[7]

Por el contrario, a mi modo de ver, la clave contextual está servida: el hecho palmario de que sea la víctima, el mismo morisco exiliado, el que se autodenigre sin necesidad ninguna, utilizando los tópicos retóricos más recalcitrantes de los apologistas de la expulsión, y con tal profusión y vehemencia alabe la "divina" y "justa" resolución por la que el rey castiga y causa tanto dolor a todos los de su etnia —lo que Julio Baena llama "primera autocontradicción instantánea" ("Sintaxis" 514-15)—, obliga inevitablemente a poner en duda la intención de lo dicho y, por tanto, a tender a leer el pasaje de manera irónica, esto es, como "una sentida humanización y reconocimiento del castigo indiscriminado infligido a una comunidad," que diría Alcalá Galán ("Personajes" 952). Tanto más si reparamos en los detalles y sentimientos que anteceden y suceden a esas palabras. Así, Ricote —ése que bebe vino en abundancia y porta huesos de jamón en las alforjas—, le relata a Sancho, no en su lengua morisca sino en "la pura castellana," cómo primeramente el bando real "puso terror y espanto en todos" los moriscos, y de qué manera, ya en el exilio, los "ofenden y maltratan," especialmente en Berbería, donde dice "esperábamos ser recibidos, acogidos y regalados" —castigo providencial a su connivencia y apostasía que pregonaba el discurso oficial. Es tanto el sufrimiento y la añoranza de la tierra y "el amor de la patria," continúa Ricote, que la gran mayoría, y sobre todo los bilingües como él, "dejan allá a sus mujeres y sus hijos desampara-

---

7   Tengo que reconocer que no sé si Allen más adelante cambió de opinión con respecto a este tema porque, por otra parte, son muchos los ensayos que dedicó en su carrera a subrayar la aguda y omnipresente ironía cervantina. Véase uno de los últimos, titulado "Quijote. The Importance of Being An Ironist." Para un listado de los críticos que ven en la escritura cervantina una apología más o menos abierta de la expulsión de los moriscos, ver Márquez Villanueva (*Moros, moriscos* 415n997).

dos" y se vuelven a España (II, 54, 491-92).⁸ De forma patente, Cervantes se compadece del profundo sufrimiento de esos conciudadanos, los españoles moriscos, y, con la ironía que le caracteriza, dirige un ataque implícito, pues no podía ser de otra manera, a los responsables de tamaña resolución, Felipe III y don Bernardino de Velasco. Márquez Villanueva lo ve así, y con claridad expone la actitud que subyace a las varias referencias cervantinas acerca de la expulsión de los moriscos:

> El tributo elogioso [de la política de expulsión] era obligado y constituía, además, el único salvoconducto para cierta actitud de "no es que yo esté en contra," que era la más atrevida que toleraba la discusión pública de aquel asunto. Si Cervantes fuera adverso a la política de exilio o abrigara reservas acerca de ella, sólo podía expresarlo en términos implícitos y, desde luego, tras pregonar su lealtad con ostentosa pompa verbal. Aquellas páginas sobre *moriscos* nos sitúan, pues, bajo el compromiso de encarnar esa especial categoría de lectores informados y reflexivos para quienes Cervantes las escribió. (*Personajes* 234)⁹

---

8   Para un estudio de la escisión física y mental que provoca la experiencia del exilio, y cómo el encuentro entre Ricote y Sancho "refleja alegóricamente la esencia bipartita del exilio, la España amputada, aquella que llora amargamente la expulsión de sus vecinos, y la exiliada, la de la comunidad morisca" ver Julia Domínguez ("El laberinto" 186). Y para un trabajo que incide en cómo Cervantes en *Don Quijote* y *Persiles* utiliza las estrategias retóricas de persuasión que los moriscos usaban para afirmar la sinceridad de su creencia en las peticiones de exenciones a su expulsión, y de qué manera estas estrategias se reflejan en las narrativas de las moriscas Ana Félix y Rafala, ver Elizabeth Neary.

9   Para revisar la polémica alrededor de la literalidad vs. ironía en los textos cervantinos que tratan de los moriscos, lo que ha llevado a la crítica a dividirse en la consideración de un Cervantes anti o promorisco, ver Márquez Villanueva (*Personajes* 229-335). Con respecto al *Quijote*, ver el incisivo ensayo de Julio Baena ("Sintaxis"), donde el crítico revela lo que él considera que esconde Cervantes en "los pliegues del discurso" (511). Para un enjundioso estudio del pasaje más importante del *Persiles* sobre el problema morisco, la profecía del jadraque, consultar el libro de Armstrong-Roche (*Cervantes' Epic* 250-64). Y en cuanto a la manifiesta ironía inserta en el episodio, ver el

En esta línea, en el capítulo 65 del *Quijote*, Cervantes nuevamente abunda en el elogio a la política de exilio en boca de la víctima. Dicha estrategia no sólo le depara una buena salvaguarda de las represalias de los poderes públicos, sino que mediante ella afina la crítica a los estatutos de limpieza de sangre, así como al modo en que se lleva a cabo la expulsión:

> —No, —dijo Ricote, [...] [no] hay que esperar en favores ni en dádivas; porque con el gran don Bernardino de Velasco, conde de Salazar, a quien dio su Majestad cargo de nuestra expulsión, no valen ruegos, no promesas, no dádivas, no lástimas; porque aunque es verdad que él mezcla la misericordia con la justicia, como él vee que todo el cuerpo de nuestra nación está contaminado y podrido, usa con él antes del cauterio que abrasa que del ungüento que molifica; y así, con prudencia, con sagacidad, con diligencia y con miedos que pone, ha llevado sobre sus fuertes hombros a debida ejecución el peso desta gran máquina, sin que nuestras industrias, estratagemas, solicitudes y fraudes hayan podido deslumbrar sus ojos de Argos, que contino tiene alerta, porque no se le quede ni encubra ninguno de los nuestros, que como raíz escondida, que con el tiempo venga después a brotar, y a echar frutos venenosos en España, ya limpia, ya desembarazada de los temores en que nuestra muchedumbre la tenía. ¡Heroica resolución del gran Filipo Tercero, e inaudita prudencia en haberla encargado al tal don Bernardino de Velasco! (II, 65, 588)

Resulta significativa la insistencia de Ricote en que no se podía esperar caridad ni "en favores ni en dádivas" del "gran don Bernardino de Velasco," justo después de que la autoridad de Barcelona, el virrey, de

---

lúcido artículo de Gerli ("Xadraque"). Entre los estudiosos que han detectado ironía de distinto grado en los episodios de *Don Quijote* II se pueden citar Salvador J. Fajardo ("Narrative"), Michael Gerli (*Refiguring* 40-60), René Quérillacq ("Los moriscos"), Karl-Ludwig Selig ("The Ricote"), Paul Julian Smith ("The Captive's"), Stanislav Zimic ("El drama"), Joseph Ricapito ("Cervantes y las religiones"), David R. Castillo (*(A)wry Views* 88-93), y Michael Armstrong-Roche (*Cervantes' Epic* 258-64).

forma decisiva se compadeciera de la situación del morisco y de su hija y se ofreciera a intermediar para que alguien en su nombre fuera a la corte a "negociar" personalmente el que ambos no tuvieran que abandonar el país:

> De allí a dos días trató el visorrey con don Antonio qué modo tendrían para que Ana Félix y su padre quedasen en España, pareciéndoles no ser de inconveniente alguno que quedasen en ella hija tan cristiana y padre, al parecer, tan bien intencionado. Don Antonio se ofreció venir a la corte a negociarlo, donde había de venir forzosamente a otros negocios, dando a entender que en ella, por medio del favor y de las dádivas, muchas cosas dificultosas se acaban. (II, 65, 587-88)[10]

Y nos podemos preguntar: ¿No es esta mención dual a favores y dádivas, tanto en boca de Ricote como de don Antonio, una nueva alusión soterrada de Cervantes a los sobornos y la corrupción usual que inundan la corte y que han sido ya expuestos con crudeza por otra minoría racial en *La gitanilla*? En todo caso, lo que Cervantes quiere dejar claro aquí, con posturas humanitarias como la del virrey o don Antonio —que bajo las circunstancias históricas pudieran considerarse inverosímiles—, o incluso la de aparente inacción del propio Sancho, es que en España hay autoridades e individuos que se apiadan de la situación morisca; compatriotas que no se sienten amenazados por ellos, ni los consideran 'serpientes' o 'raíces venenosas' que haya que extirpar, pues no ven "inconveniente alguno" (587) en acogerlos o en que se queden,

---

10   Según estudia Lomas Cortés, el retrato que Cervantes hace del carácter del conde de Salazar, "intransigente y obsesionado por no dejar a un solo morisco sin castigo," se ajusta perfectamente al que se puede extraer de la documentación oficial. Igualmente, el crítico considera que "Cervantes captó a la perfección el ambiente vivido en Castilla entre 1611 y 1614," incluyendo "el reflejo de una realidad cotidiana" como la del noble que se ofrece a intermediar en la corte para evitar la expulsión de una familia morisca por la que sentía simpatía, o la del morisco que retorna clandestinamente. Todo ello fácilmente identificable por cualquier lector contemporáneo pues, "sin duda, conocían otros ejemplos y rumores" ("El conde" 76).

tanto más si, como es el caso de Ricote y su familia, o son cristianos nuevos sinceros, o 'bien intencionados.'[11] Pero no queda ahí la cuestión, ya que el texto nos presenta con normalidad las relaciones entre cristianos viejos y moriscos en la persona misma de Ana Félix. Pues ésta acabó exiliada a Argel acompañada de su fiel pretendiente, don Gaspar Gregorio, mayorazgo de un adinerado cristiano viejo que por añadidura hablaba muy bien la lengua prohibida desde la pragmática de 1566, el árabe (II, 63, 572-74) —algo esto último que, como sostiene Alcalá Galán "[e]s inverosímil históricamente pero ayuda a 'naturalizar' lo clandestino, a normalizar lo innombrable" (*Escritura* 140). Don Gregorio es así un mozo de sangre rancia y noble, versado en la lengua proscrita, y que no tiene empacho en mezclarse y amar a los de esa etnia, como tampoco lo tuvo don Juan, el amante de la gitanilla con los gitanos.

Christina Lee ha señalado recientemente en *The Anxiety of Sameness in Early Modern Spain* que "in contrast to the oficial rhetoric of the Crown, Old Christians did not monolithically support the expulsion" (158), ofreciendo textos que documentan cómo la corona podía haber malentendido, o quizá incluso, exagerado a propósito el tantas veces llamado 'problema morisco' (158). Además, añade "[i]t is quite possible that a significant section of the Old Christian population did not necessarily believe that the comprehensive erasure of Morisco culture was necessary and were willing to cohabit with moriscos" (158),[12] particularmente, aquéllos que mantenían las costumbres moriscas dentro de sus propios límites de subyugada interacción social, los que

---

11   Aunque Cervantes no nos da el nombre del virrey, Domènech ha argüido que se trata muy probablemente del obispo Pedro Manrique, porque sólo éste fue protector de moriscos, además de proporcionar el indulto al bandolero Perot Rocaguinarda, el Roque Guinart del capítulo 60. El complutense muestra así que conocía muy bien la realidad catalana y la situación de los moriscos en ella, y pone el énfasis en un virrey subversivo con el edicto real: "Cervantes enfatiza, ante todo, el cariño, la compasión, la preocupación y la generosidad del virrey [...] y, también, muestra una persona convencida en la conversión de los cristianos nuevos de su diócesis" ("Los protegidos" 87).

12   Ver el caso de Villarubia de los Ojos estudiado por Dadson.

no amenazaban el estatus socioeconómico de los cristianos viejos (158), y los que profesaban el cristianismo o se mostraban respetuosos con él.[13] Éste parece ser, más que ningún otro, el énfasis puesto aquí en el caso de Ricote y su hija.

Ciertamente, Ricote le había precisado a Sancho en II, 54 el estado de su creencia y de su buena intención al revelarle que "la Ricota mi hija y Francisca Ricota mi mujer son católicas cristianas, y aunque yo no lo soy tanto, todavía tengo más de cristiano que de moro, y ruego siempre a Dios me abra los ojos del entendimiento y me dé a conocer cómo le tengo de servir" (492). Por eso, si en la primera de sus intervenciones citada arriba, Ricote había dejado claro que no todos los moriscos eran falsos cristianos: "que algunos había cristianos firmes y verdaderos" (II, 54, 491); en la segunda, sin embargo, habla del fingimiento de toda la comunidad: "todo el cuerpo de nuestra nación está contaminado y podrido" (II, 65, 588). Y todo ello, cuando su propia hija, capturada pilotando un bergantín argelino en el Mediterráneo, había declarado previamente al virrey que era española, que estaba orgullosa de sus "virtudes," esto es, su catolicismo y sus buenas costumbres, y que tanto ella como ambos padres eran cristianos sinceros:

—De aquella nación más desdichada que prudente sobre quien ha llovido estos días un mar de desgracias, nací yo, de moriscos padres engendrada. En la corriente de su desventura fui yo por dos tíos míos llevada a Berbería, sin que me aprovechase decir que era cristiana, como, en efecto, lo soy, y no de las fingidas y aparentes, sino de las verdaderas y católicas. No me valió con los que tenían a cargo nuestro miserable destierro decir esta verdad, ni mis tíos quisieron creerla; [...] Tuve una madre cristiana y un padre discreto y cristiano, ni más ni menos; mamé la fe católica en la leche, criéme con buenas costumbres; ni en la lengua ni en ellas jamás, a

---

13   En este sentido, Harvey puntualiza "conversion had not brought assimilation and the benefits of belonging to the national community; neither side really wanted that [...] On the Christian side, there was a great theoretical longing to have the conversions become a reality and, at the same time, no practical desire to have these people in any but a menial place on the margins of society" (238).

mi parecer, di señales de ser morisca. Al par y al paso destas virtudes (que yo creo que lo son) creció mi hermosura, si es que tengo alguna. (II, 63, 572)

Por tanto, con estas idas y venidas en cuanto a la integridad religiosa de los personajes moriscos principales a lo largo de estos capítulos, reflejo de aquélla de la comunidad morisca en general, el lector avisado puede entrever, ora en la ambivalencia, ora en la ironía, la inhumanidad del edicto de expulsión, justificado en la absurda obsesión española con la pureza de sangre, que hacía de los cristianos nuevos —antes los judíos conversos, ahora los moriscos— los chivos expiatorios de la crisis política imperial.[14] Una medida que, para más escarnio, exiliaba a tantos españoles, cristianos sinceros o discretos, caso de los Ricote, como a aquéllos fingidos.

Se trata de una inhumanidad que, oculta en la pomposidad del elogio, Cervantes revela mordazmente al hacer que Ricote encomie los métodos de "inaudita prudencia" del conde de Salazar; ésos que usaban la cauterización a fuego —"el cauterio que abrasa"— en la supuesta herida que provocaba la minoría morisca en el cuerpo social y religioso español, en vez de los que aplicaban la cura o el remedio —"el ungüento que molifica"— (II, 65, 588). Sobre este particular, David A. Boruchoff se ha encargado pertinentemente de recordarnos que los medios quirúrgicos, que aparentemente justificaba Ricote, se sabía en la época eran rechazados mayoritariamente por los discursos de las

---

14   Son muchos historiadores ya los que vienen defendiendo la razón puntual que provoca la decisión de expulsar a los moriscos. Al parecer, el edicto se debe a que en abril de 1609 se firmó una tregua de doce años con los herejes holandeses, y para compensar una medida tan impopular y calmar los ánimos en los sectores de poder, el duque de Lerma recurre meses más tarde a la expulsión de la minoría morisca con el fin de restaurar la reputación de Felipe III como defensor de la fe católica (ver varios ensayos en García-Arenal y Wiegers, *Los moriscos*). La crisis política imperial era una realidad marcada por el declive militar tras la derrota de la Invencible, el legado de la leyenda negra y la ruina económica exacerbada por una nobleza que se dedicaba a la holganza, y que, acomodada en sus privilegios, se negaba a encarar los cambios que necesariamente traía el incipiente estado moderno.

autoridades médicas, espirituales, políticas y filosóficas: desde Hipócrates y Platón, pasando por Séneca, San Ambrosio o Tomás de Aquino, hasta los más contemporáneos Juan de Torquemada, Domingo de Soto y Alfonso de Castro, entre otros. Además, el crítico señala que la propia aprobación al *Quijote* II del censor Márquez Torres en los preámbulos de la obra (quizá incluso escrita por el propio Cervantes, como ya propusiera Mayáns i Siscár) manifiesta el mismo tenor: los métodos punitivos yerran, pues la mayoría de las veces los males (postemas) "se curan con blandas y suaves medicinas" y "no con el rigor del hierro" ("La inequidad" 46-47, 53, 61-63; "Los malvados" 646-48).[15] Por lo que respecta a la teología, mientras la ley canónica aprobaba la extirpación de los herejes e infieles para salvaguardar a los cristianos de su contagio, dicha ley no se aplicaba a los moriscos, dado que eran, por el bautismo que habían recibido prácticamente todos, parte del 'cuerpo místico' de Cristo, siguiendo a San Pablo (1 Cor. 12.12-13). Además, la jurisprudencia canónica reservaba tal castigo para los individuos, no para los grupos, porque ninguna persona debe ser condenada por los pecados de otra; algo en lo que la Iglesia insistía para no apoyar la expulsión indiscriminada (Boruchoff, "La inequidad" 57), a pesar de la insistencia de las autoridades como el duque de Lerma (Medina, "La Compañía" 124-27).[16] En otras palabras, la expulsión era un sacrilegio en estrictos términos doctrinales cristianos (Armstrong-Roche, *Cervantes' Epic* 261), de lo que se sigue que el elogio de Ricote es contrario a la teología y está invalidado por ella.[17]

---

15   Muchos de estos discursos y en los mismos términos se encontraban presentes en la raíz de las dudas acerca de la justificación de la expulsión que albergaban los propios apologistas como Bleda, o Guadalajara y Xavier (ver Márquez Villanueva, "El problema historiográfico" 67-69). Véase también Boruchoff ("Cervantes").

16   Por eso el Inquisidor General, el cardenal Fernando Niño de Guevara, y algunos miembros importantes del Consejo de Obispos Valenciano, reunidos en 1608-09, se opusieron firmemente al decreto del rey (Márquez Villanueva, *Personajes* 273).

17   Los teólogos que admiten el dogma de la redención propuesto por el Concilio de Trento, que defendía que la naturaleza de las personas es fundamentalmente buena y que el pecado original no erradica esa bondad, coin-

Por consiguiente, la *extrema ratio*, el método expeditivo y quirúrgico de don Bernardino de Velasco, que culminaba con la expulsión en masa, no era ni el más sensato o 'prudente,' ni el más idóneo para dar solución al problema morisco. Antes al contrario, y como Cervantes se ocupa de recalcar en su ironía, era el más inhumano y anticristiano, ya que, del modo que hemos leído en las sucesivas intervenciones de los personajes moriscos, provoca un profundo sufrimiento en las víctimas pues tienen todos que abandonar su patria, sean católicos sinceros o no. Más les hubiera aprovechado al rey y al conde de Salazar, hay que leer en las palabras de Ricote, usar métodos más blandos —"el ungüento que molifica"— y verdaderamente cristianos que propiciaran una cura, o un remedio, para frenar la temida inconstancia o la falsedad en la fe de la minoría morisca, y por ende su integración adecuada (cristiana, se entiende) en la sociedad española.[18] En verdad, así pensaban ciertas personalidades religiosas, como el morisco jesuita granadino Ig-

---

cidirán con los planteamientos políticos de aquéllos que diferencian entre los conceptos de delito y de delincuente, el primero hay que extirparlo y el segundo corregirlo. Ver estos argumentos en los tratados políticos de Bernardino de Mendoza o de Diego Ramírez de Albelda citados en Quérillacq ("Los moriscos" 90n60). Francisco de Quevedo se hacía eco de esos principios en su *Política de Dios y gobierno de Cristo*: "Castigar la culpa no es lo mismo que destruir los delincuentes" (II, 2, 108-09). Independientemente de lo que pensara Quevedo sobre cómo se llevó a cabo la expulsión morisca y su impacto político, social y económico, el argumento político-teológico seguía teniendo una consecuencia clara: nadie debe ser culpado por los pecados que no ha cometido, esto es, España no puede expulsar a verdaderos cristianos españoles.

18 Varias voces doctas de la segunda mitad del XVI habían revelado lo equivocada que había sido la política de evangelización dirigida a los moriscos, y cómo ésta, junto con unos paquetes de medidas a favor de los cristianos viejos, exacerbaban la discriminación social, al tiempo que propiciaban que muchos moriscos siguieran manteniendo su fe islámica. Asimismo, a lo largo del XVI, muchos consejeros políticos y religiosos de los reyes Carlos V, Felipe II y Felipe III habían defendido públicamente métodos pacíficos en el tratamiento de infieles y protestantes, lo que denotaba un compromiso con la tolerancia y el pluralismo, según Kamen ("Toleration" 3 y ss.). Ver también José Antonio Maravall (*Antiguos y modernos*; *Oposición política*).

nacio de las Casas, quien pedía que los eclesiásticos aprendieran árabe para realizar una efectiva labor evangelizadora —al menos en la zona valenciana—, y dejaran de comportarse como "inhumanos políticos" proponiendo la expulsión o la matanza de hijos de la Iglesia (Las Casas cit. en Feros, "Retóricas" 78).[19] Igualmente opinaban autoridades políticas como Pedro de Valencia, humanista y cronista real, quien desde su despacho oficial en la corte de Felipe III escribía un tratado en el que se oponía a la expulsión masiva como solución al 'problema morisco,' pues pensaba era una medida irracional, injustificada e impía contra vasallos legítimos del rey que no debían ser exiliados de su tierra, y menos los bautizados o los que profesaban la fe. En el dictamen abogaba, junto con el arbitrista González de Cellorigo, por evangelizar y aculturar, mediante la dispersión de los individuos y la unificación lingüística, incluso por medio del matrimonio mixto ("*permixtión*": permistión), a aquellos moriscos que permanecieran infieles o no asimilados totalmente, tratándolos con la misma honra y estimación que a sus conciudadanos. Y es que, tras el intercambio cultural y la cohabitación por siglos "todos estos moriscos, en cuanto al ingenio, condición y brío, son españoles como los demás que habitan en España." Además, el jurista afirma que la expulsión era contraproducente desde el punto de vista económico ya que agravaba la despoblación y la falta de mano de obra de agricultores, pastores, herreros y un sinfín de otros oficios claves para el reino (Valencia, *Tratado* 81, 83, 106-07, 112, 123-129). Grace Magnier, que estudia monográficamente este autor, señala la insistencia de Valencia en el trato paciente, tolerante y caritativo hacia ésos aún débiles en la fe (*Pedro* 262). Márquez Villanueva supone —siguiendo fundamentalmente a Gómez Canseco (*El humanismo* 84)—, que Cervantes se empapó de estas ideas, pues probablemente conoció y

---

19 Con respecto a la figura del jesuita de las Casas, ver también El Alaoui (*Jésuites*; "El jesuita"), Bernabé Pons ("De los moriscos" 175) y Márquez Villanueva (*Moros, moriscos* 167-68). Quede claro que, como aduce Benítez Sánchez-Blanco, "no puede decirse que existiera una opinión oficial de la Iglesia española sobre las soluciones que podían y debían aplicarse para lograr la conversión de los moriscos, entendida en el sentido de cambio de vida. Y, en consecuencia, tampoco la había sobre la conveniencia de expulsarlos" ("El debate" 103-04).

trató a Pedro de Valencia y a su maestro Benito Arias Montano (*Moros, moriscos* 175-77). Así es que, como opina Bernabé Pons, todo

> invita a contemplar los pasajes moriscos de Cervantes acompasados con las ideas expresadas y desarrolladas por Valencia. Y lo cierto es que algunas de esas propuestas, como la mezcla conyugal, el *ius gentium* de los moriscos, la caridad y especialmente el no extender la culpa de algunos en toda la comunidad aparecen en Cervantes hechas personaje y narración. ("De los moriscos" 176)[20]

En definitiva, la expulsión, esa "[h]eroica resolución del gran Filipo III," no ha hecho de España, como implicara Ricote, una patria mejor al quedar "limpia" y "desembarazada" de la sierpe morisca por el ejercicio de "inaudita prudencia" de don Bernardino de Velasco (II, 65, 588), sino una España que causa en parte de los suyos, la comunidad morisca, un profundo dolor, convirtiéndola en una "nación más desdichada que prudente sobre quien ha llovido estos días un mar de desgracias," como hemos visto opina su hija (II, 63, 572). Ése es el objetivo de la manifiesta ironía cervantina, encapsulado perspicazmente en el uso enfrentado que ambos personajes hacen del mismo término, 'prudencia,' para expresar ahora el choque entre la perspectiva "oficialista" de Ricote y la de su hija al respecto de la sensatez y moderación (prudencia) de la

---

20   Cabría pensar que Cervantes estaría de acuerdo con la política de absorción total anhelada por Valencia y la erradicación de la cultura morisca. Sin embargo, si atendemos al retrato que nos hace de lo vivido por los personajes en estos capítulos y la identificación que todos muestran con la odisea de Ricote y su familia, podemos estar de acuerdo con Rosilie Hernández en que "the *Quixote* draws a society that in all its echelons does not seem to require the absolute erasure of the traits that distinguish Moors within the social fabric. The identification with Ricote that the characters in the *Quixote* demonstrate and that by extension the reader can form with the Moorish other sidelines the need for Valencia's project of dispersion, cultural erasure, and full assimilation [...] The fictional world constructed in the *Quixote* is informed by how Christians and Moors inhabited material and personal geographies where the official need for absolute political and religious control competed and was often secondary to the affective and economic relationships that where experienced locally on a daily basis" ("What is us?" 124).

medida de expulsión y lo que ésta en su violencia realmente provoca.²¹ Una ironía que muchos no ven debido a las dos líneas de interpretación que referimos arriba, lo cual fuerza a preguntarnos: si Cervantes quería verdaderamente mostrar la traición y malicia de los moriscos, ¿por qué es tan enrevesado?; ¿qué es lo que le impide tomar el camino seguro de la razón de estado y presentarnos sin ambages a un Ricote, una Ana Félix o un posterior jadraque (en el *Persiles*) siendo infames, promusulmanes y pérfidos? La verdad es que esos moriscos felones no asoman en los episodios cervantinos, más bien sus contrarios. Por tanto, como bien sintetiza Bernabé Pons, los moriscos de Cervantes que divulgan la retórica oficialista "son ellos mismos una negación de sus palabras" ("De los moriscos" 175). No obstante, el propio Boruchoff no parece detectar ironía en la declaración apologética de Ricote, sino más bien un discurso que, tomado al pie de la letra, polemiza internamente con los de las autoridades médicas, políticas o religiosas de la época, y, al modo Bakhtin (*Problems* 195-97), "el lector debe a menudo extraer la verdad de la 'comunicación dialógica' de los disputantes [...] porque no la tiene ni el uno ni el otro de ellos" ("La inequidad" 65).²² Al polemizar de esa manera, según el crítico, se desvela el verdadero significado que quiere transmitir Cervantes a sus lectores instruidos sin necesidad de ser más explícito: la medida quirúrgica es un error y va fundamentalmente en contra de la ley canónica; además es excesiva y anticristiana, porque expulsa a los moriscos del seno de su comunidad religiosa cuando son parte del cuerpo místico de Cristo.

Como ya ha quedado claro, estoy muy de acuerdo con el planteamiento de Boruchoff, pero disiento en lo tocante a la ironía de estos

---

21   La obra de 1613 del escribano real Juan Ripol titulada *Diálogo de consuelo por la expulsión de los moriscos en España* es un claro ejemplo de las disidencias y resistencias morales e intelectuales a la medida de expulsión, así como de los temores ante las gravísimas consecuencias sociales y económicas del edicto.

22   Para una serie de ejemplos en las comedias de cautivos cervantinas sobre esta "polémica velada" o el "discurso internamente polémico" como innovación clave del humanismo de los Siglos de Oro, véase Boruchoff ("Los malvados"). Y para la aplicación de este planteamiento al análisis de las *Novelas ejemplares*, ver Boruchoff ("Free Will").

pasajes por los detalles que vengo desgranando, los cuales exponen dos perspectivas en conflicto que no aguantan una lectura literal del texto, aun cuando ésta advierta determinadas polémicas internas con otros discursos. En Cervantes, como estamos acostumbrados a ver, siempre aparecen dos perspectivas: una que normalmente camina por los seguros senderos del discurso oficial y representa esa convencionalidad, y otra que se superpone y se enfrenta a ella, que proporciona una visión alternativa, y que aflora en los vacíos, la exageración, las ambivalencias, las dobleces, la ambigüedad o la ironía del texto. Simplemente, el "si bien lo miras" de sus *ejemplares*, que es extensivo a toda su escritura, nos obliga a hacer "una lectura anamórfica," (*ana*, 'de nuevo,' *morphe*, 'forma') que diría David R. Castillo (*(A)wry Views*), a no poder quedarnos en una interpretación literal, sino una que capte, en la doble mirada en la que se forja el texto, la intención crítica del discurso. Pues bien, Cervantes despliega a un tiempo esa doble perspectiva haciendo que sea la víctima la que de manera insólita se autocondene y la que alabe el castigo infligido sobre ella por los poderes públicos. Lo peregrino del hecho y la ostensible exageración en el elogio desnudan la ironía por la cual se indica al lector avisado cómo debe navegar para encontrarle el sentido al escrito.[23] La estrategia le aporta al alcalaíno un eficaz y doble resultado: burlarse veladamente del ideal vacuo que representa la pureza de sangre en esa sociedad, e igualmente empatizar

---

23 Una lectura en la que, como apuntara René Quérillacq, el lector puede desgajar el relato del discurso, justo lo que no hacen los que abogan por un Cervantes de sentimientos antimoriscos, aquéllos que en su interpretación armonizan uno y otro. De acuerdo con el semiólogo Émile Benveniste, si el relato consiste en presentar los hechos sin que intervenga de ninguna manera el locutor en él, el discurso es "toda enunciación que supone un locutor y su oyente; y en aquél la intención de influir en éste de alguna manera" (Benveniste cit. en Quérillacq, "Los moriscos" 88n46). Cervantes presenta la lectura literal (relato), y le infiltra la ironía (discurso). Como resultado, y volviendo a Quérillacq: "[s]i, en el relato, los moriscos son el grupo incriminado, se invierte el movimiento en el discurso y se recrimina al poder político" ("Los moriscos" 91).

con el conciudadano morisco conmiserándose de su dolor, sin tener en ningún caso que dar explicaciones que lo comprometan.[24]

Como creo haber demostrado a lo largo de este libro, la comprensión, la empatía y la compasión hacia el Otro son consustanciales al humanismo que trasluce la imaginación teatral cervantina, es más, se constituyen en la actitud ética y el estilo de Cervantes, "la ironía que simpatiza," que vimos defiende Cerezo Galán y que está en la base del vitalismo orteguiano. A mi modo de ver, la aceptación de los Otros es un punto en común, como prueban tantos personajes —algunos de ellos pertenecientes a minorías— en los versos y pasajes de la ficción cervantina, desde sus comedias de cautivos, pasando por *La Numancia*, hasta *La gitanilla*, *La española inglesa* o el *Quijote*. Sin ir muy lejos, esa actitud se manifiesta aquí hacia el morisco en la empatía, conmiseración y caridad que sienten el virrey y don Antonio Moreno por el sufrimiento de Ricote y su hija, ofreciéndose a remediar su situación;[25]

---

24 Gerli considera que los sentimientos antimoriscos que podían representar las palabras de Ricote "need not be identified with Cervantes [...] they are likely strategies of irony deployed to call attention to the plight of the *Moriscos* and, at the same time, distance and camouflage personal sentiments" (*Refiguring* 58). Carrasco Urgoiti aduce: "Pienso que tan real como el Cervantes beligerante frente al imperio otomano fue el Cervantes integrador que se siente desgarrado por la liquidación de la España morisca" ("Musulmanes" 75). Según Quérillacq, Cervantes coincide con algunas otras voces discrepantes que se alzaron después de la expulsión: Pedro Fernández de Navarrete, Sancho de Moncada, Quevedo o Pedro de Valencia ("Los moriscos" 91-92n67). Lo cierto es que tras la medida las voces disidentes escasean, mostrando en muchos casos una turbia ambivalencia, una clara contradicción, o una interpretación que va y viene pues está ligada a la defensa de determinados intereses, caso de Fernández de Navarrete, Moncada o Quevedo. Notorio resulta, como sostiene Pedraza Jiménez ("La expulsión"), el no encontrar ninguna referencia a la expulsión de los moriscos en el teatro áureo, el mayor espectáculo de masas del XVII. Las razones de esto las encuentra el crítico en la censura gubernativa, la reacción social y los encontrados intereses ante la medida, la composición y peculiaridad del público de los corrales, y en el tema, "una tragedia sin heroísmo y situada en la contemporaneidad" (197).

25 Christina Lee diferencia entre el tratamiento que Cervantes le da al caso del morisco Ricote y el que le da al de su hija. Mientras la autora pien-

o el apoyo moral que campesinos como Sancho muestran al empatizar con la pena y el padecimiento de los convecinos moriscos —cristianos sinceros como Ana Félix— cuando los ven partir de su pueblo forzadamente. Se trata, este último, de un comportamiento solidario ("moment of *communitas*") de un grupo de cristianos viejos que representa, según Lee, una escena de resistencia velada de los vecinos al decreto de expulsión (*The Anxiety* 206; Véguez "*Don Quijote*" 110). En la relación de los hechos que le hace Sancho a Ricote podemos inferir la protesta pasiva a la medida por parte del grupo de aldeanos:

> y séte decir que salió tu hija tan hermosa, que salieron a verla cuantos había en el pueblo, y todos decían que era la más bella criatura del mundo. Iba llorando y abrazaba a todas sus amigas y conocidas, y a cuantos llegaban a verla, y a todos pedía la encomendasen a Dios y a Nuestra Señora su madre; y esto, con tanto sentimiento, que a mí me hizo llorar, que no suelo ser muy llorón. Y a fee que muchos tuvieron deseo de esconderla y salir a quitársela en el ca-

---

sa que el alcalaíno no tiene problema en defender que no se expulse a Ana Félix, le parece que con el padre su actitud es más ambivalente, pues recrea a Ricote como "a Morisco of ambiguous political loyalties with the ability to pass through dominant spaces unrecognised." Según Lee, esta especie de transfuguismo es dañino para los cristianos viejos y para los moriscos, lo que en el texto se refleja en la desconfianza y ansiedad que muestran hacia Ricote tanto Sancho como las autoridades en Barcelona (*The Anxiety* 203-05). A mi modo de ver, la posterior sequedad de Sancho hacia Ricote se explica por el miedo que tiene el escudero a las represalias de las autoridades si éstas los ven cómplices en el negocio del morisco. Es Ricote quien se descubre a Sancho, mientras Sancho sin recelo alguno le asegura que nunca lo delatará. Y en el caso de don Antonio y el virrey, no veo más que la diferencia de tratamiento que establecen entre la situación de una joven morisca cristiana, Ana Félix, y un morisco discreto o bien intencionado. Sea como fuere, Lee termina defendiendo que "Cervantes ultimately recognises the benefits of acculturation for the stability of the body politic, but he also defies the view that absolute cultural absorption (Valencia's *permixtion*) —and, by extension, the erasure of Morisco culture— provides the solution to the Morisco problem" (*The Anxiety* 203).

mino; pero el miedo de ir contra el mandado del rey los detuvo. (II, 54, 494)

Son éstas, por tanto, actitudes claramente virtuosas, las mismas que subraya la Ricota al hablar de la profesión de su "fe católica" y "buenas costumbres" llamándolas "virtudes" (II, 63, 572); o las que alimentan la generosidad de Ricote con su vecino Sancho a la hora de querer repartir lo único que le queda, su tesoro escondido, paliando así las que él sabe y declara son "muchas necesidades" de su amigo (II, 54, 493); o la caridad que recibe el renegado tras reintegrarse al catolicismo después de rescatar a don Gregorio de Berbería: "[r]eincorporóse y redújose el renegado con la Iglesia, y de miembro podrido, volvió limpio y sano con la penitencia y el arrepentimiento" (II, 65, 587). Virtudes, todas ellas, que nacen de la convicción (entendimiento) y del aprendizaje (práctica vital), ligados siempre a las vicisitudes que experimentamos en convivencia con el Otro.

Hay que hacer notar, como ha hecho Armstrong-Roche, lo significativo que es que al renegado se le permita reintegrarse al cuerpo místico eclesial mediante el arrepentimiento y la misericordia que, por otra parte, don Bernardino de Velasco le niega a los moriscos, españoles y conversos sinceros, que el decreto de Felipe III condena al exilio sumario (*Cervantes' Epic* 261). La razón, como vengo aduciendo, es el peso que tiene en la identidad nacional la pureza de sangre como factor de homogeneización social, religiosa y política entre los ciudadanos de los diferentes reinos que comprenden la Corona de Castilla. Los estatutos de pureza de sangre se convierten en el recurso con el que el poder gubernamental afianza la identidad nacional en base a la exclusión de todos aquellos considerados impuros, u Otros —una estrategia que Anthony Marx llama la lógica de la cohesión excluyente, o "exclusionary cohesion" (*Faith* 24). Así pues, este renegado en el *Quijote* II, 65 es al fin un cristiano viejo en su origen, mientras el morisco es uno inauténtico, impuro, sin importar el que haya mezclado su estirpe, aunque raramente, con la de cristianos viejos; un cristiano impostado, como lo eran el judío o el amerindio conversos, ésos ahora tan lejos, pero el morisco tan cerca. El caso es que, como señala Fuchs "[t]he similarity of the Moriscos forces the Spanish state, via the Inquisition, to keep raising the bar of national identity, from conversion to Christianity, to adoption of 'Christian' cultural practices, to genealogical purity" (*Mimesis* 99). Con todos estos detalles aflorando en los capítulos que tratan el problema morisco en el *Quijote*, Cervantes no sólo critica la política de pureza de sangre, sino que deja claro su rechazo a la expulsión y a la inhumana actuación de sus responsables. Por eso coincido con la valoración que hace Steven Hutchinson ("Los apologistas") sobre el núcleo de los episodios de Ricote y su hija, los cuales reflejan el interés de Cervantes por "captar el drama humano que se desató con la expulsión" (144) y por dirigir, con "profundo sarcasmo" (141), un ataque implícito a los que la defienden y la llevan a cabo. El crítico percibe en posturas como la del virrey y la de don Antonio, o las palabras del propio narrador, un claro ejemplo de la simpatía y conciencia ética cervantinas, lo que le lleva a concluir: "Esta simpatía solidaria, esta comprensión que querían negar los apologistas, constituye toda una postura ética que anula la totalidad de los argumentos a favor de la expulsión" (144).[26]

---

26 Así, con respecto al 'negocio de los moriscos,' (como se le llamaba en la época), no pienso como propone el primer Américo Castro que el "alma prismática" de Cervantes "refractaba la realidad del momento" a secas; por tanto, que el alcalaíno contradictoriamente "dice que han hecho bien en echar a los moriscos, y dice también que eso es una absurda crueldad", lo que termina siendo para el crítico "la única solución razonable frente a las opiniones opuestas de los que sostienen la intolerancia o la tolerancia de Cervantes" (*El pensamiento* 282-83). Tampoco comparto la posición posterior del estudioso por la que defiende que en Cervantes "los juicios acerca de la cuestión morisca varían; son unos cuando los moriscos son juzgados colectivamente, vistos como un fenómeno social y político; son otros cuando el tema de ese juicio es una vivencia individualizada [...]. Opinar sobre 'los moriscos' no es lo mismo que expresar lo sentido y padecido por 'un morisco'" (*Hacia Cervantes* 400). Ciertamente, estas dos posturas han marcado el pensar de muchos críticos, en mayor o menor medida. Layna Ranz parece coincidir con el segundo Castro diferenciando entre el tratamiento de colectivos y de individuos (*La eficacia*). Ésa es también en líneas generales la opinión crítica de Santos de la Morena (*Presencia* 339). Díaz Migoyo anima a acoger la paradoja: el que un morisco sinceramente acepte el destino que la razón de estado le ha impuesto a su pueblo. Por eso afirma que el episodio de Ricote revela "la contradicción

Quede claro, buena parte de la crítica no termina de percatarse de la amplitud de miras del humanismo cervantino y de su conciencia ética, la cual es, con diferentes gradaciones y estrategias a lo largo del tiempo, denominador común en toda su producción. La razón quizá estribe, o bien en no captar el juego de voces que construyen 'esa ironía que simpatiza con el Otro' en los textos, o bien en no detectar dicha ironía en las comedias y crear una división entre el Cervantes del teatro —más concretamente el de las obras de cautiverio— y el Cervantes de la prosa, caso de tantos otros.

No debe extrañar así el vaivén que se produce cuando, justo después de que el morisco elogie la síntesis de la intolerancia —la medida quirúrgica de expulsión, mezclada con el dolor que ha supuesto para "casi todos" ellos— Cervantes subraye, con cierta pátina erasmista, la libertad de conciencia y tolerancia de credo que Ricote ha encontrado durante su exilio en Alemania. Entiéndase tolerancia, tras la paz firmada en 1555, para las confesiones católica y protestante; no se trata, por tanto, de libertad religiosa a la moderna. De este modo le relata a Sancho la concordia de la que disfruta en la que sería la libre ciudad imperial de Augsburgo, tras pasar por los católicos países Francia e Italia en los que (¿cuál sería la razón?) no se asienta: "[...] y llegué a Alemania, y allí me pareció que se podía vivir con más libertad, porque sus habitadores no miran en muchas delicadezas: cada uno vive como quiere, porque en la mayor parte della se vive con libertad de conciencia." Alemania, pues, es el país al que Ricote ansía llevar a su hija y su mujer en cuanto las encuentre y donde dice "esperaremos lo que Dios quisiere hacer de nosotros" (II, 54, 492).[27]

---

de su identidad nacional" y "la contradicción de la enemistad y el amor de los moriscos por España" ("La paradójica" 46-48). Asimismo, como opina Fajardo, esas "inner contradictions need not refute one another but rather may impel the individual to self-assertion. Ricote can be sincere both in his love of Spain *and* in his praise of the 'bando'" ("Narrative" 322).

27   Sigue sorprendiendo leer los argumentos que aducen aquéllos adscritos a ver un acendrado oficialismo en Cervantes cuando se enfrentan a estas palabras de Ricote. Desde ese prisma, bajo la supuesta lealtad a la medida de expulsión promulgada por el rey y al catolicismo tridentino, Ricote estaría despreciando la libertad con la que se vive en Alemania, pues es una

Lo cierto es que Cervantes, como hemos visto, aprovecha cada ocasión que se crea en sus obras para criticar, muchas veces desde la mirada del Otro, el mito de la superioridad espiritual cristiana basada en la pureza de sangre, así como la corrupción de los representantes públicos encargados de dictar justicia. En esto su obra póstuma, el *Persiles*, no es una excepción. Con respecto a lo último, justo después de que Auristela describa a España como la más "pacífica y santa" nación (III, 4, 460), los peregrinos se ven envueltos en una situación en la que la Inquisición los encarcela, acusados de asalto, robo y asesinato. Pues bien, en ese escenario el narrador aprovecha para detallarnos la depravación de escribanos, procuradores, y de todo el sistema judicial, algo que, por otra parte, hemos visto ya en *Don Quijote* y en *La gitanilla*:

> Ricla, la tesorera, que sabía muy poco o nada de la condición de escribanos y procuradores, ofreció a uno, de secreto, que andaba allí en público, dando muestras de ayudarles, no sé qué cantidad de dineros porque tomase a cargo su negocio. Lo echó a perder del todo, porque, en oliendo los sátrapas de la pluma que tenían lana los peregrinos, quisieron trasquilarlos, como es uso y costumbre. (III, 4, 469-70)

En lo tocante a la visión que presenta de la cuestión morisca, el *Persiles* vuelve sobre los pasos del *Quijote* a través de las intervenciones de los personajes Zenotia y el jadraque Jarife. En clara referencia a los poderes ocultos que muchas veces la creencia oficial cristiana le endosaba a

---

depravación en la que "cada uno vive como quiere" sin atender a las debidas "delicadezas" en asuntos de conciencia y fe, las cuales, gracias a Dios y a la intervención del católico monarca, sí se cuidan en la península —aunque lleven a la expulsión y muerte de tantas familias españolas, claro está. Ver, entre los más conspicuos defensores de esta lectura a Casalduero (*Sentido y forma del* Quijote 330-40), a Ramírez-Araujo ("El morisco") y a Forradellas ("Anotación" 1172). Para una revisión de esta problemática y, en el extremo contrario, la presentación de una propuesta sobre la 'libertad de conciencia' en Cervantes como antesala de una "noción virtual de derechos humanos," ver Márquez Villanueva (*Moros, moriscos* 260-70; cito 267).

los moriscos,[28] Zenotia, esa supuesta maga-astróloga, aparece recalcando exageradamente la imagen mítica y monstruosa que se tenía de ellos, y cómo la Inquisición se ocupaba de perseguirlos con extremo celo:

> Salí de mi patria habrá cuatro años, huyendo de la vigilancia que tienen los mastines veladores que en aquel reino tienen del católico rebaño; mi estirpe es agarena; mis ejercicios, los de Zoroastes, y en ellos soy única [...] pídemelo, que haré que a esta claridad suceda en un punto escura noche; o ya, si quisieres ver temblar la tierra, pelear los vientos, alterarse el mar, encontrarse los montes, bramar las fieras o otras espantosas señales que nos representen la confusión del caos primero, pídelo, que tú quedarás satisfecho y yo acreditada. (II, 8, 327)

Toda esta es la magia que puede hacer la morisca Zenotia, quien se marchó de España huyendo de la Inquisición por ser agarena, pero a la que el narrador llama, por cierto, "la española Zenotia" (II, 8, 329). Y es que, igual que vimos en *Don Quijote*, el personaje se queja de haber sido "arrancada" de su patria: "—Dígote, en fin, bárbaro discreto, que la persecución de los que llaman inquisidores en España me arrancó de mi patria: que, cuando se sale por fuerza della, antes se puede llamar arrancada que salida" (II, 8, 329). Ese conveniente y oficialista, aunque doloroso autorretrato que pinta de sí la morisca de Alhama culpando a la Inquisición de su obligado exilio por ser musulmana y maga, con-

---

28   Muy probablemente debido a las prácticas médicas que se daban en el seno de las comunidades moriscas, ver al respecto Díez Fernández y Aguirre de Cárcer ("Contexto histórico" 52-53). Aunque también puede ser reflejo del hecho de que las tres etnias, la judía, la musulmana y la cristiana, venían practicando la astrología desde su convivencia en la Edad Media, como opina Schmidt ("La maga"). Por cierto, esta estudiosa defiende que Zenotia no es una hechicera al uso, sino "una astróloga/alquimista/maga islámica" de tradición sapiencial antigua (21); mientras que Lozano-Renieblas opina que es una hechicera erótica, un personaje que "sintetiza los tópicos sobre los moriscos sancionados por la tradición literaria pues en él confluyen la inclinación del morisco a la práctica de supersticiones y hechicerías y el típico caso de magia amatoria, tan frecuente en los relatos de aventuras de la Antigüedad" ("Religión" 368).

trasta con la visión que nos ofrecerán los moriscos protectores de los peregrinos, los cristianísimos Rafala y su tío el jadraque Jarife.

De esta manera, Cervantes recrea unos acontecimientos que pueden haber tenido lugar en algún enclave de la costa valenciana alrededor de 1558. Un pueblo, en su gran mayoría morisco, está a punto de enfrentarse al ataque que los corsarios otomano-berberiscos realizaban frecuentemente en esas comarcas para llevarse bienes y personas; "entradas" que normalmente aprovechaban, y en ocasiones fomentaban, muchos moriscos nativos oprimidos para embarcarse y huir hacia futuros mejores en el Magreb, especialmente durante la primera mitad del siglo XVI. Rafala les comunica a los peregrinos que si no quieren perder la vida ese día se resguarden en la Iglesia, acompañados del cura y de su tío, el morisco cristiano Jarife. Efectivamente, llegada la noche los berberiscos asolan y saquean la ciudad, llevando consigo personas y enseres. Además, con ayuda de los moriscos criptomusulmanes, destrozan la cruz de piedra que anuncia el pueblo y le pegan fuego a la puerta del templo, el cual aguanta el asedio, pues los pocos cristianos que se encuentran dentro lo defienden eficazmente. Al amanecer del día siguiente, la morisca Rafala aparece representada portando fervorosamente una cruz de caña, ensalzando su cristianismo y libertad gracias a la misericordia divina, al tiempo que entra en la iglesia con lágrimas de alegría para rezar a las imágenes, besar las manos al cura y dar gracias a Dios.[29] Por lo que respecta al Jarife, el personaje sigue las huellas de Ricote en *Don Quijote* y de forma calcada vilipendia a los suyos llamándolos "la serpiente que le está royendo las entrañas," o "la neguilla del trigo" (III, 11, 553, 554). Literalmente, se vuelven a usar los mismos adjetivos con los que el morisco clama porque el "rey prudente" actúe y ponga "en ejecución el gallardo decreto de este destierro," (554) dejando España "limpia y desembarazada desta mi mala casta" (III, 11, 558). Y de forma análoga se elogia con extrema pompa la medida que habrá de tomar Felipe III, así como el brazo ejecutor que

---

29 Esa cruz que porta Rafala, según defiende Infante, representa el optimismo de la renovación con la que se hace frente a la otra cruz, la de la imposición, aquella cruz de piedra colocada a la salida del pueblo, destruida ahora tras el ataque berberisco y en la que se fundará el discurso apologista de la expulsión ("Los moriscos" 297).

la ponga en práctica, don Bernardino de Velasco. Nótese cómo en este caso el narrador enmarca las palabras del morisco —en un gesto, a mi ver, netamente paródico— diciendo que salen de un arrebato profético, con tonos de arrobamiento místico, verbigracia "casi como lleno de celestial espíritu":

> —¡Ea, mancebo generoso; ea, rey invencible! ¡Atropella, rompe, desbarata todo género de inconvenientes y déjanos a España tersa, limpia y desembarazada desta mi mala casta, que tanto la asombra y menoscaba! ¡Ea, consejero tan prudente como ilustre, nuevo Atlante del peso de esta monarquía!. ¡Ayuda y facilita con tus consejos a esta necesaria transmigración; llénense estos mares de tus galeras, cargadas del inútil peso de la generación agarena; vayan arrojadas a las contrarias riberas las zarzas, las malezas y las otras yerbas que estorban el crecimiento de la fertilidad y abundancia cristiana! Que si los pocos hebreos que pasaron a Egipto multiplicaron tanto que en su salida se contaron más de seiscientas mil familias, ¿qué se podrá temer de éstos, que son más y viven más holgadamente? No los esquilman las religiones, no los entresacan las Indias, no los quintan las guerras; todos se casan, todos, o los más, engendran, de do se sigue y se infiere que su multiplicación y aumento ha de ser innumerable. ¡Ea, pues, vuelvo a decir, vayan, vayan, señor, y deja la taza de tu reino resplandeciente como el sol y hermosa como el cielo!. (III, 11, 558-60)[30]

No hay que olvidar lo oportuno, significativo e irónico que resulta que sea el jadraque mismo, momentos antes, el que se encargue de animar al rey a no tener temor, "aunque éstos sean temores de consideración,"

---

30   Hay que subrayar que Cervantes aquí está reproduciendo en palabras de la víctima los comentarios que el discurso oficial propagaba sobre la multiplicación de los moriscos como el resultado de una irrefrenable lujuria. El contemporáneo Aznar Cardona sostenía que ese innumerable aumento de la minoría se debía en el fondo al deseo por el que le pedían a Mahoma que los multiplicara, ayudando así a la intercesión de Alá en el cometido de reganar la península para el islam (Ver Aznar Cardona cit. en Caro Baroja, *Los moriscos* 220).

ni al problema económico que genera la total devastación en la que quedarán los territorios tras la medida —miedo a la despoblación de las tierras que causó que los señores aragoneses y valencianos se opusieran al edicto y tuviera que intervenir el duque de Lerma (Boronat y Barrachina II, 179)—, ni al problema teológico que implica expulsar de ellos a los muchos moriscos bautizados:

> Ven ya, ¡oh venturoso mozo y rey prudente!, y pon en ejecución el gallardo decreto de este destierro, sin que se te oponga el temor que ha de quedar esta tierra desierta y sin gente y el de que no será bien [desterrar] la que en efeto está en ella bautizada; que, aunque éstos sean temores de consideración, el efeto de tan grande obra los hará vanos, mostrando la esperiencia, dentro de poco tiempo, que, con los nuevos cristianos viejos que esta tierra se poblare, se volverá a fertilizar y poner en mucho mejor punto que agora tiene. (III, 11, 554)

Esta retórica nos es demasiado familiar, pues ha sido usada en los mismos términos contra los judíos, los conversos y ahora los moriscos, o los gitanos, que precisamente están siendo expulsados de Madrid en 1609, como referimos al comentar *La gitanilla*. Y todo ello no nos causaría asombro si no fuera porque Cervantes satura estos pasajes de un exagerado ensalzamiento de la medida 'quirúrgica' en boca de la víctima, sabiendo que muchos doctos opinan que es un error y va en contra de la ley canónica.[31] Una víctima, el Jarife, que, no olvidemos, se nos

---

31 De ahí que Márquez Villanueva escriba: "En el *Persiles* Cervantes asesta, en realidad, un duro golpe a la política de expulsión al presentar como irrebatibles sus dificultades doctrinales y relegarla de esa forma al plano arbitrario de atropellar, romper y desbaratar" (*Personajes* 295). Armstrong-Roche (*Cervantes' Epic*) analiza precisamente los ecos temáticos y léxicos de la diatriba del jadraque en otros lugares de la novela, lo que le permite anclar la ironía del pasaje implícitamente y reafirmar la crítica de Cervantes al edicto de Felipe III. Los términos proféticos con los que el Jarife ensalza la expulsión encuentran un paralelo en la profecía de la isla bárbara, que asocia el oráculo conectado mesiánicamente a fines políticos con la barbarie. La expulsión de los moriscos puede ser así considerada una medida bárbara. Del mismo modo, el léxico usado para ensalzar y justificar la expulsión,

ha reiterado que es "moro sólo en el nombre y, en las obras, cristiano," (III, 11, 552); "Morisco soy, señores, y ojalá que negarlo pudiera; pero no por esto dejo de ser cristiano" (553). Ésta es la realidad que quiere Cervantes que leamos en su ironía y sopesemos: cómo un español y convencido cristiano, un 'cristiano en las obras,' 'un cristiano amparador de otros cristianos,' puede estar alabando con ese empeño una medida que lo expulsará de la comunidad católica de la que es miembro y de su patria. Lo insólito de la situación, lo injusto y lo anticristiano de la resolución quizá nos fuerce a cuestionar la realización del vaticinio del abuelo moro del Jarife que tanto ansía ahora el nieto, y que prevé una "España de todas partes entera y maciza en la religión cristiana, que ella sola es el rincón del mundo donde está recogida y venerada la verdadera verdad de Cristo" (III, 11, 553). ¿De veras, tras la definitiva puesta en práctica del edicto y sus actuales consecuencias en 1617, el lector no tiene duda de que esta España, violenta e inmisericorde, sea el crisol donde se encuentra y se venera "la verdadera verdad de Cristo"? Ciertamente, un convencido cristiano como Cervantes quiere que nos detengamos en esa deliberada y gruesa redundancia que pergeña su imaginación teatral, dejando todo a nuestra conciencia. Eso sí, el silencio que se apodera de los personajes, incluso del narrador, tras la profecía que transmite el Jarife, es sumamente revelador, como han visto varios estudiosos.[32]

'atropellar, romper, desbaratar,' encuentra evidentes calcos con el episodio de Ambrosia Agustina que le sigue en la novela, lo cual refuerza la arbitrariedad del deseo con el que se rompe la ley. La medida de Felipe III es el producto de un "deseo ciego," como el de Agustina, un comportamiento tiránico de un líder cegado por la pasión, que gobierna no con justicia sino con miedo, algo esto último que revela el crítico al analizar más adelante los parlamentos de Ricote en el *Quijote* (250-64).

32   Concuerdo plenamente con Gerli en el análisis que hace de la profecía del jadraque, de la ironía que invade el texto cervantino y de cómo los lectores informados de 1617 habrían captado esa ironía instantáneamente: "In short, Xarife by his very existence stands as a refutation of the very Christianity he seems to think will vindicate him. Looking back at him from the reader's perspective of 1617, Xarife endures as a victim of his own prophecy, as an augury of the wages of religious intolerance, chauvinism, xenophobia, economic failure, and the general discord that the expulsion of the Moriscos

En este contexto, Isabel Lozano-Renieblas —siguiendo quizá los pasos de Américo Castro (*El pensamiento*), Maurice Molho (Prefacio a *Les travaux*; "Filosofía"), Mercedes Blanco ("Literatura") o Aurora Egido ("Las voces")— defiende una ambivalencia en la obra por la que Cervantes "matiza el mundo con toda una gama de situaciones contradictorias, capaces de expresar su complejidad" ("Religión" 372). Ahora bien, la estudiosa del *Persiles*, más en la vena de Castro o Egido y menos en la de los otros dos críticos, no ve ironía a la base de la supuesta doble verdad que invade la novela, y mucho menos cuando examina los pasajes que reflejan el problema morisco, tanto aquí como en *Don Quijote*, pues lo hace descansar todo en la comunidad de la que salen estos personajes. De ahí que opine que, mientras la granadina Zenotia "no se postra ante quienes habían humillado a su pueblo" y "[c]ritica la persecución de que eran objeto los moriscos y que le había forzado a huir" ("Religión" 370), el castellano Ricote despierta conmiseración en el lector pues ha vuelto por amor a su patria, pero "el desdichado es leal no sólo a esa patria [...] sino también al monarca, que sometió al pueblo morisco a la más vergonzosa de las humillaciones" ("Religión" 369). Y si Ricote sorprendentemente sólo quiere humillar a los suyos con sus palabras, al valenciano jadraque no le quedaría otra, viniendo de la zona irredenta de la que viene:

would eventually produce. By placing this incident in the Kingdom of Valencia earlier in the sixteenth century Cervantes reminds the attentive readers of his work of the irony and unspoken and unspeakable consequences of more recent events, and of their tragic results for even the most sincere of Christian Moriscos" ("Xadraque" 276). En el extremo contrario se sitúa la interpretación de Aurora Egido: "Entre el morisco falsario y Jarife, 'moro sólo en el nombre y en las obras cristiano,' Cervantes establece distancias muy claras. El miedo a la expansión de la raza morisca y de su religión por el mundo subsiste en las últimas palabras del jadraque, como señal de esa doble perspectiva cervantina que salva a quienes abrazan de buena fe el catolicismo y alaban [sic] la expulsión de los moriscos que dejó la taza del reino limpia y resplandeciente. Que sea uno de ellos el que habla 'desta mi mala casta' o 'del inútil peso de la generación agarena' justifica, aún más si cabe, el destierro de los hijos de Mahoma y crea un ámbito de idealización afectiva hacia el morisco que se ha integrado plenamente, muy propio de la literatura española de principios del XVII" ("Las voces" 122).

La diatriba del jadraque, tantas veces citada, contra los de su propia minoría religiosa es, a mi juicio, claramente deudora del discurso oficial de aquellos que clamaban de manera radical a favor del edicto de expulsión, entre los que se encontraba, desde luego, Aznar Cardona. Y no creo que pueda recurrirse a la ironía cervantina para tratar de exculpar o justificar las palabras del personaje. Más bien habría que explicarlo como un caso de tipificación o, si se prefiere, de vínculo orgánico entre espacio e historia. No parece factible, ateniéndonos a las leyes de la verosimilitud, la presencia de un morisco dialogante en tierras valencianas. Allí la cordialidad no tenía cabida en las relaciones cristiano-moriscas. La convivencia había sido tan difícil que no hubo lugar para la comprensión o para manifestaciones de piedad. (Lozano-Renieblas, "Religión" 370-71)

Sorprende mucho que Lozano-Renieblas ponga tanto énfasis en una interpretación literal de las palabras de estos protagonistas, haciendo depender su examen crítico del peso historiográfico que tiene el lugar del que provienen dichos personajes moriscos. Como si esto, por más relevante y fidedigno documentalmente que sea, constituyera una verdad histórica inmutable que, por otra parte, la ficción cervantina no pudiera manipular a su antojo y conveniencia, violando incluso la verosimilitud. Precisamente, son las fracturas espacio-temporales y otras inverosimilitudes un rasgo que el *Persiles* comparte con *Las Etiópicas* de Heliodoro —obra en la que supuestamente se inspira y con la que dice competir— y que Lozano-Renieblas subraya como característica escritural de la novela póstuma: "Conviven en el *Persiles* tiempos y espacios dispares sin que ello suponga ninguna quiebra novelística" ("Religión" 367), "El *Persiles* es una novela muy rica en material histórico, pero la ordenación histórica le es ajena" (*Cervantes* 190). De resultas, Lozano-Renieblas termina defendiendo a una Zenotia crítica con la expulsión y a unos Ricote y jadraque oficialistas y a favor de ella; sin caer en la cuenta, entre otras sutilezas, de que Ricote, y sobre todo el jadraque, han dejado claro que son moriscos, pero 'cristianos en las obras.'³³ A pesar de todo, la investigadora detecta y subraya en estos episodios el asunto crucial en el que vengo insistiendo, esto es, el "talante compasivo" de Cervantes, "sensible a las debilidades humanas y a las contradicciones de la historia" ("Religión" 372, 373).

En conclusión, como ya hemos visto en muchas instancias a lo largo de este estudio, Cervantes reproduce el odio enquistado, o el racismo (diríamos hoy) del discurso oficial en contra de moros, renegados, judíos, turcos, conversos, gitanos o moriscos, pero, al mismo tiempo,

---

33   Bernabé Pons alude a que Cervantes nos propone una "poderosa paradoja" "tanto discursiva como actancial" para exponer el 'caso' de los moriscos expulsos: "Por un lado, el discurso del jadraque queda deshabilitado como una proposición falsa: si la expulsión es justa porque todos los moriscos son musulmanes y traidores, quien pronuncia el discurso y su sobrina no lo son, *ergo* la expulsión es radicalmente injusta. [...] Y por otro lado, el personaje del jadraque carga dentro de sí una evidente paradoja si el lector aplica esa misma visión del 'todos son uno en el mal' que triunfó en la época. Si todos los moriscos son traidores y malos cristianos, siendo él mismo morisco, ¿no lo será también?" ("La paradoja" 98). A mi parecer, dado que el texto insiste en representar al morisco como un buen cristiano, el parlamento del jadraque no es tanto paradójico, o contrario a la lógica discursiva, cuanto irónico-crítico, esto es, un discurso que da deliberadamente a entender lo contrario de lo que expresa. Por eso, me reafirmo en que sólo cabe interpretar las palabras del jadraque Jarife como opuestas a su literalidad, y, en consecuencia, cual denuncia manifiesta de la injusticia de la expulsión, tanto más si, como observamos, no hay asomo de perfidia en la actuación del personaje. Por otro lado, si conjetauráramos que el Jarife es un traidor criptomusulmán, es muy difícil concebir que un moro clamara por su propia destrucción o la destrucción de su gente, como apunta López-Baralt (*Islam* 255). Brownlee condensa el asunto en estos términos: "Cervantes is equally concerned, of course, with contemporary history (with his current moment), and its implications for ethnicity, race, and empire. [...] His long-standing commitment to critiquing discrimination is evident, for example, in the well-known and much commented on episode of the oxymoronic '*nuevos cristianos viejos*' in Book III, chapter 11" ("Interruption" 255). En definitiva, y siguiendo a Hutchinson, "[t]he anti-Morisco arguments channeled through dogs and Moriscos are deliberately weak and absurd, and in each case the argumentative void obliges readers to locate the centre of gravity in other unsettling aspects of the *Morisco question*" ("The morisco" 201).

ridiculiza la base en la que ese odio se asienta —la política de limpieza racial y religiosa y el mito de la superioridad espiritual cristiana— apostando siempre por la virtud individual y por la humanización del Otro. De ahí que, en el *Quijote*, el virrey, llevado de la conmiseración y no de la venganza, perdone la vida a los dos turcos que habían asesinado previamente a sendos soldados cristianos (II, 63, 577). E igualmente, como vimos en *La gitanilla* y en *La española inglesa* —bajo la pátina del neoplatonismo cristiano que combina la perfección moral y la física—, se vuelve a ensalzar la bondad y generosidad despertadas en el virrey y don Antonio por la belleza de la morisca: "[t]anta fue la benevolencia y caridad que la hermosura de Ana Félix infundió en su pecho" (II, 63, 577). Virtudes con las que se trascienden las limitaciones y exclusiones religiosas o de la sangre en esos episodios de ambas novelas para proporcionar escenarios que afianzan la humanidad que es común a todos. Una humanización que es cimiento de la ética de la teatralidad cervantina, y que vemos nítidamente expresada, ahora en el *Persiles*, en el consejo que la expulsada, la morisca Zenotia, le da a Antonio padre, personaje que bien pudiera ser, como piensa Lee ("Sexual Deviance" 183-84), estereotipo de aquéllos "con cólera española y discurso ciego" (II, 11, 349) obsesionados con la limpieza, la dupla honor-honra y el sentimiento antimorisco. He aquí las palabras de Zenotia: "Aconséjale [a Antonio hijo] que se humane de aquí adelante con los rendidos y no menosprecie a los que piedad le pidieren" (II, 11, 350).[34] De este modo, si el abrazo que persigue Zenotia entre ella ("mora en su presencia ibérica") y el joven Antonio ("España") no representa una alegoría política "de volver a un pasado ya perdido," como sí defiende Schmidt ("La maga" 34),[35] al menos el consejo de Zenotia, dirigido a su perseguidor, representa un alegato con el que clama a España por la hu-

---

34   Armstrong-Roche (*Cervantes' Epic*) nos señala que en el *Persiles* los cristianos europeos, tanto en la isla bárbara (49) como en Roma (76-78), se portan como bárbaros cuando actúan siguiendo el código del honor aristocrático —manifestado, por ejemplo, en la "secta del duelo"— en vez de la caridad cristiana.

35   La unión que Zenotia añora se suma a otras uniones alegóricas que se buscan en el *Persiles* como hombre/mujer, pagano/cristiano, norte/sur (Wilson, *Allegories* 104).

manización y la caridad para con el rendido morisco. Por consiguiente, Cervantes se duele de la situación de los moriscos, como lo ha hecho con la de otras minorías, y lo refleja así criticando la inhumanidad de una medida que exilia a muchos compatriotas, cristianos nuevos, sinceros o "discretos," empatizando con ellos y su funesta odisea, pues entiende que es la postura más humana, más cristiana y más ética.

Coda.
Horizontes cervantinos: El autoperfeccionamiento como lección humanística para la convivencia

Hay que hacer notar, como ya apuntamos en la introducción, que bajo el parapeto de la manida premisa "Cervantes es un hombre de su tiempo," algunos estudiosos tienden con displicencia a socavar, menospreciar o ningunear no ya aquellas opiniones presentistas, sino las que refrendadas por una seria investigación literaria no cuadran con sus apreciaciones. Así, etiquetan determinadas aportaciones críticas de otros con el marchamo de "interpretaciones anacrónicas o ahistóricas," cuando no casan con lo que ellos piensan. Algo que muchas veces coincide con el signo de los tiempos, esto es, con el común de la ideología oficialista, sin prestar la debida atención, por ejemplo, a aquellos discursos coetáneos y, a la sazón, discrepantes o críticos que, por escasos que sean, rodean o condicionan el pensamiento cervantino, con lo que precisamente lo sitúan en su tiempo. De este modo, si nos preguntamos, por ejemplo: ¿de dónde sale el humanismo de Cervantes comprensivo y caritativo con el morisco? De sus convicciones cristianas y experiencia vital, sin duda; pero también, indiscutiblemente y como hemos visto, de los discursos disidentes contemporáneos de los que Cervantes se empapaba e infiltraba en su literatura bajo el marco del perspectivismo y al socaire de su ironía. Lo cierto es que el perspectivismo crítico, la ambigüedad o la ironía de Cervantes, tan aceptados generalmente por la crítica, quedan en ocasiones sorprendentemente cancelados cuando el escritor se ocupa en su literatura del Otro cultural, religioso o étnico. ¿Cómo Cervantes, con lo que había sufrido a sus manos, no iba a odiar visceralmente al moro, al musulmán, y a su descendiente, el coetáneo y recalcitrante morisco y, por tanto, cómo iba a mostrar repulsa alguna por su expulsión? Si acaso, podemos concederle al alcalaíno el "compadecerse de los destinos individuales" —el de Ricote, por ejemplo—, pero obviamente siendo "un hijo de su tiempo" Cervantes debe de tener "espanto al peligro musulmán al final del XVI y principios del XVII" (Fernández-Morera, "Cervantes and Islam" 125-32), y debe "de despreciarlos como colectivo," y "desear a la vez el fin de una supuesta *quinta columna* que podía ser la ruina de España," como opina, entre otros, Soria Mesa ("Un Ricote" 152). Para contrarrestar posturas como éstas, vayan aquí las muy atinadas y satíricas palabras de Bernabé Pons que calibran el asunto:

> El Cervantes que combatió a los turcos y que sufrió cinco años de duro cautiverio en Argel es imposible que pueda mostrar proximidad alguna, siquiera comprensión, hacia los musulmanes (que, en la perspectiva de este análisis, es el Musulmán, también monolítico e inmutable). De esta forma, todos los alegatos críticos en pro del perspectivismo de Cervantes, de las capas interpretativas que pueden subyacer en sus textos, de los puntos de vista que son susceptibles de operar en sus distintos ejes narrativos, quedan apartados a un lado en el caso de rozar con el islam. Si el mundo es complejo y la penetrante mirada de Miguel de Cervantes aún lo puede problematizar más, nada de eso afecta al mundo musulmán o pretendidamente musulmán del siglo XVI —al menos el que conoció Cervantes. Este mundo es perfectamente mensurable, describible y predecible y por tanto el autor no puede introducir matiz alguno en panorama tan evidente (Moner 1995). El islam ha sido, es y será un conjunto de elementos —perversos, mayormente— que se repiten *sub specie aeternitatis* para su mejor manejo. ("La paradoja" 89)

Quede claro, "ser un hombre de su tiempo" no puede reducirse a ser vocero del pensamiento oficial y de sus pilares básicos como la defensa de la pureza de sangre, la cultura del honor y el rechazo de las minorías culturales, religiosas y étnicas. Más bien, ser un hombre de su tiempo consiste en Cervantes en hacerse cargo, como ningún otro, de todos los discursos políticos, religiosos, ideológicos, sociales y culturales coetáneos, y plasmarlos en su escritura, trasladando los diferentes puntos de vista que construyen una u otra realidad para ponerlo todo en cuestión. Las diferentes perspectivas se vierten en las vidas de sus personajes, y en la interacción de éstas le debe encontrar el lector el sentido al escrito, lo cual redunda, si el lector así lo estima, en una lección de valores. Bajo el marco de esa teatralidad, en la que la vida no alcanza pleno sentido si no es en convivencia con los demás, surge el humanismo de Cervantes. Un humanismo comprensivo con el Otro, que empatiza con su vivencia y se compadece de su sufrimiento, y que subraya lo que nos une, no lo que nos separa. Por eso Márquez Villanueva concluye su análisis de la visión que presenta Cervantes del musulmán en sus textos con las siguientes palabras:

> El caso es que Cervantes no mira al musulmán como *el otro*, sino como un igual o congénere, diferenciado nada más por su encuadre en distinta familia. Está por medio el distanciamiento religioso que es sin duda un ancho foso, pero no una condena al odio ni a la guerra para una conciencia cristiana. Sus moros y moras son hombres y mujeres como los demás en materia de virtudes, vicios y errores, pero bajo una luz que es en todo momento lo contrario de la pintura en blanco y negro requerida por la época. Cervantes es creyente y patriota, pero ni la religión ni la españolidad salen en modo alguno garantes de la conducta moral de sus personajes. El islam le sirve como prisma analítico de preñadas comparaciones de otro modo imposibles y el moro no es la figura del adversario ni del enemigo nato, sino la del vecino y hasta, en la instancia candente del morisco, el hermano en el exilio. El proceder del escritor se acerca a contraponer relatividades como antídoto de intolerancias oficializadas, según ocurrirá bajo la Ilustración en el caso de Montesquieu (*Lettres persanes*, 1721) y de Cadalso (*Cartas marruecas*, 1793). Solo que Cervantes no arranca, como ellos, de la diferencia, sino de la básica identidad humanamente compartida para bien o

para mal, lo mismo que hacía don Benito Pérez Galdós en su *Aita Tettauen* de 1905. (*Moros, moriscos* 313-14)

La verdad es que a Cervantes no le interesan los dogmas, sino la virtud, ni le interesan los absolutos que forjan la conciencia de los grupos (los cristianos, los judíos, los musulmanes), sino las vidas de los individuos, por eso se centra en plasmar las vicisitudes vitales de sus personajes. Y al hacerlo, al ahondar en su intimidad, simpatiza con todos ellos, porque se pone en su lugar y comprende sus luchas, porque los siente iguales en su humanidad, y porque tras todo lo vivido y sufrido, en ningún momento guarda rencor contra la vida, como dijimos sostiene Cerezo Galán ("Cervantes" 28). Sin duda, es esta actitud la que impele a que, por ejemplo, el escritor perfile y se compadezca del morisco Ricote, un personaje que lo sufre todo y, sin embargo, como aquél que lo crea, no guarda resentimiento. Algo que igualmente vio Márquez Villanueva: "Ricote es grandioso por la perfección virtuosa (cristiana, que no estoica) con que no abriga rastro de rencores, reclama justicia ni maldice su destino" ("Ajeno" 149).

Conviene entonces entrar de lleno al análisis de esa "perfección virtuosa" o, en nuestro discurso, autoperfeccionamiento, pues es característica fundamental del pensamiento cervantino con la que muchas veces el escritor dota a sus personajes y de la cual espera que el lector adquiera una lección vital. Para ello me serviré de unas reflexiones en torno al concepto de autogobierno ("self-mastery") en la literatura de Calderón y Cervantes en diálogo con los argumentos desarrollados por John Jay Allen en *Don Quixote: Hero or Fool? A Study in Narrative Technique*.

En 1969, al hilo de su discusión con algunas posiciones críticas, Allen incide en si el *Quijote* plantea, en el manejo de sus técnicas narrativas, alguna noción sobre lo que sea la naturaleza o la verdad de la realidad tras las apariencias. Pues bien, podríamos decir que no, ya que rápidamente Allen aduce la posición de Américo Castro en *Hacia Cervantes* cuando el crítico alude a que al alcalaíno no le preocupa la verdad lógica o el error, sino el mostrar que la realidad es siempre un aspecto de la experiencia de la persona que la está viviendo (Allen, *Hero or Fool?* 22). Es más, si pasamos del ámbito epistemológico al de la identidad, o al existencial, Cervantes estaría de acuerdo en que lo que la persona sea depende intrínsecamente de su experiencia vivida, lo que, en claro sinfronismo como hemos visto, lo convierte en "el antecedente más inmediato" de la tesis del existencialismo orteguiano: 'yo soy yo y mi circunstancia' (Cerezo Galán, "Cervantes" 29). Por lo tanto, lo que sea el mundo "real" no sólo es una construcción modelada por las convenciones de la percepción y la interpretación, como bien defienden Spadaccini y Talens (*Through the Shattering* 168), sino que además esa interpretación está profundamente determinada por la experiencia de vida de cada cual. Esto no nos debe conducir a entender a un Cervantes relativista acérrimo, más bien a un autor que de manera consciente promueve la ambivalencia y la ambigüedad, al colocarnos en diferentes puntos de vista, con la intención de demostrar que no existe una única posición de verdad. La realidad es un cúmulo de perspectivas, y lo que mayormente le interesa a Cervantes es examinar los modelos discursivos en los que esas perspectivas se enmarcan, algo de lo cual es claro ejemplo *Don Quijote*. Todo discurso cervantino en la novela está reelaborado, enmarcado, ironizado desde otro discurso, sea fundamentalmente el de la caballeresca, la picaresca, la pastoril o el teatro de la época; y, como fuera igualmente el caso en las *Novelas ejemplares* y en su propia dramaturgia, tiene como objetivo denunciar los postulados vacíos sobre los cuales se erigen los diferentes constructos ideológicos de su tiempo: mayormente el del poder o la razón de estado, el del honor, el de la pureza de sangre, el religioso, el del rechazo o cuestionamiento del Otro, de manera siempre ex-céntrica, oblicua, irónica, crítica y, por tanto, reveladora.

En el ámbito de ese poderoso enmarque, John Jay Allen en sus tres libros, pero sobre todo, en el quinto capítulo del primero, *Don Quixote: Hero or Fool?*, defiende que Cervantes en efecto dirige lo que el crítico llama la perspectiva ética del lector ("reader's ethical perspective") hacia su personaje don Quijote (83). Así, la técnica narrativa cervantina, según progresa la novela, produce una evolución en el juicio que el lector tiene del personaje, un proceso que le lleva de estimar a don Quijote como un loco objeto de burla en la primera parte, a un héroe objeto de respeto y admiración en la segunda (83). En efecto, durante la primera parte, don Quijote, loco por perseguir su orgullo, lo que

Allen califica "the sin of pride" (84), —otros podrían decir que harto de las tropelías del mundo y movido por las ansias de actuar (fazañas) y no por las palabras vacías (razones)— ha salido de sí y de su entorno para convertirse en caballero andante, enajenado de sus circunstancias. Sin embargo, durante la segunda, poco a poco se va desengañando, lo que le lleva a restablecer sus relaciones con lo real, toda vez, como diría Allen, que es capaz de vencerse a sí mismo ("'victor over himself'") al renunciar a su ceguera egocéntrica (89). En eso consiste su heroicidad. Claro, pasa de querer representar ser don Quijote y de poder ser "los doce pares de Francia," a ser simple y llanamente él mismo, Alonso Quijano, el por todos conocido como "el Bueno."

En línea con estas reflexiones, me parece importante remarcar que en el proceso de autoconocimiento y de desengaño de don Quijote juegan un papel clave dos aspectos: por un lado, que en la primera parte don Quijote es el protagonista de su propia aventura, el creador de su propia quimera, mientras en la segunda es un personaje en manos de otros; y por otro lado, el incesante diálogo con Sancho que vertebra la obra, lo que a la postre ayuda al caballero a salir de su solipsismo y lo "sanchifica," esto es, da oídos a la postura de su escudero. Poco a poco, en el contacto con los demás y con su frustración, don Quijote se desengaña, y ese autodescubrimiento lo abre a las perspectivas de los Otros simpatizando a distinto grado con ellas, sabedor de la repercusión que tiene la actuación del hombre en el mundo.

En cuanto al desengaño, Allen establece un profundo paralelismo entre el de don Quijote en Cervantes y el de Segismundo en Calderón:

> The arrogant "I know who I am" (49) of Don Quixote's first sally is as empty as Segismundo's "I know who I am" in Calderón's *Life Is a Dream*. Both men speak these words at the moment of greatest self-deception, and both are brought by a process of *desengaño* —Baroque disillusionment— to the same realization: "Today my greatest triumph is the victory I've won over myself [*La vida es sueño*, III]." (*Hero or Fool?* 90)

Por consiguiente, el desengaño del caballero don Quijote lo libera de su ceguera arrogante y le da la clarividencia para autogobernarse, de esa manera nos devuelve a Alonso Quijano; es decir, deja de ser héroe caballeresco y se convierte en hombre, potenciando, así, todas sus virtudes: bondad, nobleza, gentileza, a las que hay que sumarles su amistad con Sancho. La heroicidad del personaje consiste ahora en su humanidad, en sus sueños de cambiar el mundo, no en su locura. Por su parte, el desengaño de Segismundo en *La vida es sueño* lo lleva de ser "un bruto, una fiera humana" (v. 3171), a dominar sus instintos, a autocontrolarse y a convertirse en rey prudente y magnánimo.

A mi modo de ver, sin embargo, la gran diferencia en lo que toca a la interpretación de la realidad que revelan la obra de Calderón y la de Cervantes es que para Calderón, debajo del cuasi onírico velo de las apariencias que constituyen la realidad terrena se encuentra la verdad: Dios como supremo juez. De ahí que Segismundo adopte "el hacer el bien, aun en sueños" (v. 2401) y sostenga que "el delito mayor / del hombre, es haber nacido" (vv. 111-12). Por el contrario, para Cervantes no hay ninguna posición de verdad o substrato inmanente e inamovible tras las apariencias: la realidad depende de las diferentes perspectivas interpretativas que crea la experiencia vivida de cada cual, como ya hemos señalado. En definitiva, contrariamente al dogmatismo contrarreformista calderoniano, el perspectivismo de Cervantes se haya impregnado del escepticismo filosófico renacentista. Por eso insisto en que el desengaño de Segismundo en Calderón no le mueve a actuar bien, sino a dominar sus instintos —"el reportarme conviene, / que aún no sé si estoy despierto" (vv. 2412-13)—, inundado por la duda de no poder distinguir entre la vigilia y el sueño, y por el temor a volver a la torre/cárcel que le han transmitido tanto su ayo Clotaldo, como su padre Basilio. De ahí que en los últimos versos del drama se dedique a insistir en el espejismo y la fugacidad de la vida, lo efímero de la felicidad, y el miedo a despertar y hallarse otra vez en prisión (vv. 3394-96). Bien es verdad que, poco antes, teniendo a su padre de rodillas ante él como habían pronosticado las estrellas, resuelve que al hado no se le vence "con injusticia y venganza" (v. 3211), sino "con cordura y con templanza" (v. 3215), lo cual lo hace líder juicioso y benévolo. Basilio entonces le devuelve la corona y le dedica aquello de "tú venciste; / corónente tus hazañas" (vv. 3248-49). Pero esta resolución de Segismundo no llega por un genuino proceso introspectivo de autoconocimiento, como en el caso de don Quijote; proceso éste que se inicia, bien entrada la segunda parte, con el salir progresivo del personaje de su ensoñación y el darse cuenta de su estado en el mundo. Podríamos decir, por tanto, que cuando Allen defiende que ambos personajes se desengañan y se vencen a ellos mismos, en realidad es más un asunto de autodominio en el caso de Segismundo, mientras que en el de don Quijote se trata claramente de un proceso de autogobierno y cambio de conciencia. Si en Calderón a la postre todos tenemos que actuar bien en este mundo en consonancia con el papel dado por Dios (*La vida es sueño*, y sobre todo *El gran teatro del Mundo*), en Cervantes se trata de actuar bien siguiendo la ruta de autoperfeccionamiento que nosotros mismos nos vayamos marcando. En eso consiste la virtud y la responsabilidad ética por la que la persona se obliga a ser hija de sus obras.

Ciertamente, la virtud, una de las grandes preocupaciones de Cervantes a lo largo y ancho de sus escritos, es una de las disposiciones o potestades del ser humano que tiene el potencial de igualarnos. Se halla íntimamente relacionada con la integridad personal y la bondad de vida, pero también con la conducta, la dedicación y el esfuerzo creador. Por eso, al "cada uno es hijo de sus obras" tan repetido en el *Quijote* (I, 4, 138; I, 47, 617; II, 32, 314...), con el que se recalca que "la verdadera nobleza consiste en la virtud" no en el linaje (I, 36, 502), se le une además aquello de "no es un hombre más que otro si no hace más que otro" (I, 18, 266). Y claro, luego indudablemente vendrá Dios —esa "beneficent Providence" (*Hero or Fool? Part II* 110) en palabras del crítico— a juzgarnos cuando nos llegue la hora. A ese respecto me interesa desgranar un último concepto al hilo de las ideas de Allen:

> If a man's life is a work of art, Don Quixote must correct in *his* life the same defects which disturb Cervantes in the novels of chivalry: a presumptuous and altisonant style, and lack of concordance with reality. Of course, Cervantes is only Don Quixote's "stepfather" (11), since every man "is the son of his works" (43). (*Hero or Fool?* 90)

Como ya propusiera Nietzsche en su filosofía ético-estética desplegada en *El nacimiento de la tragedia*, el ser humano consigue la trascendencia a través de sus obras. Nuestra vida es una obra de arte y somos responsables de crearnos, modelarnos y determinarnos a nosotros mismos con nuestras acciones. Algo que supo igualmente descubrir Ortega y Gasset en *Meditaciones del Quijote* en el estilo novelístico y en el pensamiento de Cervantes. Por eso el filósofo escribió que la vida de cada cual debe ser "a la vez un armonioso espectáculo y un valiente experimento" (Ortega cit. en Cerezo Galán, "Cervantes" 34). Por mi parte, he venido argumentado cómo la noción de teatralidad, íntimamente arraigada en el vivir, inunda por entero la obra de Cervantes, especialmente en las obras analizadas, con el propósito ético de promover la virtud en la vida del individuo. En suma, el desengaño que ve Allen que lleva al autogobierno en don Quijote implica el autoperfeccionamiento o mejora en la vida del ser humano, entendida como arte o armonioso espectáculo, lo que constituye una de las lecciones humanísticas más esclarecedoras de la teatralidad cervantina.

Ahora bien, ese autoperfeccionamiento, ese movimiento hacia la virtud, esa búsqueda del ideal, se presenta en Cervantes siempre como horizonte, ya que se entiende como una travesía y no como la consecución de un destino. No hay personaje en Cervantes que represente el ideal de virtud en plenitud, pues todo personaje, como toda vida, tiene defectos. En otros autores barrocos, Calderón, por ejemplo, el camino persigue un fin. Sin embargo, lo que una y otra vez nos propone Cervantes en su literatura es cómo ese viaje de autoperfeccionamiento de muchos de sus personajes, paralelo al que los lectores/espectadores podrían perseguir si lo tuvieran a bien, supone abandonar la senda marcada, salir de la inercia en que se habita al enfrentar los problemas que suscita el encontrarse con los demás, sacar conclusiones al respecto y tratar de mejorar tras esa experiencia vital. Como he venido defendiendo, es esta preocupación por la virtud parte constitutiva de la poética de la ejemplaridad cervantina que recorre toda su obra. Por eso no extraña, como recientemente ha destacado Armstrong-Roche, que en los fundamentos de su novela póstuma encontremos una apuesta por el entretenimiento y la enseñanza de la complejidad moral:

> *Persiles* transforms the motifs and themes of the Greek novel into vital, unsettling problems. It makes a bid for the entertainment (and edification) of moral complexity, for characters that elude facile judgment and for readers who take pleasure in revising their conclusions as they go. This is one way to understand, as a poetics of exemplarity, what Cervantes famously formulated in the prologue to his *Novelas ejemplares* (*Exemplary Novellas*), in the same years he was finishing *Persiles* [...] *Persiles* shows not only how fiction can enhance the sense of moral complexity without sacrificing pleasure but also just how entertaining that complexity can be. ("The Lucianic Gaze" 59)

Se trata de la concienciación ética que quiere Cervantes que el lector/espectador obtenga derivada del indagar en los problemas vitales de la experiencia humana. Concienciación que constituye el eje de su imaginación teatral y el fundamento de su humanismo, y que se canaliza en el 'enseñar deleitando' que va desde su primer teatro hasta el *Persiles*.

Indudablemente, esa concienciación ética que lleva al autoperfeccionamiento, que nos ilustra en el vivir, y que nos hace más sensibles y cercanos a las perspectivas de las otras vidas, no se da en el vacío, sino que surge de la comprensión e interacción con los demás. El universo de Cervantes es un universo de "dividuals" no de "individuals," utilizando la jerga de Julio Baena (*Dividuals*). Por tanto, conocer, comprender y simpatizar con el prójimo, dolerse de sus vicisitudes vitales, nos mejora, fundamentalmente porque nos humaniza, y al humanizarnos nosotros humanizamos a los Otros. Amy Williamsen lo ha expresado en los siguientes términos:

> Indeed, Cervantes's texts, both canonical and non-canonical, in all their chaotic complexity, teach us the most lasting lesson of all: that human experience, in all its untamed glory, unites us. Empathy engenders compassion; in turn, this empowers us to transcend the socially constructed barriers that would otherwise divide us. ("Quantum *Quixote*" 185)

Abrazar la empatía, actitud consustancial al pensamiento literario cervantino en la que venimos insistiendo, nace de asumir cada perspectiva, de "tomar a cada individuo con su paisaje" y "cada paisaje con su individuo," como diría Ortega y Gasset en 1915 (Cerezo Galán, "Cervantes" 28-29). Una disposición que se concretiza en invitarnos a "habitar el Otro," en el sentido encapsulado en la noción de *vzhivanie* de Mikhail Bakhtin; concepto que fomenta una empatía activa en el sujeto, que entraña una simpatética co-experiencia interpersonal ("Author and Hero" 25-27; *Toward a Philosophy* 14-15) y que encuentra concomitancias con el de *mitgefühl* (compasión) de Max Scheler.[1] Es decir, se trata de ponernos activamente en el lugar del Otro, de ver la realidad desde su lente, empatizando con su circunstancia existencial y, sin llegar a convertirnos en ese Otro, avanzar en la comprensión de nosotros mismos y mejorarnos. En realidad, eso implica auténticamente el tan mencionado concepto del arco de transformación de los personajes que afecta a los protagonistas del *Quijote* y que Salvador de Madariaga denominó la 'Sanchificación de don Quijote' y 'la Quijotización de Sancho.' Pues, no es tanto el que un personaje adopte las cualidades del otro progresivamente en una transformación hacia la unidad de los dos, sino el que cada uno haga hueco dentro de sí a la postura del otro y extraiga unas consecuencias gnoseológicas y éticas. Lo que en palabras de Cerezo Galán es: "el progreso de cada uno, mediante el otro, a la íntima plenitud de sí, interiorizando su diferencia, como el otro yo en sí mismo. Cada uno lleva en sí su *alter ego*, como una diferencia inmanente, que enriquece su propia conciencia y saber de sí" ("El *Quijote*" 17).

Por otro lado, son varios los que han detectado afinidades entre el racionalismo de Cervantes y el de Baruch Spinoza. Como vimos, Jesús

---

[1] Para explorar esta noción en los dos autores, ver Alina Wyman ("Bakhtin and Scheler" y *The Gift of Active Empathy*). Para el tema de cómo la empatía, como actividad cognitiva suscitada por la literatura o la representación escénica, puede llevar a los lectores/espectadores de la co-afección emocional, de la identificación con lo vivido por otro, o de la simulación emocional de esa supuesta vivencia, a la preocupación empática que pueda redundar en una acción en pro de la sociedad, ver Bruce McConachie, C. Daniel Batson, Jean Decety y Suzanne Keen.

Maestro considera al complutense "el Spinoza de la literatura española" (*Las ascuas* 346). Pues bien, el historiador mexicano y ensayista Enrique Krauze, entrevistado en *Conversatorios en Casa de América* por TVE, sostiene que "la ética [de acuerdo a Spinoza] es un intento del hombre de comprender la naturaleza humana" (08:20) [...] "El 'explicar' está más cerca de la ciencia y es el 'por qué', el 'comprender' es el 'cómo'-[...] y está más cerca de la literatura, de la empatía, del perdón" (10:16). Y si para el intelectual mexicano, "Spinoza creó una 'religión' de la humanidad hecha de tolerancia, de libertad de pensamiento, de libertad de creencia, de comprensión a la condición humana y a la naturaleza" (03:36), a mi entender Cervantes creó una "filosofía" de la humanidad hecha de empatía. Coincido con Krauze en que "Spinoza, cuyos valores iban mucho más allá de cualquier identidad, tribu o religión en el siglo XVII [...] se atrevió a disentir, se atrevió a vivir en esos márgenes" (03:19), pero no creo que fuera ateo, como lo piensa Jesús Maestro, y tampoco creo que lo fuera Cervantes. Cervantes es un cristiano convencido, pero ni su ortodoxia lo convierte en un escritor orgánico (De Lollis), ni es filoprotestante (Nerlich, *El Persiles* 50; Estrada Herrero, "Locura" 275), ni se casa a ultranza con el dogma católico contrarreformista postridentino (opinión de tantos). Y todo ello por más que sus textos se hagan eco de algunos principios que salieran reforzados del famoso Concilio —tal es el caso de la defensa del libre albedrío—, o que para hacer carrera, como muchos ilustres contemporáneos, en 1609 ingresara en la Congregación de los Esclavos del Santísimo Sacramento y cuatro años después abandonara y tomara hábito en la Venerable Orden Tercera de San Francisco.[2] Jesús Maestro acierta al considerar que "las *Novelas ejemplares* cervantinas concluyen en la ortodoxia, sí, pero con el triunfo de la antropología sobre la teología" (*Las ascuas* 275). A mi modo de ver, ese triunfo recorre toda la obra cervantina y es el triunfo de la convicción individual, de la compren-

---

2   En el documental de 2016 titulado *Cervantes, la búsqueda*, sobre el proceso completo de exhumación e identificación de los supuestos restos cervantinos que se pensaban encontrar en la cripta del convento de las Trinitarias, se defiende que Cervantes se hizo miembro de la Orden religiosa para, muy probablemente, poder pagarse el entierro. Parece que la vocación, como para tantos otros, quedaba empañada por la necesidad.

sión, de la libertad y de la empatía sobre la doctrina. Para Cervantes, el cristianismo es un comportamiento ético más que un dogma. Y eso es lo que he tratado de probar en este libro al profundizar en el análisis textual de los escritos de Cervantes que de una manera más directa lidian con el Otro, pues en ellos de modo más patente se desgranan las consecuencias de su humanismo fundado en la virtud.

Y si nos preguntamos ¿es éste un humanismo erasmista? Ciertamente comparte características con el humanismo cristiano del roterodamense, pues el concepto cervantino de autoperfeccionamiento en la vida puede encontrar raíces en la necesidad que para Erasmo todo fiel cristiano tiene de conducirse por el "bien vivir," esto es, el concertar su vida al servicio de Dios y prepararse a morir del que hablaba el teólogo en sus *Tres coloquios* (1528): "el un coloquio enseña la niñez, el otro pone ejercicios a la edad perfecta, el otro avisa y despierta para la muerte: y todos nos son necesarios para bien vivir y bien morir; porque, como dice Séneca, la mayor parte de la vida se debe gastar en aprender a bien vivir, y toda para saber bien morir" (Erasmo cit. en Bataillon, *Erasmo y España* 289). Tras la lectura de esos coloquios y a la estela de la opinión de Bataillon, Forcione, en *Cervantes and the Humanist Vision,* añade, con buen criterio, que "For Erasmus the way of 'good living' and preparation for the good death was not that of the ascetic or the contemplative, but rather that of the charitable Christian, the concerned citizen, the responsible family head, and the good friend" (109). Como hemos visto, éstas son algunas de las cualidades que Cervantes entiende hacen al hombre virtuoso y se fundan, igual que en Erasmo, no en el ascetismo o el misticismo, sino en el desempeño del "bien vivir" humano. Y, pues para el escritor toda persona es hija de sus obras y adquiere la trascendencia a través de ellas, el "bien vivir" reverbera en entender la vida virtuosamente, en procurar hacer de ella una obra de arte o un armonioso espectáculo.

Igualmente, Cervantes comparte con Erasmo y sus seguidores el que ese autoperfeccionamiento individual cunda en la sociedad y arraigue como filosofía de vida cristiana sin depender de las imposiciones, cábalas o tarifas del dogma. Una *Philosophia Christi* que fomente la mejora de la comunidad, de las instituciones principales y de la sociedad de naciones, a través del ejercicio de virtudes como la piedad, la caridad, la hermandad y la facultad de la razón, que diría el holandés (Forcione, *Cervantes* 159). Recordemos que esto es exactamente lo que exalta Cervantes en boca de Cipión al final de *El coloquio de los perros* al decir que son la virtud y el buen entendimiento lo único real y verdaderamente digno de estimación y valor (II, 359).[3]

Está claro, Cervantes, entre otros, se siente influenciado por las ideas renovadoras de los teólogos españoles de la primera parte del XVI; por la *cultura animi* de Luis Vives, esa propuesta en la que los individuos superan todo tipo de barbarismo para convertirse plenamente en ciudadanos; y por un humanismo cristiano-erasmista entendido siempre como un ideal formativo de autoperfeccionamiento. El alcalaíno, autodidacta, uno de los hombres más leídos de su época, bebió del humanismo de Erasmo y sus continuadores: caridad, concordia, moderación, tolerancia religiosa, cristianismo interior, pensamiento libre e independiente, empatía, civilidad y amistad. Ahora bien, como le gustaba decir a Márquez Villanueva, Cervantes no era "hombre de un solo libro," por lo tanto, no se le puede encasillar en una corriente teológica, filosófica, o en una única vena ideológica, fundamentalmente porque era escritor, no filósofo ni teólogo, y porque su actitud era la de abrir horizontes, no cerrarlos. Por eso, el racionalismo perspectivista barroco de Cervantes, saturado de escepticismo desengañador, confiere a su humanismo un carácter propio, el de una auténtica preocupación vital, y eso es lo que trasluce su poética.[4]

---

[3] Por más que el alcalaíno fuera un escritor manierista y barroco, hay que convenir con Melveena McKendrick en que Cervantes "was intellectually and temperamentally a product of the Renaissance, qualifying the Aristotelian view that man's first duty was to society with the Erasmian belief that through virtue and education man could learn to exercise his free will in such a way as to determine his own path through the world with the help of Providence" ("Writings" 135). De ahí esos dos versos de *La Numancia* donde Escipión expresa: "Cada cual se fabrica su destino, / no tiene aquí Fortuna alguna parte" (vv. 157-58). Para la problemática del libre albedrío en Cervantes, consultar asimismo David Boruchoff ("Free Will, Beauty" y "Free Will, the Picaresque").

[4] Quizá fuera esto lo que hizo decir a Hans Rosenkranz: "Cervantes era un verdadero español; pero el espíritu crítico que en él se albergaba, el genio

Una poética que plasma quizá la máxima expresión de ese humanismo en el *Quijote*, en la consumación de la relación de amistad que termina uniendo entrañablemente a los dos protagonistas, desde entonces espejo de la humanidad, don Quijote y Sancho. La amistad entre tamaña "pareja dispareja," como la llamó Carlos Fuentes, es el compendio de la ética de la teatralidad cervantina porque supone en su obra más universal el momento cumbre de comprensión y aceptación del Otro. La relación de los radicalmente diferentes, como el culto hidalgo venido a menos y el campesino analfabeto, el idealista y el realista, el amo y el siervo, el supuestamente descendiente de conversos —caso que toca al personaje y al autor y que viene siendo defendido por muchos desde Castro (*El pensamiento*) a Alvar Ezquerra (*Cervantes*)—[5] y el cristiano viejo, es una relación que constituye un extraordinario modelo de empatía, fraternidad y convivencia. Es más, como opina Cerezo Galán: "En el pensamiento moral expreso de Cervantes nada hay semejante ni más instructivo que la historia de esta amistad, donde nos ha legado, para un pueblo doliente del conflicto histórico de castas, su testamento de reconciliación y concordia" ("El *Quijote*" 5).

Así es, Don Quijote se hace cuerdo —venciéndose a sí mismo, como diría Allen— y renuncia a su enajenación caballeresca. Al hacerlo, todas las bondades que hemos descubierto en el alucinado héroe a lo largo de la novela pasan a reforzarse ahora en el hombre Alonso Quijano, "el Bueno," incluida la sincera amistad hacia su escudero que ha ido germinando en el transcurso del relato. Lo que empieza por una

---

reformador que le animaba eran ajenos a su patria. En esto es único, pero justamente en esto se fundaban la universalidad de su filosofía, la libertad racionalista de su juicio, la humanidad de su poesía" (cit. en Castro, *El pensamiento* 71n97).

5   Como han sostenido últimamente Carlos Alvar ("Cervantes") y Jorge García López (*Cervantes*), los orígenes conversos del escritor siguen siendo, en el mejor de los casos, suposiciones o intuiciones más o menos fundamentadas, pero nada que nos lleve a una conclusión científicamente válida. De este modo, "Cervantes era muy posiblemente de origen converso, lo que no es igual a decir que fuera converso, ni mucho menos, criptojudío" (Alvar, "Cervantes" 49). Ver también el ponderado ensayo de Márquez Villanueva al respecto ("La cuestión").

relación amo-sirviente se va transformando recíprocamente en el transitar de la novela, hasta cuajar en la amistad de la que somos testigos a partir del corazón de la segunda parte en los consejos que el caballero le da al escudero y, sobre todo, desde la derrota de don Quijote en Barcelona hasta la muerte del protagonista. La íntima relación, de la que tanto ha hablado la crítica y que atraviesa numerosos altibajos, se forja en el deambular juntos, en el eterno dialogar, columna vertebral de la novela, y en el compartir innumerables vivencias. Todo lo cual hace que un personaje cale poco a poco en el otro, hasta 'habitar el Otro' (Bakhtin) y sentirlo parte de sí, aceptando y apreciando su diferencia, lo cual redunda en la mejora de ambos. Cervantes lo deja claro haciendo que don Quijote, recuperado el juicio, alabe en Sancho "la sencillez de su condición y fidelidad de su trato" (II, 74, 645), y le pida perdón a su "amigo" por "la ocasión que te he dado de parecer loco como yo" (II, 74, 645); mientras que Sancho, desesperado por sacar a su compañero de la muerte, ha interiorizado tanto a ese llorado ahora "señor mío" (II, 74, 645) que trata de convencerlo de que vuelvan juntos a lo que antes le daba la vida, la aventura. Mediante esa empatía activa, Cervantes subraya y enaltece el ejemplar de comprensión, de con-vivencia y amistad, de aquella "generosa fraternidad" que decía Lluis D'Olwer (3), o del "sentido fraterno del amor" como lo llamaba Antonio Machado (7), que viene a ser la relación de esos totalmente Otros, Alonso Quijano y Sancho Panza. De ahí que E. C. Riley llegue a decir que "[j]untos, Quijote y Sancho forman un todo mayor que la suma de ambas partes" (*Introducción al* Quijote 79); o "una figura mixta, más original que cada uno por separado" como opinara Harold Bloom (*El canon occidental* 144). Una figura, en suma, que ha hecho que tantos individuos y culturas se vean reflejados en ella, se acerquen e identifiquen con su ideal de fraternidad universal y acojan la novela y, lo que es fundamental, acojan a esa pareja mixta como la "más valiosa éticamente para un pueblo resentido de odios y sospechas de limpieza de sangre, que necesitaba la gran lección práctica y civil de la convivencia" (Cerezo Galán, "El *Quijote*" 6).[6]

6 Definitivamente, esto encuentra una directa conexión con la visión compasiva que Lowry Nelson atribuye a la ironía universal de Cervantes, ésa que le permite profundizar en las grandezas y miserias de la vida humana:

Era esa comprensión, sin duda el valor más preciado del humanismo cervantino, la que trataron de rescatar los intelectuales y reformadores progresistas de principios del XX para edificar sobre ella la moderna, más democrática y más cívica sociedad española. E igualmente, pienso que esa comprensión y ese humanismo son los que nos pueden servir ahora como base del planteamiento crítico-ético que nos ayude a superar la hodierna división que nos fractura en el marco de la crisis democrática y de valores humanísticos del mundo actual. Se trata, por tanto, de mirarnos en el humanista espejo cervantino, de rehabilitar una ética de la responsabilidad que eduque a los individuos en esos valores, recuperando el civismo que el escritor ancla en el amor a la vida, el ejercicio de la virtud o autoperfeccionamiento, la razón, la libertad, la comprensión y la empatía con el Otro. En otras palabras, consiste en rescatar un humanismo que sea herramienta pedagógica y fórmula de movilización cívica que ayude a salvar el presente, el suyo y el nuestro. Y es que, como ya descubriera Ortega y Gasset en el proceder y pensamiento de Cervantes: "El problema del estilo de Cervantes es el mismo que el de mis salvaciones y el de mi futura filosofía, salvar el presente" (Ortega cit. en Molinuevo 53).

Cervantes, así, y en línea con lo que vienen diciendo otros, como Castillo y Egginton, es un punto de inflexión en la crítica cultural que promueve una ciudadanía pensante y consciente de la capacidad de manipulación; pero también es una reflexión ética que mueve no solamente a una lectura literaria o cultural, sino a una lectura del mundo y de la vida, que fomenta la empatía, la convivencia y el civismo. A lo

---

"Universal ironists contemplate the world with a kind of gentle resignation and compassion in full knowledge of both the grandeurs and miseries of human life. [...] It is he who can encompass a broader span of human types and human experiences. It is he who can best present the inviolability and unique essence of the particular and the individual. It is precisely this ability [...] to create particularized essence that leads us [...] to draw the general conclusion to see the individual as representative. Hence, the seeming plenitude of humanity we find in such odd and peculiar figures as Don Quixote and Sancho Panza, not to mention Sansón Carrasco, the curate, Marcela, Ginés de Pasamonte, and others" (10).

largo de este libro hemos visto, en el seno del marco que crea su imaginación teatral, una serie de modelos de comprensión, humanización, empatía y amistad que constituyen el núcleo ético del humanismo de Cervantes, un humanismo que nos enseña a vivir y a convivir.

En definitiva, llegado este punto, me gustaría que acabáramos en clave cervantina desde el "Tú, lector, pues eres prudente, juzga lo que te pareciere, que yo no debo ni puedo más" (*Don Quijote* II, 24, 242). Tan sólo agradecer profundamente tu paciencia y atención a todo este trabajo, y franca y humildemente esperar que las reflexiones contenidas en él sean cosecha y no cizaña.

Obras citadas

Abella Padrón, Dayamí. "La gitanilla Preciosa y el poder femenino en una edad conflictiva." *Textos sin fronteras: literatura y sociedad*. Ed. Á. Baraibar, T. Ba, R. Fine y C. Mata. Pamplona: Eunsa, 2010. 13-22.

Abellán, José Luis. *Los secretos de Cervantes y el exilio de don Quijote*. Alcalá de Henares: Centro de Estudios Cervantinos, 2006.

Abi-Ayad, Ahmed. "El cautiverio argelino de Miguel de Cervantes." *Notas y Estudios Filológicos* 9 (1994): 9-17.

———. "Argel: Una etapa decisiva en la obra y pensamiento de Cervantes." *Actas del II Congreso Internacional de la Asociación de Cervantistas (Nápoles 1994)*. Ed. Giuseppe Grilli. *Annali* 37.2 (1995): 133-42.

Aguilar Piñal, Francisco. "Cervantes en el siglo XVIII." *Anales Cervantinos* 21 (1983): 153-63.

Aladro, Jordi. "*La Numancia*, Cervantes y Felipe II." *Comentarios a Cervantes. Actas Selectas del VIII Congreso Internacional de la Asociación de Cervantistas*. Ed. Emilio Martínez Mata y María Fernández Ferreiro. Gijón: Gráficas Apel/Fundación María Cristina Masaveu Peterson, 2014. 932-45.

Albuisech, Lourdes. "'Mezclar verdades con fabulosos intentos': Metateatro y aporía en *El gallardo español* de Cervantes." *Anales Cervantinos* 36 (2004): 329-44.

Alcalá-Galán, Mercedes. "African Space and *Abencerrajismo* in Cervantes's *El gallardo español*: Arlaxa and the Deconstruction of the Heroic *Comedia*." *Cervantes: Bulletin of the Cervantes Society of America* 39.1 (2019): 81-97.

———. *Escritura desatada: poéticas de la representación en Cervantes*. Alcalá de Henares: Centro de Estudios Cervantinos, 2009.

———. "Personajes espejo en el ámbito del islam: la inverosimilitud como crítica ideológica." *Comentarios a Cervantes: Actas Selectas del VIII Congreso Internacional de la Asociación de Cervantistas*. Ed. Emilio Martínez

Mata y María Fernández Ferreiro. Oviedo: Fundación María Cristina Masaveu Peterson, 2014. 946-57.

Alcalde, Pilar. "El poder de la palabra y el dinero en *La gitanilla*." *Cervantes: Bulletin of the Cervantes Society of America* 17.2 (1997): 122-32.

Allen, John J. *Don Quixote: Hero or Fool? A Study in Narrative Technique.* Gainesville: U of Florida P, 1969.

———. *Don Quixote: Hero or Fool? (Part II).* Gainesville, FL: University Presses of Florida, 1979.

———. "*Don Quixote* and the Origins of the Novel." *Cervantes and the Renaissance. Papers of the Pomona College Cervantes Symposium, November 16-18, 1978*. Ed. Michael D. McGaha. Easton, PA: Juan de la Cuesta, 1980. 125-40.

———. "Some Aspects of the Staging of Cervantes' Play." *Crítica Hispánica* 9 (1989): 7-16.

———. "Quijote. The Importance of Being An Ironist." *eHumanista/Cervantes* 1 (2012): 437-47.

Amelang, David J. "From Directions to Descriptions: Reading the Theatrical *Nebentext* in Ben Jonson's *Workes* as an Authorial Outlet." *Sederi* 27 (2017): 7-26.

Anderson, Ellen M. "Mothers of Invention: Toward a Reevaluation of Cervantine Dramatic Heroines." *Bulletin of the Comediantes* 62.2 (2011): 1-44.

———. "Playing at Moslem and Christian: The Construction of Gender and the Representation of Faith in Cervantes's Captivity Plays." *Cervantes: Bulletin of the Cervantes Society of America* 13.2 (1993): 37-59.

Alvar, Carlos. "Cervantes y los judíos." *Cervantes y las religiones*. Ed. Ruth Fine y Santiago López Navia. Madrid-Frankfurt: Universidad de Navarra/ Iberoamericana-Vervuert, 2008. 29-54.

Alvar Ezquerra, Alfredo. *Cervantes: genio y libertad*. Madrid: Planeta, 2004.

Álvarez Castaño, Emilio José. "Idealismo y dinero en *La gitanilla*." *Anuario de Estudios Cervantinos* 18 (2022): 21-32.

Álvarez Martí-Aguilar, Manuel. "Modelos históriográficos e imágenes de la Antigüedad: *El cerco de Numancia* de Miguel de Cervantes y la historiografía sobre la España Antigua en el siglo XVI." *Hispania Antiqua* 21 (1997): 545-70.

Apiano de Alejandría. "La toma de Numancia." *Historia romana: sobre Iberia*. https://ccat.sas.upenn.edu/romance/spanish/219/01prehistoria/toma%20de%20numancia.html

Aranda Arribas, Victoria. "*La española inglesa* (Marco Castillo, 2015): 'Una mentira que no satisface porque verdad no parece'." *Il Confronto Letterario* 71 (2019): 31-76.

———. *Las* Novelas ejemplares *en el cine y la televisión*. Alcalá de Henares: Universidad de Alcalá de Henares, 2022.

Arata, Stefano. "*La conquista de Jerusalén*, Cervantes y la generación teatral de 1580." *Criticón* 54 (1992): 9-112.

———. *Los manuscritos teatrales (siglos XVI y XVII) de la Biblioteca de Palacio*. Pisa: Giardini, 1989.

———. "Notas sobre *La conquista de Jerusalén* y la transmisión manuscrita del primer teatro cervantino." *Edad de Oro* 16 (1997): 53-66.

Arellano, Ignacio. *Historia del teatro español del siglo XVII*. Madrid: Cátedra, 1995.

Aristóteles. *Ética a Nicómaco*. Trad. José Luis Calvo Martínez. Madrid: Alianza Editorial, 2001.

Armon, Shifra. "Siege as Spectacle in Cervantes's *La Numancia*." *Bulletin of the Comediantes* 69.2 (2017): 11-28.

Armstrong-Roche, Michael. "(The) *Patria* Besieged: Border-Crossing Paradoxes of National Identity in Cervantes's *Numancia*." *Border Interrogations: Questioning Spanish Frontiers*. Ed. Benita Sampedro Vizcaya and Simon Doubleday. New York: Berghahn Books, 2008. 204-27.

———. "Imperial Theater of War: Republican Virtues under Siege in Cervantes's *Numancia*." *Journal of Spanish Cultural Studies* 6.2 (2005): 185-203.

———. *Cervantes' Epic Novel: Empire, Religion, and the Dream Life of Heroes in* Persiles. Toronto: U of Toronto P, 2009.

———. "The Lucianic Gaze Novelized: The Familiar Made Extrange in *Persiles*." *Cervantes'* Persiles *and The Travails of Romance*. Ed. Marina S. Brownlee. Toronto: U of Toronto P, 2019. 35-65.

Aszyk, Urszula. "La imagen de la Numancia sitiada en la dramaturgia española, o la tragedia cervantina como modelo dramático y fuente de inspiración." *Hipogrifo* 8.2 (2020): 11-38.

Astrana Marín, Luis. *Vida ejemplar y heroica de Miguel de Cervantes Saavedra*. 7 vols. Madrid: Instituto Editorial Reus, 1948-58.

Aub, Max. "*La Numancia* de Cervantes." *La Torre* 4.14 (1956): 99-111; reimpreso en *Anthropos: Boletín de Información y Documentación* 16 (1989): 26-31.

Avalle-Arce, Juan Bautista. "Cervantes and the Renaissance." *Cervantes and the Renaissance. Papers of the Pomona College Cervantes Symposium,*

November 16-18, 1978. Ed. Michael D. McGaha. Easton, PA: Juan de la Cuesta, 1980. 1-10.

———. "On *La entretenida* of Cervantes." *Modern Language Notes* 74.5 (1959): 418-21.

———. "'*La Numancia*': Cervantes y la tradición histórica." *Nuevos deslindes cervantinos.* Barcelona: Editorial Ariel, 1975. 247-75.

———. "*La gitanilla.*" *Cervantes: Bulletin of the Cervantes Society of America* 1.1-2 (1981): 9-17.

———, ed. "Introducción." *Los trabajos de Persiles y Sigismunda.* Madrid: Castalia, 1969.

———, ed. "Introducción." *Novelas ejemplares.* 3 vols. Madrid: Castalia, 1982.

———. "*Persiles* and Allegory." *Cervantes: Bulletin of the Cervantes Society of America* 10 (1990): 7-17.

Avilés, Luis F. "War and the Materials Conditions for Suffering in Cervantes' *Numancia.*" *Objects of Culture in the Literature of Imperial Spain.* Ed. Mary E. Barnard and Frederick A. de Armas. Toronto: U of Toronto P, 2013. 253-76.

———. "Expanding the Self in a Mediterranean Context: Liberality and Deception in Cervantes's *El amante liberal.*" *In and Of the Mediterranean: Medieval and Early Modern Iberian Studies.* Hispanic Issues 41. Ed. Michelle M. Hamilton and Núria Silleras-Fernández. Nashville, TN: Vanderbilt UP, 2015. 233-57.

Aylward, E. T. "Patterns of Symetrical Design in *La fuerza de la sangre* and *La española inglesa.*" *Crítica Hispánica* 16.2 (1994): 189-203.

———. *The Crucible Concept: Thematic and Narrative Patterns in Cervantes's* Novelas ejemplares. Madison, NJ: Associated UP, 1999.

Azaña, Manuel. *La invención del* Quijote *y otros ensayos.* Madrid: Espasa-Calpe, 1934.

Aznar Cardona, Pedro. *Expulsion iustificada de los moriscos españoles.* Huesca: Pedro Cabarte, 1612.

(Azorín) Martínez Ruiz, José. "Prefacio." *Lecturas Españolas.* Madrid: Caro Raggio, 1920. 13-16. [1912].

———. *El oasis de los clásicos.* Madrid: Biblioteca Nueva, 1952.

Baena, Julio. *Dividuals: The Split Human and Humanist Split in Early Modern Spanish Literature.* New Orleans, LA: UP of the South, 2020.

———. *Discordancias cervantinas.* Newark, DE: Juan de la Cuesta, 2003.

———. *El círculo y la flecha: principio y fin, triunfo y fracaso del* Persiles. Chapel Hill, NC: U of North Carolina, 1996.

———. "Sintaxis de la ética del texto: Ricote, en el *Quijote II*, la lengua de las mariposas." *Bulletin of Spanish Studies* 83.4 (2006): 505-22.
Bakhtin, Mikhail. *Problems of Dostoevsky's Poetics*. Ed. and Trad. Caryl Emerson. Minneapolis, MN: U of Minnesota P, 1984.
———. "Author and Hero in Aesthetic Activity." Trans. Vadim Liapunov. *Art and Answerability: Early Philosophical Essays*. Ed. Michael Holquist and Vadim Liapunov. Austin, TX: U of Texas P, 1990. 4-256.
———. *Toward a Philosophy of the Act*. Trans. Vadim Liapunov. Ed. Vadim Liapunov and Michael Holquist. Austin, TX: U of Texas P, 1993.
Baras Escolá, Alfredo. "Los textos de Cervantes. Teatro." *Anales Cervantinos* 42 (2010): 73-88.
———. "Lecturas cervantinas: *Tragedia de Numancia*." *Miguel de Cervantes, Comedias y tragedias. Volumen Complementario*. Ed. Luis Gómez Canseco. Madrid: Real Academia Española, 2015. 170-82.
Bataillon, Marcel. *Erasmo y España: estudios sobre la historia espiritual del siglo XVI*. Trad. Antonio Alatorre. 2ª ed. México: Fondo de Cultura Económica, 1966. [1937].
———. *Erasmo y el erasmismo*. Trad. Carlos Pujol. Barcelona: Crítica, 2000. [1977]
Batson, C. Daniel. "Altruism and Prosocial Behavior." *The Handbook of Social Psychology*. Ed. Daniel T. Gilbert et al. 4th ed. Vol. 2. New York, NY: McGraw-Hill, 1998. 282-316.
Bauer-Funke, Cerstin. "*El cerco de Numancia* de Cervantes: un discurso heterodoxo en la España imperial." *Ortodoxia y heterodoxia en Cervantes*. Ed. Carmen Rivero Iglesias. Alcalá de Henares: Centro de Estudios Cervantinos, 2011. 33-42.
Benjamin, Walter. "Theses on the Philosophy of History." Trans. Harry Zohn. *Illuminations*. Ed. Hannah Arendt. New York: Schocken, 1969.
Benítez Sánchez-Blanco, Rafael. "El debate religioso en el interior de España." *Los moriscos: expulsión y diáspora. Una perspectiva internacional*. 2ª ed. Ed. Mercedes García-Arenal y Gerard Wiegers. València: Universitat de València, 2016. 103-26.
Bernabé Pons, Luis F. "De los moriscos a Cervantes." *Cervantes y el Mediterráneo/ Cervantes and the Mediterranean*. Ed. Steven Hutchinson and Antonio Cortijo Ocaña. *eHumanista/Cervantes* 2 (2013): 156-82.
———. "La paradoja de Epiménides, Cervantes, y de nuevo sus moriscos." *"Si ya por atrevido no sale con las manos en la cabeza": el legado poético del Persiles cuatrocientos años después*. Ed. Mercedes Alcalá Galán, Antonio

Cortijo Ocaña y Francisco Layna Ranz. *eHumanista/Cervantes* 5 (2016): 85-102.

———. "El exilio morisco. Las líneas maestras de una diáspora." *Revista de Historia Moderna* 27 (2009): 277-94.

Blanco, Mercedes. "Literatura e ironía en *Los trabajos de Persiles y Sigismunda*." *Actas del II Congreso Internacional de la Asociación de Cervantistas*. Ed. Giuseppe Grilli. Nápoles: Instituto Universitario Orientale, 1995. 625-35.

Blasco Pascual, Javier. *Cervantes, un hombre que escribe*. Valladolid: Editorial Difácil, 2006.

———. "Novela ('mesa de trucos') y ejemplaridad ('historia cabal y de fruto')." *Miguel de Cervantes Novelas ejemplares*. Ed. Jorge García López. Barcelona: Galaxia Gutenberg- Círculo de Lectores, 2005. XIII-XLIII.

Bleda, Jaime. *Breve relación de la expulsion de los moriscos del reyno de Valencia*. Suplemento a la *Defensio fidei in causa neophytorum siue Morischorum Regni Valentiae totiusque Hispaniae*. Valencia: Ioannem Chrysostomum Garriz, 1610. 581-618.

Bloom, Harold. *El canon occidental*. Trad. Damián Alou. Barcelona: Anagrama, 1997. [1994].

Boronat y Barrachina, Pascual. *Los moriscos españoles y su expulsión*: Estudio histórico-crítico. 2 vols. Valencia: Imprenta de Francisco Vives y Mora, 1901.

Boruchoff, David A. "Los malvados cristianos del teatro de Cervantes: un debate intestino." *eHumanista/Cervantes* 1 (2012): 643-63.

———. "La inequidad de la expulsión de los moriscos según el *Quijote* de 1615." *Cervantes: Bulletin of the Cervantes Society of America* 43.2 (2023): 37-70.

———. "Cervantes y las leyes de reprehensión cristiana." *Hispanic Review* 63.1 (1995): 39-55.

———. "Free Will, Beauty, and the Pursuit of Happiness: *Don Quijote* and the Moral Intent of Pastoral Literature." *Anuario de Estudios Cervantinos* 1 (2004): 121-35.

———. "Free Will, the Picaresque, and the Exemplarity of Cervantes's *Novelas ejemplares*." *Modern Language Notes* 124.2 (2009): 372-403.

Botello, Jesús. "Écfrasis y pensamiento contrarreformista en *Los baños de Argel*." *Cervantes: Bulletin of the Cervantes Society of America* 40.1 (2020): 103-21.

Boyd, Stephen F. "Introduction." *A Companion to Cervantes's* Novelas Ejemplares. Ed. Stephen F. Boyd. Rochester, NY: Tamesis, 2005. 1-46.

———. "El misterio de la identidad personal en *La gitanilla*." *Ínsula: Revista de Letras y Ciencias Humanas* 799-800 (2013): 11-14.

Braudel, Fernand. *The Mediterranean and the Mediterranean World in the Age of Phillip II*. Trad. Siân Reynolds. 2 vols. Nueva York, NY: Harper and Row, 1972. [1949].

Brioso Santos, Héctor, ed. *La conquista de Jerusalén por Godofre de Bullón*. Miguel de Cervantes Saavedra (atribuida). Madrid: Cátedra, 2009.

———, ed. *Cervantes y su mundo IV. Cervantes y el mundo del teatro*. Kassel: Reichenberger, 2007.

———. "A propósito de la historicidad de *La conquista de Jerusalén*: los cuatro milagros de la primera cruzada." *Anuario de Estudios Cervantinos* 5 (2009): 101-24.

———. "Obras perdidas y recuperadas: *La Conquista de Jerusalén*." *Guanajuato en la Geografía del Quijote. XXIV Coloquio Cervantino Internacional. Cervantes dramaturgo y poeta*. Ed. Juan Octavio Torija y Florencio Sevilla Arroyo. Guanajuato: Centro de Estudios Cervantinos, Fundación Cervantina de México, Universidad de Guanajuato, 2014. 223-68.

———. "Análisis métrico de *La conquista de Jerusalén por Godofre de Bullón* de... ¿Miguel de Cervantes?" *Cuatrocientos años del 'Arte nuevo de hacer comedias' de Lope de Vega: Actas selectas del XIV Congreso de la Asociación Internacional de Teatro Español y Novohispano de los Siglos de Oro, Olmedo, 20 al 23 de julio de 2009*. Ed. Germán Vega García-Luengos y Héctor Urzáiz Tortajada. Valladolid: Universidad de Valladolid/ Olmedo Clásico, 2010. 287-94.

———. "Cervantes frente a la comedia nueva: *El retablo de las maravillas* y las maravillas del nuevo teatro." *eHumanista* 38 (2018): 723-45.

Brioso Sánchez, Máximo y Héctor Brioso Santos. "De nuevo sobre Cervantes y Heliodoro: La comunicación lingüística y algunas notas cronológicas." *Cervantes: Bulletin of the Cervantes Society of America* 23.2 (2003): 297-341.

Broggio, Paolo. "Las órdenes religiosas y la expulsión de los moriscos: entre controversias doctrinales y relaciones hispano-pontificias." *Los moriscos: expulsión y diáspora. Una perspectiva internacional*. 2ª ed. Ed. Mercedes García-Arenal y Gerard Wiegers. València: Universitat de València, 2016. 149-71.

Brownlee, Marina S. "Interruption and the Fragment: Heliodorus and *Persiles*." *Cervantes' Persiles and the Travails of Romance*. Ed. Marina S. Brownlee. Toronto: U of Toronto P, 2019. 243-60.

Buezo, Catalina. "Ambigüedad, alegoría y tiempo histórico en *La Numancia* cervantina." *Cervantes y su mundo III*. Ed. A. Robert Lauer y Kurt Reichenberger. Kassel: Reichenberger, 2005. 19-30.

Bunes Ibarra, Miguel Ángel de. *Los moriscos en el pensamiento histórico: historiografía de un grupo marginado*. Madrid: Cátedra, 1983.

Burgoyne, Jonathan. "*La gitanilla*: A Model of Cervantes's Subversion of Romance." *Revista Canadiense de Estudios Hispánicos* 25.3 (2001): 373-95.

Burk, Rachel L. "'La patria consumida': Blood, Nation, and Eucharist in Cervantes's *Numancia*." *Journal of Spanish Cultural Studies* 13.1 (2012): 1-19.

Burningham, Bruce R. "Cervantes and the Simple Stage." *Drawing the Curtain: Cervantes's Theatrical Revelations*. Ed. Esther Fernández and Adrienne L. Martín. Toronto: U of Toronto P, 2022. 17-41.

Burton, David G. "The Question of 'Disparity of Cult' in *La gran sultana*." *Romance Notes* 28.1 (1987): 57-61.

Calderón de la Barca, Pedro. *La aurora en Copacabana*. Ed. Ezra S. Engling. London: Tamesis, 1994.

———. *La vida es sueño*. *Diez comedias del Siglo de Oro*. Ed. José Martel and Hymen Alpern. 2nd edition. Prospect Heights, IL: Waveland Press, 1985. [1939].

———. *El gran teatro del mundo*. Ed. Eugenio Frutos Cortés. Madrid: Cátedra, 1991.

Camamis, George. *Estudios sobre el cautiverio en el Siglo de Oro*. Madrid: Gredos, 1977.

Canavaggio, Jean. *Cervantès dramaturge: un théâtre à naître*. Paris: Presses Universitaires de France, 1977.

———. *Cervantes*. Trad. Mauro Armiño. Madrid: Espasa Calpe, 1987.

———. "La estilización del judío en *Los baños de Argel*." *Primer Acto* 270 (1997): 129-37.

———. "Las figuras del donaire en las comedias de Cervantes." *Risa y sociedad en el teatro español del Siglo de Oro*. Paris: Centre National de la Recherche Scientifique, 1980. 51-64.

———. "Sobre lo cómico en el teatro cervantino: Tristán y Madrigal, bufones *in partibus*." *Nueva Revista de Filología Hispánica* 34.2 (1985-86): 538-47.

Cantalapiedra Erostarbe, Fernando. "Las figuras alegóricas en el teatro cervantino." *Cervantes. Estudios en la víspera de su centenario*. Ed. José Ángel Ascunce Arrieta. Vol. 2. Kassel: Reichenberger, 1994. 381-400.

Caro Baroja, Julio. *Los moriscos del reino de Granada*. Madrid: Instituto de Estudios Políticos, 1957.

Carrasco Urgoiti, Mª Soledad. "Musulmanes y moriscos en la obra de Cervantes: beligerancia y empatía." *Fundamentos de Antropología* 6-7 (1997): 66-79.

———. "*El gallardo español* como héroe fronterizo." *Actas del III Congreso Internacional de la Asociación de Cervantistas (Menorca 1997)*. Coord. Antonio Pablo Bernat Vistarini. Menorca: Universitat de les Illes Balears, 1998. 571-81.

Casalduero, Joaquín. *Sentido y forma del teatro de Cervantes*. Barcelona: Gredos, 1966. [Aguilar, 1951].

———. *Sentido y forma de las* Novelas ejemplares. 2ª ed. Madrid: Gredos, 1969. [1943].

———. *Sentido y forma de* Los trabajos de Persiles y Sigismunda. Buenos Aires: Sudamericana, 1947.

———. *Sentido y forma del* Quijote. Madrid: Ínsula, 1949.

Cascardi, Anthony. "History and Modernity in the Spanish Golden Age: Secularization and Literary Self-Assertion in *Don Quijote*." *Cultural Authority in Golden Age Spain*. Ed. Marina Brownlee and Hans Gumbrecht. Baltimore and London: Johns Hopkins UP, 1995. 209-33.

Case, Thomas E. "El indio y el moro en las comedias de Lope de Vega." *Looking at the 'Comedia' in the Year of the Quincentennial*. Proceedings of the 1992 Symposium on Golden Age Drama at the University of Texas, El Paso, March 18-21. Ed. Bárbara Mujica, Sharon D. Voros and Matthew D. Stroud. Lanham, MD: UP of America, 1993. 13-21.

Castillo, David R. *Un-Deceptions: Cervantine Strategies for the Disinformation Age*. Newark, DE: Juan de la Cuesta, 2021.

———. *(A)wry Views: Anamorphosis, Cervantes, and the Early Picaresque*. Purdue Studies in Romance Literatures 23. West Lafayette, IN: Purdue UP, 2001.

Castillo, David R. y Moisés R. Castillo. "La perspectiva curiosa: Cervantes y la otra modernidad." *Romance Languages Annual X* (1999): 496-502.

Castillo, David y Nicholas Spadaccini. "Cervantes and the Culture Wars." *Cervantes and His Postmodern Constituencies*. Ed. Anne J. Cruz and Carroll B. Johnson. Hispanic Issues 17. New York and London: Garland, 1999. 248-59.

———. "El antiutopismo en *Los trabajos de Persiles y Sigismunda*: Cervantes y el cervantismo actual." *Cervantes: Bulletin of the Cervantes Society of America* 20.1 (2000): 115-31.

———. "Cervantes y la *comedia nueva*: lectura y espectáculo." *El teatro de Miguel de Cervantes ante el IV Centenario. Theatralia: Revista de Poética del Teatro* 5 (2003): 153-63.

Castillo, David R. and William Egginton. *What Would Cervantes Do? Navigating Post-Truth with Spanish Baroque Literature*. Montreal & Kingston/ London/ Chicago: McGill-Queen's UP, 2022.

———. *Medialogies: Reading Reality in the Age of Inflationary Media*. New York, NY: Bloomsbury, 2017.

———. "Cervantes's Treatment of Otherness, Contamination, and Conventional Ideals in *Persiles* and Other Works." *"Si ya por atrevido no sale con las manos en la cabeza": el legado poético del* Persiles *cuatrocientos años después*. Ed. Mercedes Alcalá Galán, Antonio Cortijo Ocaña y Francisco Layna Ranz. *eHumanista/Cervantes* 5 (2016): 173-84.

Castillo, Moisés R. *Indios en escena: La representación del amerindio en el teatro del Siglo de Oro*. Purdue Studies in Romance Literatures 48. West Lafayette, IN: Purdue UP, 2009.

———. "Espacios de ambigüedad en el teatro cervantino: *La conquista de Jerusalén* y los dramas de cautiverio." *Cervantes: Bulletin of the Cervantes Society of America* 32.2 (2012): 123-42.

———. "¿Ortodoxia cervantina?: Un análisis de *La gran sultana, El trato de Argel* y *Los baños de Argel*." Special Number of Cervantes's Theater and Theatricality in Cervantes. *Bulletin of the Comediantes* 56.2 (2004): 219-40.

———. "Agi Morato's Garden as Heterotopian Place in Cervantes's *Los baños de Argel*." *Spectacle and Topophilia: Reading Early Modern and Postmodern Hispanic Cultures*. Ed. David R. Castillo and Bradley J. Nelson. Hispanic Issues. Vol. 38. Nashville, TN: Vanderbilt UP, 2012. 43-63.

———. "Ahondando en la imaginación teatral cervantina: la representación del Otro en la novela *La española inglesa* (1613) y en la película homónima dirigida por Marco Castillo (2015)." *Teatralidad en la obra de Cervantes*. Ed. Esther Fernández and Adrienne L. Martín. *eHumanista/Cervantes* 8 (2020): 166-82.

———. "Cervantes and the *comedia nueva*." *The Oxford Handbook of Cervantes*. Ed. Aaron M. Kahn. Chapter 18. Oxford: Oxford UP, 2021. 391-408.

———."Apocalyptic Stages: Lope de Vega's *El Nuevo Mundo* and Cervantes's *La Numancia*." *Writing in the End Times: Apocalyptic Imagination in the Hispanic World*. Ed. David R. Castillo and Bradley J. Nelson. *Hispanic Issues On Line* 23 (2019): 72-96.

———. "Escenarios apocalípticos: *El Nuevo Mundo* de Lope de Vega y *La Numancia* de Cervantes." *Nuevas perspectivas cervantinas. Fuentes, relaciones, recepción*. Ed. Francisco Javier Escudero Buendía y Hans Christian Hagedorn. Cuenca: Ediciones de la Universidad de Castilla-La Mancha, 2021. 73-92.

———. "Notes on An Ethics of Theatricality in Cervantes: *El gallardo español* and *La Numancia*." *Social Justice in Spanish Golden Age Theatre*. Ed. Erin Alice Cowling, Tania de Miguel Magro, Mina García Jordán, and Glenda Y. Nieto-Cuebas. Toronto: U of Toronto P, 2021. 82-97.

Castro, Américo. *El pensamiento de Cervantes*. 2ª ed. Barcelona: Noguer, 1972. [1925].

———. *Cervantes y los casticismos españoles*. Madrid-Barcelona: Alfaguara, 1966.

———. *Hacia Cervantes*. 3ª ed. renovada. Madrid: Taurus, 1967. [1957]

Cerella, Antonio. "The Dehumanization of the Enemy." *The Philosophical Salon: Speculations, Reflections, Interventions*. Ed. Michael Marder and Patrícia Vieira. London: Open Humanities Press, 2017. 34-36.

Cerezo Galán, Pedro. "Cervantes y *El Quijote* en la aurora de la razón vital." *Revista de Occidente* 312 (2007): 5-34.

———. "*El Quijote*, una leyenda de amistad." *Solemne Acto de Investidura Doctor Honoris Causa por la Universidad de Córdoba. Lección de Pedro Cerezo Galán*. Córdoba: Universidad de Córdoba, 18 de octubre, 2011. https://helvia.uco.es/xmlui/handle/10396/5809

Cerezo Soler, Juan. "*La conquista de Jerusalén* y la literatura de Cervantes. Nuevas semejanzas que respaldan su autoría." *"Festina Lente." Actas del II Congreso Internacional Jóvenes Investigadores Siglo de Oro (JISO 2012)*. Ed. Carlos Mata Induráin, Adrián J. Sáez y Ana Zúñiga Lacruz. Pamplona: Servicio de Publicaciones de la Universidad de Navarra, 2013. 79-93.

Cervantes, la búsqueda. Dir. Javier Balaguer. Javier Balaguer, Yousaf Bokhari, Concha Campins, 2016. Film.

Cervantes Saavedra, Miguel de. *Los trabajos de Persiles y Sigismunda*. Ed. Carlos Romero Muñoz. Madrid: Cátedra, 1997.

———. *El ingenioso hidalgo Don Quijote de la Mancha I, II*. Ed. John Jay Allen. 41ª ed. Madrid: Cátedra, 2020 (I), 2022 (II). [1977].

———. *Comedias y entremeses*. Ed. Rodolfo Schevill y Adolfo Bonilla. 6 vols. Madrid: Bernardo Rodríguez, 1915-22.

———. *Comedias y tragedias*. Coordinada por Luis Gómez Canseco. 2 vols. Madrid: Real Academia Española, 2015.

———. *El trato de Argel*. Ed. María del Valle Ojeda Calvo. *Comedias y tragedias*. Coordinada por Luis Gómez Canseco. 2 vols. Madrid: Real Academia Española, 2015. Vol. 1. 909-1004.

———. *Los baños de Argel*. Ed. Alfredo Baras Escolá. *Comedias y tragedias*. Coordinada por Luis Gómez Canseco. 2 vols. Madrid: Real Academia Española, 2015. Vol. 1. 241-361.

———. *La gran sultana doña Catalina de Oviedo*. Ed. Luis Gómez Canseco. *Comedias y tragedias*. Coordinada por Luis Gómez Canseco. 2 vols. Madrid: Real Academia Española, 2015. Vol. 1. 469-574.

———. *La gran sultana. El Laberinto de amor*. Ed. Florencio Sevilla Arroyo y Antonio Rey Hazas. *Obra Completa* 15. Madrid: Alianza, 1998.

———. *La conquista de Jerusalén por Godofre de Bullón*. Ed. Fausta Antonucci. *Comedias y tragedias*. Coordinada por Luis Gómez Canseco. 2 vols. Madrid: Real Academia Española, 2015. Vol. 1. 1101-195.

———. (Atribuida) *La conquista de Jerusalén por Godofre de Bullón*. Ed. Florencio Sevilla Arroyo. Alicante: Biblioteca Virtual Miguel de Cervantes. https://www.cervantesvirtual.com/obra-visor/la-conquista-de-jerusalen-por-godofre-de-bullon--0/html/ff7a75c8-82b1-11df-acc7-002185ce6064_2.html

———. *El gallardo español*. Ed. Luis Gómez Canseco. *Comedias y tragedias*. Coordinada por Luis Gómez Canseco. 2 vols. Madrid: Real Academia Española, 2015. Vol. 1. 19-131.

———. *Teatro completo de Miguel de Cervantes*. Ed. Florencio Sevilla Arroyo y Antonio Rey Hazas. Barcelona: Planeta, 1987.

———. *Tragedia de Numancia*. Ed. Alfredo Baras Escolá. *Comedias y tragedias*. Coordinada por Luis Gómez Canseco. 2 vols. Madrid: Real Academia Española, 2015. Vol. 1. 1005-100.

———. *Obras completas III, Trato de Argel, Numancia, Ocho comedias y ocho entremeses, Viaje del Parnaso, Poesía suelta*. Ed. Florencio Sevilla Arroyo. Guanajuato: Museo Iconográfico del Quijote, 2013.

———. *Entremeses*. Ed. Nicholas Spadaccini. 10ª ed. Madrid: Cátedra, 1994.

———. *La destrucción de Numancia*. Ed. Alfredo Hermenegildo. Madrid: Castalia, 1994.

———. *La destrucción de Numancia*. Ed. Ricardo Doménech. Madrid: Taurus, 1967.

———. *La Numancia*. Ed. Francisco Ynduráin. Madrid: Aguilar, 1964.

———. *Novelas ejemplares*. Ed. Harry Sieber. 2 vols. Madrid: Cátedra, 1980.

———. *Novelas ejemplares*. Ed. Juan Bautista Avalle-Arce. 3 vols. Madrid: Castalia, 1982.

———. *Exemplary Novels/Novelas ejemplares*. Ed. Barry W. Ife. 4 vols. Warminster: Aris & Phillips, 1992.

———. *Les travaux de Persille et de Segismonde*. Ed. y Prefacio Maurice Molho. Paris: José Corti, 1994.

Chacón y Calvo, José María. "El realismo ideal de *La Gitanilla*." *Boletín de la Academia Cubana de la Lengua* 2 (1953): 246-67.

Charnon-Deutsch, Lou. *The Spanish Gypsy: The History of a European Obsession*. Pennsylvania, PA: Pennsylvania State UP, 2004.

Checa, Jorge. "Razón subjetiva y ética de lo sublime en *La destrucción de Numancia*." *Cervantes: Bulletin of the Cervantes of America* 33.1 (2013): 119-44.

Childers, William. "Quixo-Journalism." *A Polemical Companion to* Medialogies: Reading Reality in the Age of Inflationary Media. Ed. Bradley J. Nelson and Julio Baena. *Hispanic Issues On Line Debates* 8 (2017): 91-110.

———. *Transnational Cervantes*. Toronto: U of Toronto P, 2006.

Clamurro, William H. "Los pecados del padre: *erotika pathemata* e identidad en *La española inglesa*." *Actas del XII Congreso de la Asociación Internacional de Hispanistas*. Ed. Jules Whicker. Birmingham: The University of Birmingham, 1998. 116-22. Vol. 2.

———. *Cervantes's* Novelas ejemplares: *Reading Their Lessons from His Time to Ours*. Lanham, MD: Lexington Books, 2015.

———. "Enchantment and Irony: Reading *La gitanilla*." *A Companion to Cervantes's* Novelas Ejemplares. Ed. Stephen F. Boyd. Rochester, NY: Tamesis, 2005. 69-84.

———. *Beneath the Fiction: The Contrary Worlds of Cervantes's* Novelas ejemplares. New York, NY: Peter Lang, 1997.

Close, Anthony. "Characterization and Dialogue in Cervantes's 'comedias en prosa.'" *The Modern Language Review* 76.2 (1981): 338-56.

———. "La idea cervantina de la comedia." *El teatro de Miguel de Cervantes ante el IV Centenario. Theatralia: Revista de Poética del Teatro* 5 (2003): 331-49.

Cluff, David. "The Structure and Theme of *La española inglesa*: A Reconsideration." *Revista de Estudios hispánicos* 10.2 (1976): 261-81.

Colbert Cairns, Emily. "Crypto-Catholicism in a Protestant Land: *La española inglesa*." *Cervantes: Bulletin of the Cervantes Society of America* 36.2 (2016): 127-44.

Collins, Marsha S. "Transgression and Transfiguration in Cervantes's *La española inglesa*." *Cervantes: Bulletin of the Cervantes Society of America* 16.1 (1996): 54-73.

Conversatorios en Casa de América. Enrique Krauze. Entrevista para TVE sobre su libro *Spinoza en el parque México*, 11 de septiembre, 2022. https://www.rtve.es/play/videos/conversatorios-en-casa-de-america/enrique-krauze/6731806/

Cortadella i Morral, Jordi. "*La Numancia* de Cervantes: paradojas de la heroica resistencia ante Roma en la España imperial." *Actas del XI Coloquio Internacional de la Asociación de Cervantistas,* 2004. Ed. Chul Park. Seúl: Universidad Hankuk de Estudios Extranjeros, 2005. 557-70.

Cotarelo Valledor, Armando. *El teatro de Cervantes: Estudio crítico*. Madrid: Tipografía de la Revista de Archivos, Bibliotecas y Museos, 1915.

Correa, Gustavo. "El concepto de la fama en el teatro de Cervantes." *Hispanic Review* 27.3 (1959): 280-302.

Cruz, Anne J. "Cervantes's *Novelas ejemplares*: Table of *trucos*, Tricks of the Trade." *Cervantes: Bulletin of the Cervantes Society of America* 34.1 (2014): 15-39.

Cueva, Juan de la. *Ejemplar poético*. Ed. José María Reyes Cano. Sevilla: Alfar, 1986.

Da Costa Fontes, Manuel. "Love as an Equalizer in *La española inglesa*." *Romance Notes* 16.3 (1975): 742-48.

Dadson, Trevor J. *Los moriscos de Villarrubia de los Ojos (siglos XV-XVIII): historia de una minoría asimilada, expulsada y reintegrada*. Madrid/Frankfurt: Iberoamericana-Vervuert, 2007.

De Armas, Frederick A. *Cervantes, Raphael, and the Classics*. Cambridge: Cambridge UP, 1998.

———. "El saber de Herebo/Proteo: la alegoría en *El trato de Argel* y *La Numancia*." *Recreaciones teatrales y alegorías cervantinas*. Ed. Carlos Mata Induráin. Pamplona: EUNSA, 2012. 145-60.

———. "Las mentiras de Proteo: El duque de Alba, los Colonna y *La Numancia*." *El teatro de Miguel de Cervantes ante el IV Centenario. Theatralia: Revista de Poética del Teatro* 5 (2003): 123-32.

———. "The Politics of Astrology in Cervantes' *La gitanilla* and *La española inglesa*." *Material and Symbolic Circulation between Spain and England, 1554-1604. Transculturalisms, 1400-1700*. Ed. Anne J. Cruz. Burlington, VT: Ashgate, 2008. 89-100.

Decety, Jean. "Introduction: Why Is Empathy so Important?." *Empathy: From Bench to Bedside*. Ed. Jean Decety. Massachusetts, MA: MIT P, 2012. vii-ix.

De Epalza Ferrer, Míkel. *Los moriscos antes y después de la expulsión*. Madrid: Fundación MAPFRE, 1992.

De Lollis, Cesare. *Cervantes reazionario*. Roma: Fratelli Treves, 1924.
De Miguel Magro, Tania. "Fragmentarismo ideológico en *El trato de Argel*." *Cervantes: Bulletin of the Cervantes Society of America* 35.1 (2015): 181-202.
Descouzis, Paul Marcel. *Cervantes, a nueva luz. I. El* Quijote *y el Concilio de Trento*. Frankfurt am Main: Vittorio Klostermann Verlag, 1966.
———. *Cervantes, a nueva luz. II. Con la Iglesia hemos dado, Sancho*. Madrid: Ediciones Iberoamericanas, S. A., 1973.
———. "Reflejos del Concilio de Trento en el 'Quijote.'" *Hispania* 47.3 (1964): 479-84.
Díaz de Escobar, Narciso. *Apuntes escénicos cervantinos o sea un estudio histórico, bibliográfico y biográfico de las comedias y entremeses escritos por Miguel de Cervantes Saavedra*. Madrid: Librería de la viuda de Rico, 1905.
Díaz Migoyo, Gonzalo. "La paradójica identidad del morisco Ricote." *Actas del XI Coloquio Internacional de la Asociación de Cervantistas*, 2004. Ed. Chul Park. Seúl: Universidad Hankuk de Estudios Extranjeros, 2005. 43-51.
———. *La diferencia novelesca: Lectura irónica de la ficción*. Madrid: Visor, 1990.
Di Camillo, Ottavio. *El humanismo castellano del siglo XV*. Valencia: Fernando Torres, 1976.
Diccionario de Autoridades. Madrid: Gredos, 1990.
Díez Borque, José María. *El teatro en el siglo XVII*. Madrid: Taurus, 1988.
———. *Sociedad y teatro en la España de Lope de Vega*. Barcelona: Bosch, 1978.
———. "Cervantes y la vida teatral del Siglo de Oro." *Cervantes y su mundo IV. Cervantes y el mundo del teatro*. Ed. Héctor Brioso Santos. Kassel: Reichenberger, 2007. 11-37.
Díez Fernández, José Ignacio. "'Sin discrepar de la verdad un punto.' *La gran sultana*: ¿Un canto a la tolerancia?." *Lectura y Signo* 1 (2006): 301-22.
———. "*The Rest is Silence*: Protagonista femenina y final de la novela en *La gitanilla* y *La española inglesa*." *Revista Cálamo FASPE* 62 (2013): 69-76.
Díez Fernández, José-Ignacio y Luisa Fernanda Aguirre de Cárcer. "Contexto histórico y tratamiento literario de la 'hechicería' morisca y judía en el *Persiles*." *Cervantes: Bulletin of the Cervantes Society of America* 12.2 (1992): 33-62.
Djadri, Khadidja Zerroug. *Argel en la obra de Miguel de Cervantes Saavedra: estudio de* El trato de Argel, Los baños de Argel, El cautivo *(Don Quijote cap. 39-40-41)*. Disertación. Argel: Université d'Alger, 1980.

Djbilou, Abdellah. "Algunos aspectos del mundo musulmán en Cervantes." *De Cervantes y el Islam*. Ed. Nuria Martínez de Castilla Muñoz y Rodolfo Gil Benumeya Grimau. Madrid: Sociedad Estatal de Conmemoraciones Culturales, 2006. 151-59.

D'Olwer, Lluis Nicolau. "Cervantes o la comprensión." *Las Españas: Revista Literaria* II.5 (julio 1947): 3. [México (1946-56)]. Alicante: Biblioteca Virtual Miguel de Cervantes, 2001.

Domènech, Conxita. "Los protegidos de Pedro Manrique: Moriscos y bandoleros en la Cataluña del *Quijote*." *Cervantes: Bulletin of the Cervantes Society of America* 37.1 (2017): 77-94.

Domínguez, Julia. "Writing to Rescue from Oblivion: The Phantasms of Captivity in *El trato de Argel*." *Drawing the Curtain: Cervantes's Theatrical Revelations*. Ed. Esther Fernández and Adrienne L. Martín. Toronto: U of Toronto P, 2022. 99-125.

———. "El laberinto mental del exilio en *Don Quijote*: el testimonio del morisco Ricote." *Hispania* 92.2 (2009): 183-92.

Domínguez Ortiz, Antonio y Bernard Vincent. *Historia de los moriscos: vida y tragedia de una minoría*. Madrid: Alianza, 2003.

D'Onofrio, Julia. "La serpiente en el seno: culpas y condenas. Una figura especular en el caso de Ortel Banedre en el *Persiles*." *Atalanta* 9.1 (2021): 111-29.

Dunn, Peter. "*Novelas ejemplares*." *Suma Cervantina*. Ed. J. B. Avalle-Arce and E. C. Riley. London: Tamesis, 1973. 81-118.

Durán, Manuel. *Cervantes*. New York, NY: Twayne Publishers, 1974.

———. *La ambigüedad en el "Quijote."* México: Universidad Veracruzana, 1960.

Egido, Aurora. "Las voces del *Persiles*." *¿"¡Bon compaño, jura Di!"? El encuentro de moros, judíos y cristianos en la obra cervantina*. Ed. Caroline Schmauser y Monika Walter. Madrid-Frankfurt: Iberoamericana-Vervuert, 1998. 107-33.

El Alaoui, Youssef. *Jésuites, Morisques et Indiens. Étude comparative des méthodes d'évangelisation de la Compagnie de Jésus d'après les traités de José de Acosta (1588) et d'Ignacio de las Casas (1605-1607)*. Paris: Honoré Champion, 2006.

———. "El jesuita Ignacio de las Casas y la defensa de la lengua árabe. Memorial al padre Cristóbal de los Cobos, provincial de Castilla, 1607." *Los moriscos y su expulsión: nuevas problemáticas*. Ed. Luis F. Bernabé Pons y José María Perceval. Número especial de *Áreas: Revista Internacional de Ciencias Sociales* 30 (2011): 11-28.

Elliott, John H. *History in the Making*. New Haven, CT: Yale UP, 2012.
El Cervantes de Ortega. Número monográfico de la Revista de Occidente, 288 (2005): 5-127.
El Saffar, Ruth S. "Cervantes and the Games of Illusion." *Cervantes and the Renaissance. Papers of the Pomona College Cervantes Symposium, November 16-18, 1978*. Ed. Michael D. McGaha. Easton, PA: Juan de la Cuesta, 1980. 141-56.
———. *Novel to Romance: A Study of Cervantes's Novelas ejemplares*. Baltimore, MD: The Johns Hopkins UP, 1974.
Endress, Heinz-Peter. "La guerra como asunto, situación, motivo y tema central en *La Numancia*." *El teatro de Miguel de Cervantes ante el IV Centenario. Theatralia: Revista de Poética del Teatro* 5 (2003): 283-90.
Esteva de Llobet, María Dolores. "El cristianismo interiorizado de Cervantes a la luz de las Sagradas Escrituras, la predicación y los catecismos de la época." *Cervantes y las religiones*. Ed. Ruth Fine y Santiago López Navia. Madrid-Frankfurt: Universidad de Navarra/ Iberoamericana-Vervuert, 2008. 137-56.
Estrada Herrero, David. "Locura quijotesca y moría erasmiana." *Cervantes y las religiones*. Ed. Ruth Fine y Santiago López Navia. Madrid-Frankfurt: Universidad de Navarra/ Iberoamericana-Vervuert, 2008. 265-82.
Fajardo, Salvador J. "Narrative and Agency: The Ricote Episode (*Don Quijote II*)." *Bulletin of Hispanic Studies* 78 (2001): 311-22.
Farmer, Julia L. "Text, Body, and The Early Modern Spanish Literary Field in Three *Exemplary Novels* of Cervantes." *Romance Quarterly* 66.4 (2019): 187-95.
Fastrup, Anne. "Cross-cultural Movement in the Name of Honour: Renegades, Honour and State in Miguel de Cervantes' Barbary Plays." *Bulletin of Spanish Studies* 89.3 (2012): 347-67.
Fernández, Enrique. "*Los tratos de Argel*: obra testimonial, denuncia política y literatura terapéutica." *Cervantes: Bulletin of the Cervantes Society of America* 20.1 (2000): 7-26.
Fernández, Esther and Adrienne L. Martín, ed. *Drawing the Curtain: Cervantes's Theatrical Revelations*. Toronto: U of Toronto P, 2022.
Fernández, Esther y M. Reina Ruiz. "Una 'mesa de trucos' en escena: metamorfosis dramática de *La española inglesa*." *Cervantes: Bulletin of the Cervantes Society of America* 35.2 (2015): 193-213.
Fernández de Avellaneda, Alonso. *Don Quijote de la Mancha*. Ed. Martín de Riquer. 3 vols. Madrid: Espasa-Calpe, 1972. Vol. I.

Fernández de Moratín, Leandro. *Discurso histórico sobre los orígenes del teatro español. Obras de Moratín.* Madrid: Ediciones Atlas, 2, 1944. 150-305.

Fernández de la Torre, José Luis. "De lugares comunes y tópicos. Acercamiento a la (in)comprensión de un centenario: la poesía de *La gitanilla*, de Cervantes." *La literatura no ha existido siempre: teoría, historia, e invención para Juan Carlos Rodríguez.* Granada: Universidad de Granada, 2015. 181-91.

Fernández-Morera, Darío. "Cervantes and Islam: A Contemporary Analogy." *Cervantes y su mundo III.* Ed. A. Robert Lauer y Kurt Reichenberger. Kassel: Reichenberger, 2005. 123-66.

Feros, Antonio. "Retóricas de la expulsión." *Los moriscos: expulsión y diáspora. Una perspectiva internacional.* 2ª ed. Ed. Mercedes García-Arenal y Gerard Wiegers. València: Universitat de València, 2016. 67-101.

Fine, Ruth. "Reflexiones sobre la función del estereotipo en la obra cervantina." *Actas del XIV Congreso de la Asociación Internacional de Hispanistas (New York, 16-25 de julio 2001).* Ed. Isaías Lerner, Roberto Nival, y Alejandro Alonso. Vol 2. Newark, DE: Juan de la Cuesta, 2004. 225-32.

———. "El entrecruzamiento de lo hebreo y lo converso en la obra de Cervantes: un encuentro singular." *Cervantes y las religiones.* Ed. Ruth Fine y Santiago López Navia. Madrid-Frankfurt: Universidad de Navarra/ Iberoamericana-Vervuert, 2008. 435-51.

———. *Reescrituras bíblicas cervantinas.* Biblioteca Áurea Hispánica 99. Madrid/ Frankfurt: Iberoamericana/ Vervuert, 2014.

Fine, Ruth y Santiago López Navia, ed. *Cervantes y las religiones.* Madrid-Frankfurt: Universidad de Navarra/ Iberoamericana-Vervuert, 2008.

Fonseca, Damián. *Iusta expulsion de los moriscos de España: con la instruccion, apostasia, y traycion de ellos.* Roma: Iacomo Mascardo, 1612.

Forcione, Alban K. *Cervantes and the Humanist Vision: A Study of Four Exemplary Novels.* Princeton, NJ: Princeton UP, 1982.

———. *Cervantes' Christian Romance: A Study of "Persiles y Sigismunda."* Princeton, NJ: Princeton UP, 1972.

Forradellas, Joaquín. "Anotación." *Miguel de Cervantes, Don Quijote de la Mancha.* Ed. Francisco Rico y Joaquín Forradellas. Madrid: Espasa-Círculo de Lectores, 2015.

Fothergill-Payne, Louise. "*Los tratos de Argel, Los cautivos de Argel* y *Los baños de Argel*: tres 'trasuntos' de un 'asunto.'" *El mundo del teatro español en su Siglo de Oro: Ensayos dedicados a John E. Varey.* Ed. J. M. Ruano de la Haza. Ottawa Hispanic Studies 3. Ottawa: Dovehouse Editions, 1989. 177-84.

Friedman, Edward H. "The Quixotic Template in Contemporary American Theatre." *Confluencia* 30.2 (2015): 2-16.

———. "Female Presence, Male Prescience: The Creation of the Subject in *La gran sultana*." *Estudios en homenaje a Enrique Ruiz-Fornells*. Ed. Juan Fernández Jiménez, José Labrador Herraiz, Teresa Valdivieso y Ciriaco Morón Arroyo. Erie, PA: ALDEEU, 1990. 218-25.

———. "Perspectivism on Stage: *Don Quijote* and the Mediated Vision of Cervantes' *Comedias*." *Plays and Playhouses in Imperial Decadence*. Ed. Anthony N. Zahareas. Minneapolis, MN: Institute for the Study of Ideologies & Literature, 1986. 69-86.

———. *The Unifying Concept: Approaches to the Structure of Cervantes' Comedias*. York, SC: Spanish Literature Publications, 1981.

Fuchs, Barbara. *Passing for Spain: Cervantes and the Fictions of Identity*. Urbana, IL: U of Illinois P, 2003.

———. *Mimesis and Empire: The New World, Islam, and European Identities*. Cambridge: Cambridge UP, 2001.

Galván, Fernando. "Los católicos secretos en *La española inglesa*." *Anales Cervantinos* 46 (2014): 67-82.

Garau, Jaume. "De la predicación en tres comedias de Cervantes: *El trato de Argel, Los baños de Argel* y *El rufián dichoso*." *Anales Cervantinos* 42 (2010): 177-91.

Garcés, María Antonia. *Cervantes in Algiers: A Captive's Tale*. Nashville, TN: Vanderbilt UP, 2002.

———. "'Cuando llegué cautivo': Trauma and Testimony in *El trato de Argel*." *Cervantes for the 21st Century/Cervantes para el Siglo XXI. Studies in Honor of Edward Dudley*. Ed. Francisco La Rubia Prado. Newark, DE: Juan de la Cuesta, 2000. 79-105.

———. "Poetic Language and the Dissolution of the Subject en *La gitanilla* and *El licenciado Vidriera*." *Calíope: Jounal of the Society for Renaissance and Baroque Hispanic Poetry* 2.2 (1996): 85-104.

García Aguilar, Ignacio, Luis Gómez Canseco y Adrián J. Sáez. *El teatro de Miguel de Cervantes*. Madrid: Visor, 2016.

García-Arenal, Mercedes. *Los moriscos*. Madrid: Editora Nacional, 1975.

García-Arenal, Mercedes y Gerard Wiegers, ed. *Los moriscos: expulsión y diáspora. Una perspectiva internacional*. 2ª ed. València: Universitat de València, 2016. [2013].

———. *The Expulsion of the Moriscos from Spain: A Mediterranean Diaspora*. Leiden: Brill, 2014.

García Gómez, Ángel M. "Una historia sefardí como posible fuente de *La española inglesa* de Cervantes." *Actas del II Coloquio Internacional de la Asociación de Cervantistas*. Barcelona: Anthropos, 1990. 621-28.

García Jáñez, Francisca. "Innovación estética del retrato en *La gitanilla*." *Volver a Cervantes: actas del IV Congreso Internacional de la Asociación de Cervantistas*. Ed. Antonio Pablo Bernat Vistarini. 2 vols. Palma: Universitat de les Illes Balears, 2001, 785-96. Vol II.

García López, Jorge. *Cervantes: la figura en el tapiz*. Barcelona: Editorial Pasado y Presente, 2015.

———. "Actualidad crítica de las *Novelas ejemplares*." *Ínsula: Revista de Letras y Ciencias Humanas* 799-800 (2013): 2-4.

———., ed. *Miguel de Cervantes Novelas ejemplares*. Barcelona: Galaxia Gutenberg-Círculo de Lectores, 2005.

García Lorenzo, Luciano. "Cervantes, Constantinopla y *La gran sultana*." *Anales Cervantinos* 31 (1993): 201-13.

García Puertas, Manuel. *Cervantes y la crisis del Renacimiento español*. Montevideo: Universidad de la República, 1962.

García Valdés, Celsa Carmen. "La influencia del cautiverio en el pensamiento y la obra de Miguel de Cervantes." *La huella del cautiverio en el pensamiento y en la obra de Miguel de Cervantes*. Madrid: Fundación Banesto, 1994. 86-96.

———. "Vida y literatura: la tolerancia en la obra de Cervantes." *Príncipe de Viana* 66.236 (2005): 641-50.

Garrido Gallardo, Miguel Ángel. "El texto del *Quijote* y el catecismo de Trento." *Cervantes y las religiones*. Ed. Ruth Fine y Santiago López Navia. Madrid-Frankfurt: Universidad de Navarra/ Iberoamericana-Vervuert, 2008. 157-73.

Gerli, E. Michael. "Aristotle in Africa: History, Fiction, and Truth in *El gallardo español*." *Cervantes: Bulletin of the Cervantes Society of America* 15.2 (1995): 43-57.

———. "Aristotle, Plato, and the Dyadic Composition of the 'Casamiento engañoso' and 'Coloquio de los perros.' *Cervantes: Bulletin of the Cervantes Society of America* 41.2 (2021): 15-47.

———. "Romance and Novel: Idealism and Irony in *La Gitanilla*." *Cervantes: Bulletin of the Cervantes Society of America* 6.1 (1986): 29-38.

———. *Refiguring Authority: Reading, Writing, and Rewriting in Cervantes*. Lexington, KY: The UP of Kentucky, 1995.

———. "Xadraque Xarife's Prophecy, *Persiles* III, 11: The Larger Setting and the Lasting Irony." *"Si ya por atrevido no sale con las manos en la cabeza"*:

el legado poético del Persiles *cuatrocientos años después.* Ed. Mercedes Alcalá Galán, Antonio Cortijo Ocaña y Francisco Layna Ranz. *eHumanista/Cervantes* 5 (2016): 265-83.

Gilabert Viciana, Gaston, ed. *Tragedia de Numancia. Miguel de Cervantes Saavedra.* Clásicos Hispánicos 48. Madrid: More Than Books, 2014.

Giménez Caballero, Ernesto. *Genio de España: Exaltaciones a una resurrección nacional y del mundo.* Madrid: La Gaceta Literaria, 1932.

Godón Martínez, Nuria. "Aparento, luego existo: reconstrucción de la identidad anulada en *La gitanilla*." Novelas ejemplares*: Las grietas de la ejemplaridad.* Ed. Julio Baena. Newark, DE: Juan de la Cuesta, 2008. 91-110.

Gómez Canseco, Luis. "Presentación." *Miguel de Cervantes, Comedias y tragedias.* Ed. Luis Gómez Canseco. Madrid: Real Academia Española, 2015. ix-x.

———. "Como es casi novela. De las comedias de Cervantes al *Quijote* de Avellaneda (1614-1615)." *Paradigmas teatrales en la Europa moderna: circulación e influencias (Italia, España, Francia, siglos XVI-XVII).* Ed. Christophe Couderc y Marcella Trambaioli. Toulouse: Presses Universitaires du Midi, 2016. 275-93.

———. "Probabilismo en Cervantes: *La gran sultana* como caso de conciencia." *Criticón* 109 (2010): 167-86.

———. "Lecturas cervantinas: *El gallardo español.*" *Miguel de Cervantes, Comedias y tragedias. Volumen Complementario.* Ed. Luis Gómez Canseco. Madrid: Real Academia Española, 2015. 61-73.

———. *El humanismo después de 1600: Pedro de Valencia.* Sevilla: Universidad de Sevilla, 1993.

Gómez Canseco, Luis y Mª del Valle Ojeda Calvo. "Cervantes y el teatro." *Miguel de Cervantes, Comedias y tragedias. Volumen Complementario.* Ed. Luis Gómez Canseco. Madrid: Real Academia Española, 2015. 9-60.

Gómez Sánchez, Begoña. "La actualidad de la *Numancia* dirigida por Juan Carlos Pérez de la Fuente." *Hipogrifo* 6.1 (2018): 623-41.

González de Amezúa y Mayo, Agustín. *Cervantes creador de la novela corta española.* 2 vols. Madrid: Consejo Superior de Investigaciones Científicas, 1982. [1956-58].

———. *El casamiento engañoso y El coloquio de los perros: Novelas ejemplares de Miguel de Cervantes Saavedra.* Madrid: Bibliobazaar, 2009. (1923?)

Graf, Eric C. "Valladolid *dellenda est*: La política teológica de *La Numancia*." *El teatro de Miguel de Cervantes ante el IV Centenario. Theatralia: Revista de Poética del Teatro* 5 (2003): 273-82.

Granja, Agustín de la. "Apogeo, decadencia y estimación de las comedias de Cervantes." *Cervantes*. Ed. Anthony Close et al. Alcalá de Henares: Centro de Estudios Cervantinos, 1995. 225-54.

Greer, Margaret R. "Imperialism and Anthropophagy in Early Modern Spanish Tragedy: The Unthought Known." *Reason and Its Others: Italy, Spain, and the New World*. Ed. David R. Castillo and Massimo Lollini. Nashville, TN: Vanderbilt UP, 2006. 279-95.

Guadalajara y Xavier, Marcos de. *Memorable expulsion y iustíssimo destierro de los moriscos de España*. Pamplona: Nicolás de Assiayn, 1613.

Guasch Melis, Ana Eva. "Gitanos viejos y gitanos nuevos: los grupos sociales en *La gitanilla*." *Actas del VIII Coloquio Internacional de la Asociación de Cervantistas*. Ed. José Ramón Fernández de Cano y Martín. El Toboso: Ediciones Dulcinea del Toboso, 1999. 327-40.

Guevara, Antonio de. *Libro primero y segundo de las Epístolas familiares*. Biblioteca Virtual Universal. 1-488. https://biblioteca.org.ar/libros/131733.pdf

Güntert, Georges. "*La gitanilla* y la poética de Cervantes." *Boletín de la Real Academia Española* 52.195 (1972): 107-34.

———. "Discurso social y discurso individual en *La gitanilla*." *Actas del I Coloquio Internacional de la Asociación de Cervantistas*. Barcelona: Anthropos, 1990. 249-57.

———. "La tragedia como lugar privilegiado de la reflexión metapoética: La Numancia." *El teatro de Miguel de Cervantes ante el IV Centenario. Theatralia: Revista de Poética del Teatro* 5 (2003): 261-72.

———. *Cervantes: Novelar el mundo desintegrado*. Barcelona: Puvill, 1993.

Hanrahan, Thomas. "History in the *Española inglesa*." *Modern Language Notes* 83.2 (1968): 267-71.

Hart, Thomas R. *Cervantes' Exemplary Fictions: A Study of the* Novelas Ejemplares. Lexington, KY: The UP of Kentucky, 1994.

———. "Cervantes' Sententious Dogs." *Modern Language Notes* 94.2 (1979): 377-86.

Harvey, L. P. *Muslims in Spain, 1500 to 1614*. Chicago, IL: U of Chicago P, 2005.

Hatzfeld, Helmut. *El Quijote como obra de arte del lenguaje*. Madrid: CSIC, 1966.

Hegyi, Ottmar. *Cervantes and the Turks: Historical Reality versus Literary Fiction in* La gran sultana *and* El amante liberal. Newark, DE: Juan de la Cuesta, 1992.

———. "Cervantes y la Turquía otomana: en torno a *La gran sultana*." ¿"¡Bon compaño, jura Di!"? *El encuentro de moros, judíos y cristianos en la obra cervantina*. Ed. Caroline Schmauser y Monika Walter. Madrid-Frankfurt: Iberoamericana-Vervuert, 1998. 21-34.

Henry, Melanie, S. "Ocho comedias (1615)." *The Oxford Handbook of Cervantes*. Ed. Aaron M. Kahn. Oxford: Oxford UP, 2021. 352-75.

———. *The Signifying Self: Cervantine Drama as Counter-Perspective Aesthetic*. London: The Modern Humanities Research Association, 2013.

Hermenegildo, Alfredo, ed. *Teatro español del siglo XVI*. Madrid: Sociedad General Española de Librería, 1982.

———. *El tirano en escena: tragedias del Siglo XVI*. Madrid: Biblioteca Nueva, 2002.

———. *La tragedia en el Renacimiento español*. Barcelona: Planeta, 1973.

———. *La 'Numancia' de Cervantes*. Madrid: Sociedad General Española de Librería, 1976.

Hernández Araico, Susana. "Estreno de *La gran sultana*: teatro de lo otro, amor y humor." *Cervantes: Bulletin of the Cervantes Society of America* 14.2 (1994): 155-65.

Hernández, Rosilie. "What is us? Cervantes, Pedro de Valencia, and Ricote's Return in the *Quixote*." *Cervantes in Perspective*. Ed. Julia Domínguez. Madrid/ Frankfurt: Iberoamericana-Vervuert, 2013. 109-25.

Herrero García, Miguel. "Una hipótesis sobre las *Novelas ejemplares*." *Revista Nacional de Educación* 96 (1950): 33-37.

———. *Ideas de los españoles del siglo XVII*. Madrid: Gredos, 1966. [1926].

Herrero, Javier. "La genealogía de Dios: amor en *La gitanilla*." *En un lugar de la Mancha: estudios cervantinos en honor de Manuel Durán*. Salamanca: Ediciones Almar, 1999. 123-39.

Huerta Calvo, Javier. "'Numancia' siglo XXI: reflexiones sobre la tragedia y algunas lecturas escénicas contemporáneas." *El teatro de Cervantes y el nacimiento de la comedia española. Congreso extraordinario de la AITENSO. Toledo 9-12 de noviembre de 2016*. Ed. Rafael González Cañal y Almudena García González. Toledo: Universidad de Castilla-La Mancha, 2017. 81-100.

Hughes, Gethin. "*El gallardo español*: A Case of Misplaced Honour." *Cervantes: Bulletin of the Cervantes Society of America* 13.1 (1993): 65-75.

Hulme, Peter. "Introduction: The Cannibal Scene." *Cannibalism and the Colonial World*. Ed. Francis Barker, Peter Hulme, and Margaret Iversen. Cambridge: Cambridge UP, 1998. 1-38.

Hutchinson, Steven. *Economía ética en Cervantes*. Alcalá de Henares: Centro de Estudios Cervantinos, 2001.

———. *Cervantine Journeys*. Madison, WI: U of Wisconsin P, 1992.

———. "'Haga yo lo que en mí es': Preciosa como encarnación del valor." *Volver a Cervantes: actas del IV Congreso Internacional de la Asociación de Cervantistas*. Ed. Antonio Pablo Bernat Vistarini. 2 vols. Palma: Universitat de les Illes Balears, 2001, 809-21. Vol. II.

———. "Los apologistas de la expulsión de los moriscos frente a Ricote y Ana Félix." *Cervantes y su mundo VI. Cervantes y su tiempo*. Ed. Carmen Y. Hsu. Kassel: Edition Reichenberger, 2010. 125-46.

———. "The Morisco Problem in its Mediterranean Dimension: Exile in Cervantes' *Persiles*." *The Conversos and Moriscos in Late Medieval Spain and Beyond. Converso and Morisco Studies* v. 2. Ed. Kevin Ingram. Leiden: Brill, 2012. 187-202.

Ife, Barry W. "*Novelas ejemplares* (1613)." *The Oxford Handbook of Cervantes*. Ed. Aaron M. Kahn. Oxford: Oxford UP, 2021. 233-56.

Infante, Catherine. "Los moriscos y la imagen religiosa: la cruz de Rafala en el *Persiles* rebatiendo a los apologistas de la expulsión." *eHumanista/Cervantes* 1 (2012): 285-99.

Ínsua, Pedro. *Guerra y paz en El Quijote: el antierasmismo de Cervantes*. Madrid: Ediciones Encuentro, 2017.

Irigoyen-García, Javier. "El problema morisco en *Los baños de Argel*, de Miguel de Cervantes: de renegados a mártires cristianos." *Revista Canadiense de Estudios Hispánicos* 32.3 (2008): 421-38.

———. "'La música ha sido hereje': Pastoral Performance, Moorishness, and Cultural Hibridity in *Los baños de Argel*." *Bulletin of the comediantes* 62.2 (2010): 45-62.

———. "El libro de cuentas de *El amante liberal*." *Novelas ejemplares: las grietas de la ejemplaridad*. Ed. Julio Baena. Newark, DE: Juan de la Cuesta, 2008. 167-85.

Jerez-Gómez, J. David. "Pancracio de Roncesvalles prendado de Preciosa: realidad y canon poético en la sociedad cervantina de *La gitanilla* y *El viaje del Parnaso*." *Calíope* 15.2 (2009): 47-64.

Jiménez de Urrea, Jerónimo. *Diálogo de la verdadera honra militar*. Venecia, 1566.

Jimeno Martínez, Alfredo y José Ignacio de la Torre Echávarri. *Numancia, símbolo e historia*. Madrid: Akal, 2005.

Johnson, Carroll B. *Cervantes and the Material World*. Urbana, IL: U of Illinois P, 2000.

———. "Introduction." *Cervantes and His Postmodern Constituencies*. Hispanic Issues 17. Ed. Anne J. Cruz and Carroll B. Johnson. New York/London: Garland, 1998. ix-xxi.

———. "*La Numancia* y la estructura de la ambigüedad cervantina." *Cervantes: su obra y su mundo. Actas del I Congreso Internacional sobre Cervantes*. Ed. Manuel Criado de Val. Madrid: EDI-6, 1981. 309-16.

———. "Catolicismo, familia y fecundidad: el caso de *La española inglesa*." *Actas del IX Congreso de la Asociación Internacional de Hispanistas*. Ed. Sebastian Neumeister. Frankfurt: Vervuert Verlag, 1989. 519-24. Vol. 1.

———. "*La española inglesa* and the Practice of Literary Production." *Viator, Medieval and Renaissance Studies* 19 (1988): 377-416.

Joly, Monique. "En torno a las antologías poéticas de *La gitanilla* y *La ilustre fregona*." *Cervantes: Bulletin of the Cervantes Society of America* 13.2 (1993): 5-15.

Jones, Joseph R. "Cervantes y la virtud de la *eutrapelia*: la moralidad de la literatura de esparcimiento." *Anales Cervantinos* 23 (1985): 19-30.

Jurado Santos, Agapita. *Tolerancia y ambigüedad en "La gran sultana" de Cervantes*. Kassel: Reichenberger, 1997.

Kahn, Aaron M. "Towards a Theory of Attribution: Is *La conquista de Jerusalén* by Miguel de Cervantes?." *Journal of European Studies* 40.2 (2010): 99-128.

———. "Even further towards a Theory of Attribution: Revisiting the Cervantine Attribution of *La conquista de Jerusalén por Godofre de Bullón*." *Cervantes: Bulletin of the Cervantes Society of America* 33.1 (2013): 133-65.

———. "Moral Opposition to Philip in Pre-Lopean Drama." *Hispanic Review* 74.3 (2006): 227-50.

———. *The Ambivalence of Imperial Discourse: Cervantes's* La Numancia *within the 'Lost Generation' of Spanish Drama (1570-1590)*. Oxford: Peter Lang, 2008.

———, ed. *The Oxford Handbook of Cervantes*. Oxford: Oxford UP, 2021.

Kamen, Henry. "Toleration and Dissent in Sixteenth-Century Spain: The Alternative Tradition." *The Sixteenth Century Journal* 19.1 (1988): 3-23.

Kanellos, Nicolas. "The Anti-Semitism of Cervantes' *Los baños de Argel* and *La gran sultana*: A Reappraisal." *Bulletin of the Comediantes* 27.1 (1975): 48-52.

Karageorgou-Bastea, Christina. "Del coro al héroe en *La Numancia* cervantina." *El teatro de Miguel de Cervantes ante el IV Centenario. Theatralia: Revista de Poética del Teatro* 5 (2003): 53-65.

Kartchner, Eric J. "Dramatic Diegesis: Truth and Fiction in Cervantes's *El gallardo español*." *Yearbook of Comparative and General Literature* 47 (1999): 25-35.

Keen, Suzanne. *Empathy and the Novel*. Oxford: Oxford UP, 2007.

King, Willard F. "Cervantes, el cautiverio y los renegados." *Nueva Revista de Filología Hispánica* 40.1 (1992): 279-91.

———. "Cervantes's *Numancia* and Imperial Spain." *Modern Language Notes* 94.2 (1979): 200-21.

Koch, Carol. "El silencio de Preciosa: El centro y el margen en *La gitanilla*." Novelas ejemplares*: las grietas de la ejemplaridad*. Ed. Julio Baena. Newark, DE: Juan de la Cuesta, 2008. 79-90.

La española inglesa. Dir. Marco A. Castillo. RTVE/Globomedia, 2015.

Laffranque, Marie. "De l'histoire au mythe: à propos du 'siège de Numance' de Cervantes." *Revue Philosophique de la France et de l'Étranger* 92 (1967): 271-96.

———. "Encuentro y coexistencia de dos sociedades en el Siglo de Oro: *La gitanilla* de Miguel de Cervantes." *Actas del V Congreso Internacional de Hispanistas (AIH)*. Ed. François Lopez, Joseph Pérez, Nöel Salomon, Maxime Chevalier. 2 vols. Bordeaux: Université de Bordeaux, 1977. 549-61. Vol. II.

Laguna, Ana María G. *Cervantes, the Golden Age, and the Battle for Cultural Identity in 20th-Century Spain*. New York, NY: Bloomsbury, 2021.

———. "In the Name of Love: Cervantes's Play on Captivity in *La gran sultana*." *Drawing the Curtain: Cervantes's Theatrical Revelations*. Ed. Esther Fernández and Adrienne L. Martín. Toronto: U of Toronto P, 2022. 150-76.

Lapesa, Rafael. "En torno a *La española inglesa* y el *Persiles*." *De la Edad Media a nuestros días: Estudios de historia literaria*. Madrid: Gredos, 1967. 242-63.

Lauer, A. Robert. "*La Numancia* de Cervantes y la creación de una conciencia fundacional nacional." *Comentarios a Cervantes. Actas Selectas del VIII Congreso Internacional de la Asociación de Cervantistas*. Ed. Emilio Martínez Mata y María Fernández Ferreiro. Gijón: Gráficas Apel/Fundación María Cristina Masaveu Peterson, 2014. 986-96.

Lawrance, Jeremy N. H. "Humanism in the Iberian Peninsula." *The Impact of Humanism on Western Europe*. Ed. Anthony Goodman and Angus Mackay. London and New York: Longman, 1990. 220-58.

———. "Humanism and the Court in Fifteenth-Century Castile." *Humanism in Fifteenth-Century Europe*. Ed. David Rundle. Oxford: The Society for the Study of Medieval Languages and Literature, 2012. 175-202.

Layna Ranz, Francisco. *La eficacia del fracaso. Representaciones culturales en la segunda parte del Quijote*. Madrid: Polifemo, 2005.

Lee, Christina H. "Sexual Deviance and Morisco Marginality in Cervantes's *The Trials of Persiles and Sigismunda*." *Goodbye Eros: Recasting Forms and Norms of Love in the Age of Cervantes*. Ed. Ana María Laguna and John Beusterien. Toronto: U of Toronto P, 2020. 177-90.

———. *The Anxiety of Sameness in Early Modern Spain*. Manchester: Manchester UP, 2016.

Lerner, Isaías. "Marginalidad en *Las novelas ejemplares, I. La gitanilla*." *Lexis* 4.1 (1980): 47-59.

Lewis-Smith, Paul. "*La gran sultana Doña Catalina de Oviedo*: A Cervantine Practical Joke." *Forum for Modern Language Studies* 17.1 (1981): 68-82.

———. "Cervantes' *Numancia* as Tragedy and as Tragicomedy." *Bulletin of Hispanic Studies* 64 (1987): 15-26.

———. "Cervantes' Improper Romance: On the Ending of *La gitanilla*." *Anuario de Estudios Cervantinos* 4 (2008): 187-99.

Lipson, Lesley. "'La palabra hecha nada:' Mendacious Discourse in *La gitanilla*." *Cervantes: Bulletin of the Cervantes Society of America* 9.1 (1989): 35-53.

Lista, Alberto. *Lecciones de literatura española*. Madrid: Imprenta de Nicolás Arias, 1836.

Lomas Cortés, Manuel. "El conde de Salazar y la expulsión de los moriscos de la Mancha." *Monographic Issue: Los moriscos, La Mancha y el Quijote*. Ed. Francisco J. Moreno Díaz del Campo. *eHumanista/Conversos* 3 (2015): 64-86.

López Anguiano, Mª Eugenia. "Un acercamiento al binomio realismo/idealismo en las *Novelas ejemplares* de Cervantes: *La gitanilla* en perspectiva ideorrealista." *Ars Longa. Actas del VIII Congreso Internacional Jóvenes Investigadores Siglo de Oro (JISO 2018)*. Ed. Carlos Mata Induráin y Sara Santa Aguilar. Navarra: BIADIG, Biblioteca Áurea Digital del GRISO, 50. 199-209.

López-Baralt, Luce. *Islam in Spanish Literature: From the Middle Ages to the Present*. Trans. Andrew Hurly. Leiden: E. J. Brill, University of Puerto Rico, 1992.

López Calle, José Antonio. "Américo Castro y la exégesis erasmista del *Quijote*." *El Catoblepas: Revista Crítica del Presente* 112 (junio 2011): 1-10. https://www.nodulo.org/ec/2011/n112p06.htm

———. "El erasmismo antiteológico y procaritativo del *Quijote*." *El Catoblepas: Revista Crítica del Presente* 113 (julio 2011): 6. https://www.nodulo.org/ec/2011/n113p06.htm

Lope de Vega. *Arte nuevo de hacer comedias en este tiempo*. Academia de Madrid, 1609. https://www.cervantesvirtual.com/obra-visor/arte-nuevo-de-hacer-comedias-en-este-tiempo--0/html/ffb1e6c0-82b1-11df-acc7-002185ce6064_4.html

López Estrada, Francisco. "Vista a Oriente: La española en Constantinopla." *Cuadernos de Teatro Clásico* 7 (1993): 31-46.

Lowe, Jennifer. *Cervantes: Two Novelas ejemplares, La gitanilla, La ilustre fregona*. London: Grant & Cutler-Tamesis, 1971.

———. "The Structure of Cervantes' *La española inglesa*." *Romance Notes* 9.2 (1968): 287-90.

Lozano-Renieblas, Isabel. "Tradición y experimentación en *La española inglesa*." *Visiones y revisiones cervantinas: actas selectas del VII Congreso Internacional de la Asociación de Cervantistas*. Ed. Christoph Strosetzky. Alcalá de Henares: Centro de Estudios Cervantinos, 2011. 527-34.

———. "Religión e ideología en el *Persiles* de Cervantes." *Cervantes y las religiones*. Ed. Ruth Fine y Santiago López Navia. Madrid-Frankfurt: Universidad de Navarra/ Iberoamericana-Vervuert, 2008. 361-75.

———. *Cervantes y el mundo del Persiles*. Alcalá de Henares: Centro de Estudios Cervantinos, 1998.

Luján, Pedro de. *Coloquios matrimoniales*. Colección Cisneros. Madrid: Ediciones Atlas, 1943.

Luttikhuizen, Frances. *The English Translations of Las novelas ejemplares*. Tesis doctoral. 2 vols. Barcelona: Universidad de Barcelona, 1985.

Machado, Antonio. "Carta a David Vigodsky." *Hora de España* IV (abril 1937): 5-10.

Maestro, Jesús G. *La escena imaginaria: poética del teatro de Miguel de Cervantes*. Madrid/ Frankfurt: Iberoamericana-Vervuert, 2000.

———. *La secularización de la tragedia. Cervantes y La Numancia*. Madrid: Ediciones del Orto / Universidad de Minnesota, 2004.

———. "Cervantes y la religión en *La Numancia*." *Cervantes: Bulletin of the Cervantes Society of America* 25.2 (2005 [2006]): 5-29.

———. "El triunfo de la heterodoxia. El teatro de Cervantes y la literatura europea." *El teatro de Miguel de Cervantes ante el IV Centenario. Theatralia: Revista de Poética del Teatro* 5 (2003): 19-48.

———. *Las ascuas del Imperio. Crítica de las Novelas ejemplares de Cervantes desde el materialismo filosófico.* Vigo: Editorial Academia del Hispanismo, 2007.

———. *El mito de la interpretación literaria: Rojas, Cervantes y Calderón: la ética de la literatura y sus dogmas contemporáneos.* Madrid/ Frankfurt: Iberoamericana-Vervuert, 2004.

———, ed. *El teatro de Miguel de Cervantes ante el IV Centenario. Theatralia* 5. Pontevedra/Nashville: Mirabel Editorial & Vanderbilt University, 2003.

Magnier, Grace. *Pedro de Valencia and the Catholic Apologists of the Expulsion of the Moriscos.* Leiden: Brill, 2010.

———. "Millenarian Prophecy and the Mythiphication of Philip III at the Time of the Expulsion of the Moriscos." *Sharq al-Andalus: Estudios mudéjares y moriscos* 16-17 (1999-2002): 187-209.

Maravall, José Antonio. *Antiguos y modernos: visión de la historia e idea de progreso hasta el Renacimiento.* Madrid: Alianza, 1986.

———. *La oposición política bajo los Austrias.* Barcelona: Ariel, 1974.

———. *Utopía y contrautopía en el "Quijote."* Santiago de Compostela: Pico Sacro, 1976.

———. *La cultura del Barroco. Análisis de una estructura histórica.* Barcelona: Planeta, 1975.

———. *Teatro y literatura en la sociedad barroca.* Barcelona: Crítica, 1990.

Marín Cepeda, Patricia. *Cervantes y la corte de Felipe II: escritores en el entorno de Ascanio Colonna (1560-1608).* Madrid: Ediciones Polifemo, 2015.

Mariscal, George. "*La gran sultana* and the Issue of Cervantes's Modernity." *Revista de Estudios Hispánicos* 28.2 (1994): 185-211.

Mármol Carvajal, Luis del. *Descripción general de África* [edición facsímil]. 3 vols. Ed. Agustín González de Amezúa y Mayo. Madrid: CSIC, 1953.

Márquez-Raffetto, Tamara. "Inverting the Paradigm: Preciosa's Problematic Exemplarity." *Mester* 25.1 (1996): 49-78.

Márquez Villanueva, Francisco. *Moros, moriscos y turcos de Cervantes. Ensayos críticos.* Barcelona: Bellaterra, 2010.

———. *Cervantes en letra viva: Estudios sobre la vida y la obra.* Barcelona: Reverso, 2005.

———. "Erasmo y Cervantes, una vez más." *Cervantes: Bulletin of the Cervantes Society of America* 4.2 (1984). 123-37.

———. *Personajes y temas del* Quijote. Madrid: Taurus, 1975.
———. *El problema morisco (Desde otras laderas)*. Madrid: Ediciones Libertarias, 1998.
———. "El problema historiográfico de los Moriscos." *Bulletin Hispanique* 86.1-2 (1984): 61-135.
———. "La buenaventura de Preciosa." *Nueva Revista de Filología Hispánica* 34.2 (1985-86): 741-68.
———. "Ajeno a todo concepto de personaje literario." *Los moriscos y su expulsión: nuevas problemáticas*. Ed. Luis F. Bernabé Pons y José María Perceval. Epílogo escrito por 31 autores en número especial de *Áreas: Revista Internacional de Ciencias Sociales* 30 (2011): 149-57.
———. "La cuestión del judaísmo de Cervantes." *Don Quijote en el reino de la fantasía: realidad y ficción en el universo mental y biográfico de Cervantes*. Ed. Rogelio Reyes Cano. Sevilla: Fundación Focus Abengoa, 2004. 51-74.
Martín, Adrienne L. "Images of Deviance in Cervantes's Algiers." *Cervantes: Bulletin of the Cervantes Society of America* 15.2 (1995): 5-15.
———. "Rereading *El amante liberal* in the Age of Contrapuntal Sexualities." *Cervantes and His Postmodern Constituencies*. Hispanic Issues 17. Ed. Anne J. Cruz and Carroll B. Johnson. New York/ London: Garland, 1998. 151-69.
Mas, Albert. *Les turcs dans la littérature espagnole du Siècle d'Or*. 2 vols. Paris: Centre de Recherches Hispaniques, 1967.
Martín Hernández, Francisco. *Cristianismo y erasmismo español: Juan de Valdés, San Juan de Ávila y el* Quijote *de Cervantes*. Salamanca: Universidad Pontificia de Salamanca, 1977.
Martín Morán, José Manuel. "Los escenarios teatrales del *Quijote*." *Anales Cervantinos* 24 (1986): 27-46.
———. *El* Quijote *en ciernes: los descuidos de Cervantes y las fases de elaboración textual*. Torino: Edizione dell'Orso, 1990.
Martínez-Bonati, Félix. *"Don Quixote" and the Poetics of the Novel*. Trad. Dian Fox. Ithaca, NY: Cornell UP, 1992.
Marrast, Robert. "Introducción." *El cerco de Numancia*. Ed. Robert Marrast. Salamanca: Anaya, 1961. 5-25.
———. *Miguel de Cervantès dramaturge*. París: L'Arche, 1957.
Marx, Anthony W. *Faith in Nation: Exclusionary Origins of Nationalism*. Oxford: Oxford UP, 2003.
Marx, Walter. "Las paradojas cristianas en el pensamiento de Cervantes: *La española inglesa*." *Ortodoxia y heterodoxia en Cervantes*. Ed. Carmen Ri-

vero Iglesias. Alcalá de Henares: Centro de Estudios Cervantinos, 2011. 97-106.

Mayer, Eric D. "Cervantes, Heliodorus, and the Novelty of 'La gitanilla.'" *Cervantes: Bulletin of the Cervantes Society of America* 33.2 (2013): 97-117.

McConachie, Bruce. *Engaging Audiences: A Cognitive Approach to Spectating in the Theatre*. New York, NY: Palgrave Macmillan, 2008.

McGaha, Michael. "*La gitanilla*: Cervantes' Parable of the Regeneration of Spain." "*Aquí se imprimen libros*": *Cervantine Studies in Honor of Tom Lathrop*. Ed. Mark Groundland. Mississippi, MS: U of Mississippi Romance Monographs, 2008. 91-98.

———. "Hacia la verdadera historia del cautivo Miguel de Cervantes." *Revista Canadiense de Estudios Hispánicos* 20 (1996): 540-46.

McGrath, Michael J. Don *Quixote and Catholicism: Rereading Cervantine Spirituality*. Purdue Studies in Romance Literatures 79. West Lafayette, IN: Purdue UP, 2020.

McKendrick, Melveena. "Writings for the Stage." *The Cambridge Companion to Cervantes*. Ed. Anthony Cascardi. Cambridge: Cambrigde UP, 2002. 131-59.

———. *Theatre in Spain: 1490-1700*. Cambridge: Cambridge UP, 1989.

Medina, Francisco de Borja de. "La Compañía de Jesús y la minoría morisca (1545-1614)." *Archivum Historicum Societatis Iesu* 57 (1988): 4-137.

Méndez Medina, Helena G. *La gitanilla: entre la palabra y el silencio*. 2001. University of California, Los Angeles, PhD Dissertation. *ProQuest Dissertations and Theses*.

Menéndez Pelayo, Marcelino. "Moriscos. Literatura aljamiada. Los plomos del Sacro-monte." *Historia de los heterodoxos españoles*, vol. 5. Madrid: Librería Victoriano Suárez, 1911-32. 319-48.

———. "Cultura literaria de Miguel de Cervantes y elaboración del *Quijote*." *Revista de Archivos, Bibliotecas y Museos* 30.12 (1905): 309-39.

Meregalli, Franco. "De *Los tratos de Argel* a *Los baños de Argel*." *Homenaje a Casalduero: crítica y poesía, ofrecido por sus amigos y discípulos*. Ed. Rizel Pincus Sigele y Gonzalo Sobejano. Madrid: Gredos, 1972. 395-409.

Molho, Maurice. "Filosofía natural o filosofía racional: sobre el concepto de astrología en *Los trabajos de Persiles y Sigismunda*." *Actas del II Congreso Internacional de la Asociación de Cervantistas*. Ed. Giuseppe Grilli. Nápoles: Instituto Universitario Orientale, 1995. 673-79.

———. "Cervantes and the 'Terrible Mothers.'" *Quixotic Desire: Psychoanalytic Perspectives on Cervantes*. Ed. Ruth El Saffar and Diana de Armas Wilson. Ithaca, NY: Cornell UP, 1993. 239-54.

Molina, Juan de. "Sermón en loor del matrimonio." Ed. Francisco López Estrada. *Revista de Archivos, Bibliotecas y Museos* 61 (1955): 513-31.

Molinuevo, José Luis, ed. "El estilo de una vida. Notas de trabajo de José Ortega y Gasset." *Revista de Occidente* 132 (1992): 51-68.

Monge, Yolanda. "Prohibido hablar en clase de racismo, género o comunismo: una oleada de leyes limitan en EEUU la libertad de enseñanza de los profesores." *El País*, 17 de febrero, 2022. https://elpais.com/educacion/2022-02-18/prohibido-hablar-en-clase-de-racismo-genero-o-comunismo-una-oleada-de-leyes-limitan-en-eeuu-la-libertad-de-ensenanza-de-los-profesores.html

Monleón, José. "El teatro de Miguel de Cervantes." *Primer Acto* 252 (1994): 6-17.

Montcher, Fabien. "*La española inglesa* de Cervantes en su contexto historiográfico." *Visiones y revisiones cervantinas: actas selectas del VII Congreso Internacional de la Asociación de Cervantistas*. Ed. Christoph Strosetzky. Alcalá de Henares: Centro de Estudios Cervantinos, 2011. 617-27.

Montero Reguera, José. "El teatro en la génesis del *Quijote*." *El tapiz humanista: actas del I Curso de Primavera, IV centenario del* Quijote. *Lugo, 9-12 de mayo de 2005*. Ed. Ana Eulalia Goy Diz y Cristina Patiño Eirín. Santiago de Compostela: Universidade de Santiago de Compostela, 2006. 71-80.

———. Reseña de "*La conquista de Jerusalén*, Cervantes y la generación teatral de 1580," por Stefano Arata. *Manuscrt.Cao* 6 (1994-95): 83-87.

———. "La obra literaria de Miguel de Cervantes (Ensayo de un catálogo)." *Cervantes*. Ed. Anthony Close *et al*. Alcalá de Henares: Centro de Estudios Cervantinos, 1995. 43-74.

———. "¿Una nueva obra teatral cervantina? Notas en torno a una reciente atribución." *Anales Cervantinos* 33 (1995-97): 355-66.

———. "*La conquista de Jerusalén*." *Gran Enciclopedia Cervantina*. Alcalá de Henares: Centro de estudios Cervantinos, 2005.

———. *Miguel de Cervantes, una literatura para el entretenimiento*. Barcelona: Montesinos, 2007.

———. "*La española inglesa* y la cuestión de la verosimilitud en la novelística cervantina." *Actas del IV Congreso Internacional de la Asociación Internacional Siglo de Oro (AISO)*. Ed. Mª Cruz García de Enterría y Alicia Cordón Mesa. Vol. 2. Alcalá de Henares: Universidad de Alcalá, 1998. 1071-77.

———. "*La gitanilla*: una rei-vindicación de la poesía." *Ínsula: Revista de Letras y Ciencias Humanas* 799-800 (2013): 34-36.

Morales, Ambrosio de. *Corónica general de España*. Alcalá de Henares: Juan Iñíguez de Lequerica, 1574.

Morales, Baltasar de. *Diálogo de las guerras de Orán*. Córdoba: Francisco de Cea, 1593.

Moreno Báez, Enrique. *Reflexiones sobre el* Quijote. Madrid: Editorial Prensa Española, 1977.

Muñoz Iglesias, Salvador. *Lo religioso en el* Quijote. Salamanca: Estudio Teológico de San Ildefonso, 1989.

Muñoz Merchán, Manuel Jesús. "Desengaños barrocos: Del *cogito* cartesiano a la deíxis cervantina." *Cervantes: Bulletin of the Cervantes Society of America* 39.2 (2019): 43-68.

Nair Vitali, Noelia. "Desarraigos, ocultamientos e identidades amenazadas en *La española inglesa*." *Exlibris* 5 (2016): 62-76.

Navarro Durán, Rosa. "*La historia de los dos enamorados Ozmín y Daraja*, fuente de inspiración cervantina." *Revista de Filología Española* 82 (2002): 87-103.

Neary, Elizabeth. "To Die as Christians: Moriscas in Cervantes." *Cervantes: Bulletin of the Cervantes Society of America* 43.2 (2023): 71-104.

Nelson, Bradley J. "Introduction: Amy Williamsen and the Call to Empathetic Action." *SciFi Cervantes*. Ed. Bradley J. Nelson. Special Volume of *Cervantes: Bulletin of the Cervantes Society of America* 40.2 (2020): 15-32.

———. "Knowledge (*scientia*), Fiction, and the Other in Cervantes's *La gitanilla*." *Novelas ejemplares de Cervantes*. Ed. Moisés R. Castillo. *Romance Quarterly* [Special Issue] 61.2 (2014): 125-37.

Nelson, Lowry. *Cervantes: A Collection of Critical Essays*. Englewood Cliffs, NJ: Prentice-Hall, 1969.

Nerlich, Michael. *El* Persiles *descodificado, o la* Divina Comedia *de Cervantes*. Trad. Jesús Munárriz. Madrid: Hiperión, 2005.

Nerlich, Michael and Nicholas Spadaccini, ed. *Cervantes's* Exemplary Novels *and The Adventure of Writing*. Hispanic Issues 6. Minneapolis, MN: The Prisma Institute, 1989.

Newman, Robert D. "What Will the Humanities Look Like in a Decade?" *Inside Higher Ed*, Sept. 3, 2021. https://www.insidehighered.com/views/2021/09/03/how-humanities-can-flourish-future-opinion

Nietzsche, Friedrich. *El nacimiento de la tragedia*. Madrid: Verbum, 2019.

Ohanna, Natalio. "Cervantes, los musulmanes nuevos y la "Información" de Argel." *Anales Cervantinos* 41 (2009): 267-84.

———, ed. *Lope de Vega. Los cautivos de Argel*. Madrid: Clásicos Castalia, 2016.

———. "Lamentos de doble filo: *El trato de Argel* y la dimensión geopolítica de la lucha por la unidad religiosa." *Cervantes: Bulletin of the Cervantes Society of America* 30.1 (2010): 141-61.

Ojeda Calvo, María del Valle. "Antes del Arte Nuevo: el teatro de Cervantes." *Guanajuato en la Geografía del Quijote. XXIV Coloquio Cervantino Internacional. Cervantes dramaturgo y poeta*. Ed. Juan Octavio Torija y Florencio Sevilla Arroyo. Guanajuato: Centro de Estudios Cervantinos, Fundación Cervantina de México, Universidad de Guanajuato, 2014. 57-93.

Olid Guerrero, Eduardo. *Del teatro a la novela: el ritual del disfraz en las* Novelas ejemplares *de Cervantes*. Alcalá de Henares: Universidad de Alcalá, 2015.

———. "The Machiavellian In-Betweeness of Cervantes's Elizabeth I." *Cervantes: Bulletin of the Cervantes Society of America* 33.1 (2013): 45-80.

Ortega y Gasset, José. *Meditaciones del Quijote. Meditación preliminar. Meditación primera*. Madrid: Publicaciones de la Residencia de Estudiantes, 1914.

Ortiz Lottman, Maryrica. "*La gran sultana*: Transformations in Secret Speech." *Cervantes: Bulletin of the Cervantes Society of America* 16.1 (1996): 74-90.

Osterc, Ludovik. "La guerra y la paz según Cervantes." *Acta Neophilologica* 13 (1980): 21-30.

Pabón, Thomas A. "Viajes de peregrinos: la búsqueda de la perfección en *El amante liberal*." *Cervantes, su obra y su mundo: Actas del I Congreso Internacional sobre Cervantes*. Ed. Manuel Criado de Val. Madrid: EDI-6, 1981. 371-76.

———. "Courtship and Marriage in *El amante liberal*." *Hispanófila* 76.1 (1982): 47-52.

Pabst, Walter. *La novela corta en la teoría y en la creación literaria*. Trad. Rafael de la Vega. Madrid: Gredos, 1972.

Parodi, Alicia. "*La española inglesa* de Miguel de Cervantes, y la poética de las adversidades provechosas." *Filología* 22.1 (1987): 49-64.

Pascual Garrido, Mª Luisa. "Acomodándose a los tiempos: Cervantes a través de las relecturas de *La española inglesa* en la cultura anglófona." *Cervantes y el ámbito anglosajón*. Ed. Diego Martínez Torrón y Bernd Dietz. Madrid: SIAL Ediciones, 2005. 376-405.

Pedraza Jiménez, Felipe B. "El teatro mayor de Cervantes: comentarios a contrapelo." *Actas del VIII Coloquio Internacional de la Asociación de*

Cervantistas (El Toboso, 23-26 de Abril de 1998). Ed. José Ramón Fernández de Cano y Martín. El Toboso: Ayuntamiento del Toboso, 1999. 19-38.
———. "La expulsión de los moriscos en el teatro áureo: los ecos de un silencio." *Textos sin fronteras. Literatura y sociedad II*. Ed. Hala Awad y Mariela Insúa. Pamplona: Universidad de Navarra, 2010. 179-200.
Percas de Ponseti, Helena. *Cervantes y su concepto del arte: Estudio crítico de algunos aspectos y episodios del Quijote*. 2 vols. Madrid: Gredos, 1975.
Perceval, José María. *Todos son uno. Arquetipos, xenofobia y racismo. La imagen del morisco en la monarquía española durante los siglos XVI y XVII*. Almería: Instituto de Estudios Almerienses, 1997.
Pérez Capo, Felipe. *"El Quijote" en el teatro. Repertorio cronológico de 290 producciones escénicas relacionadas con la inmortal obra de Cervantes*. Barcelona: Mills, 1947.
Pfandl, Ludwig. *Historia de la literatura nacional española en la Edad de Oro*. Barcelona: Gustavo Gil, 1933.
Pierce, Frank. "*La gitanilla*: A Tale of High Romance." *Bulletin of Hispanic Studies* 54 (1977): 283-95.
Pini, Donatella. "La estructura antinómica de *La española inglesa*." *Le mappe nascoste di Cervantes*. Ed. Carlos Romero Muñoz. Treviso: Santi Quaranta, 2004. 147-58.
Presberg, Charles D. "Precious Exchanges: The Poetics of Desire, Power, and Reciprocity in Cervantes's *La Gitanilla*." *Cervantes: Bulletin of the Cervantes Society of America* 18.2 (1998): 53-73.
Pym, Richard J. "The Errant Fortunes of 'La gitanilla' and Cervantes's Performing Gypsies." *Journal of Iberian and Latin American Studies* 12.1 (2006): 15-37.
———. *The Gypsies of Early Modern Spain, 1425-1783*. New York, NY: Palgrave-MacMillan, 2007.
Quérillacq, René. "Los moriscos de Cervantes." *Anales Cervantinos* 30 (1992): 77-98.
———. "El *Coloquio de los perros*: Cervantes frente a su época y a sí mismo." *Anales Cervantinos* 27 (1989): 91-137.
Quevedo, Francisco de. *Política de Dios y gobierno de Cristo*. 2ª ed. Buenos Aires: Espasa-Calpe, 1946.
Ramírez-Araujo, Alejandro. "El morisco Ricote y la libertad de conciencia." *Hispanic Review* 24.4 (1956): 278-89.
Reed, Cory A. "Empathy and the Indigenous Other in *Numancia*." *Cervantes transatlántico / Transatlantic Cervantes*. Ed. Francisco Ramírez Santacruz y Pedro Ángel Palou. New York, NY: Peter Lang, 2019. 105-21.

—. "Identity Formation and Collective Anagnorisis in *Numancia*." *El teatro de Miguel de Cervantes ante el IV Centenario. Theatralia: Revista de Poética del Teatro* 5 (2003): 67-76.

—. "Embodiment and Empathy in Early Modern Drama: The Case of Cervantes' *El trato de Argel*." *Cognitive Approaches to Early Modern Spanish Literature*. Ed. Isabel Jaén and Julien Jacques Simon. Oxford: Oxford UP, 2016. 183-201.

Resina, Joan Ramon. "Laissez faire y reflexividad erótica en *La gitanilla*." *Modern Language Notes* 106.2 (1991): 257-78.

Rey Hazas, Antonio. *Poética de la libertad y otras claves cervantinas*. Madrid: Ediciones Eneida, 2005.

—. "Cervantes y el teatro." *Cuadernos de Teatro Clásico* 20 (2005): 21-98.

—. "Las comedias de cautivos de Cervantes." *Los imperios orientales en el teatro del Siglo de Oro*. Ed. Felipe Pedraza Jiménez y Rafael González Cañal. Almagro: Universidad de Castilla-La Mancha, 1994. 29-56.

—. "Cervantes y Lope ante el personaje colectivo: *La Numancia* frente a *Fuenteovejuna*." *Cuadernos de Teatro Clásico* 7 (1992): 69-91.

—. "*La Numancia*: una tragedia nueva." *Guanajuato en la Geografía del Quijote. XXIV Coloquio Cervantino Internacional. Cervantes dramaturgo y poeta*. Ed. Juan Octavio Torija y Florencio Sevilla Arroyo. Guanajuato: Fundación Cervantina de México, Museo Iconográfico del Quijote, Centro de Estudios Cervantinos, 2014. 137-86.

—. "Introducción." M. de Cervantes, *La española inglesa, El licenciado Vidriera, La fuerza de la sangre*. Ed. Florencio Sevilla Arroyo y Antonio Rey Hazas. Madrid: Alianza, 1996.

—. "*Novelas ejemplares*." *Cervantes*. Ed. Anthony Close, Agustín de la Granja, Pablo Jauralde Pou, Carroll B. Johnson, Isaías Lerner, José Montero Reguera, Agustín Redondo, Antonio Rey Hazas, Elías L. Rivers, Alberto Sánchez, y Florencio Sevilla Arroyo. Alcalá de Henares: Centro de Estudios Cervantinos, 1995. 173-209.

—. "Novedad y maestría de *La gitanilla*." *Cervantes y la narrativa moderna. Coloquio Internacional Debrecen 19-20 de octubre de 2000*. Ed. László Scholz y László Vasas. Debrecen: Comité de la Academia Húngara de Ciencias/ Facultad de Filosofía y Letras de la Universidad de Debrecen, 2001. 17-40.

Rey Hazas, Antonio y Juan Ramón Muñoz Sánchez. *El nacimiento del cervantismo: Cervantes y el* Quijote *en el siglo XVIII*. Madrid: Verbum, 2006.

Rey Hazas, Antonio et al. *El teatro según Cervantes. Cuadernos de Teatro Clásico* 20. Madrid: CNTC y Clásicos Castalia, 2005.

Ricapito, Joseph V. "Cervantes y las religiones en *Don Quijote*." *Cervantes y las religiones*. Ed. Ruth Fine y Santiago López Navia. Madrid-Frankfurt: Universidad de Navarra/ Iberoamericana-Vervuert, 2008. 691-703.

———. "La teatralidad en la prosa del *Quijote*." *El teatro de Miguel de Cervantes ante el IV Centenario. Theatralia: Revista de Poética del Teatro* 5 (2003): 315-27.

———. *Cervantes's* Novelas ejemplares*: Between History and Creativity*. West Lafayette, IN: Purdue UP, 1996.

Riley, E. C. *Introducción al* Quijote. Trad. Enrique Torner Montoya. Barcelona: Crítica, 2000. [1986].

———. "The *Pensamientos escondidos* and *Figuras morales* of Cervantes." *Homenaje a William L. Fichter. Estudios sobre el teatro antiguo hispánico y otros ensayos*. Ed. A. David Kossoff and José Amor y Vázquez. Madrid: Castalia, 1971. 623-31.

———. *Cervantes's Theory of the Novel*. Oxford: Clarendon Press, 1962.

Ripol, Juan. *Diálogo de consuelo por la expulsión de los moriscos en España*. Pamplona: Nicolás de Assiayn, 1613.

Riquer, Martín de. "El Quijote." *El siglo del "Quijote" (1580-1680)*. 2 vol. Madrid: Espasa-Calpe, 1996. 2. 195-255.

Rivero Iglesias, Carmen, ed. *Ortodoxia y heterodoxia en Cervantes*. Alcalá de Henares: Centro de Estudios Cervantinos, 2011.

Rodolfo Schevill y Adolfo Bonilla eds. *Obras completas de Miguel de Cervantes Saavedra. Novelas ejemplares*. Madrid: Gráficas Reunidas, 1925. Vol. III.

Rodríguez López-Vázquez, Alfredo. "La *Jerusalén* de Cervantes: Nuevas pruebas de su autoría." *Artifara* 11 (2011): 1-6.

Rodríguez-Luis, Julio. *Novedad y ejemplo de las* Novelas *de Cervantes*. 2 vols. Madrid: José Porrúa-Turanzas, 1980.

Rodríguez-Rincón, Luis. "Cervantes after the Material Turn: River Gods, Lakes of Blood, and Other Personified Bodies of Water in *Numancia*." *Journal of Spanish Cultural Studies* 23.4 (2022): 411-28.

Romo Feito, Fernando. "La 'victoria en la derrota' y la diferencia religiosa en Cervantes." *Cervantes y las religiones*. Ed. Ruth Fine y Santiago López Navia. Madrid-Frankfurt: Universidad de Navarra/ Iberoamericana-Vervuert, 2008. 705-24.

Rosales, Luis. *Cervantes y la libertad*. 2 vols. Madrid: Sociedad de Estudios y Publicaciones, 1960.

Rubio Árquez, Marcial. "Los *novellieri* en las *Novelas ejemplares* de Cervantes: la ejemplaridad." *Artifara* 13 (2013): 33-58.

Rueda Contreras, Pedro. *Los valores religioso-filosóficos de* El Quijote. Valladolid: Ediciones Miraflores, 1959.
Ruffinatto, Aldo. "El arte viejo de hacer comedias y fracasar." *El teatro de Miguel de Cervantes ante el IV Centenario. Theatralia: Revista de Poética del Teatro* 5 (2003): 361-83.
Ruiz Pérez, Pedro. *La distinción cervantina: poesía e historia*. Alcalá de Henares: Centro de Estudios Cervantinos, 2006.
Ruta, María Caterina. "*La española inglesa*: EI desdoblamiento del héroe." *Anales Cervantinos* 25-26 (1987-88): 371-82.
———. "Comienzo y final de *El amante liberal*." *"Por discreto y por amigo": Mélanges offerts à Jean Canavaggio*. Ed. Benolt Pellistrandi, Christophe Couderc. Madrid: Casa de Velázquez, 2005. 169-77.
Ryjik, Verónica. "Mujer, alegoría e imperio en el drama de Miguel de Cervantes *El cerco de Numancia*." *Anales Cervantinos* 38 (2006): 203-19.
Sáez, Adrián J. "La castidad de la doncella: erotismo y poesía en Cervantes." *Neophilologus* 103.1 (2019): 67-82.
Sagrada Biblia. Versión oficial de la Conferencia Episcopal Española. Madrid: Biblioteca de Autores Cristianos, 2011.
Sánchez, Alberto. "Aproximación al teatro de Cervantes." *Cuadernos de Teatro Clásico* 7 (1992): 11-30.
Sánchez Castañer, Francisco. "Un problema de estética novelística como comentario a *La española inglesa* de Cervantes." *Estudios dedicados a Menéndez Pidal*. Vol. VII.1. Madrid: CSIC, 1957. 357-86.
Sánchez, Francisco J. *Lectura y representación: análisis cultural de las* Novelas Ejemplares *de Cervantes*. New York, NY: Peter Lang, 1993.
———. "Theater Within the Novel: 'Mass' Audience and Individual Reader in *La gitanilla* and *Rinconete y Cortadillo*." *Cervantes's* Exemplary Novels *and The Adventure of Writing*. Hispanic Issues 6. Ed. Michael Nerlich and Nicholas Spadaccini. Minneapolis, MN: The Prisma Institute, 1989. 73-98.
Sánchez Ortega, María Helena. *Los gitanos españoles*. Ed. Julio Caro Baroja. Madrid: Castellote, 1977.
Santa Aguilar, Sara. "Dos ambigüedades autorales en los poemas insertos en las *Novelas ejemplares* de Cervantes." *Artifara* 18 (2018): 247-54.
Santos de la Morena, Blanca. *Presencia y tratamiento de la religión en la literatura de Miguel de Cervantes: Una visión a partir de su obra completa*. Tesis doctoral. Universidad Autónoma de Madrid, 2017.

———. *El pensamiento religioso de Cervantes: revisión bibliográfica y estado de la cuestión*. Tesis de Máster en Literaturas Hispánicas: arte, historia y sociedad. Universidad Autónoma de Madrid, 2013.

———. "Sobre la religión en *La conquista de Jerusalén*, atribuida a Cervantes." *Monográficos Sinoele* 17 (2018): 799-811.

———. "Sobre suicidio y duelo: el Concilio de Trento y el tema de la muerte en el *Persiles*." *Ficciones entre mundos. Nuevas lecturas de* Los trabajos de Persiles y Sigismunda *de Miguel de Cervantes*. Ed. Jörg Dünne y Hanno Ehrlicher. Kassel: Reichenberger, 2017. 183-200.

———. "La desintegración de la religión en *La Numancia*." *Anales Cervantinos* 52 (2020): 301-23.

———. "Libertad y providencia en *La española inglesa*." *Artifara* 13 (2013): 253-64.

———. "'Como si fuese hija de un letrado': la justicia en *La gitanilla*." *Hipogrifo* 9.2 (2021): 127-36.

Sawhney, Minni. "Cervantes' Cosmopolitan *El gallardo español* During An Earlier Clash of Civilizations." *El teatro de Miguel de Cervantes ante el IV Centenario. Theatralia: Revista de Poética del Teatro* 5 (2003): 167-75.

Schmidt, Rachel. "The Development of *Hispanitas* in Spanish Sixteenth-Century Versions of The Fall of Numancia." *Renaissance and Reformation* 19.2 (1995): 27-45.

———. "La maga Cenotia y el arquero Antonio: el encuentro en clave alegórica en el *Persiles*." *eHumanista/Cervantes* 2 (2013): 19-38.

Schmidt, Stephanie. "Cervantes and His Sources: On Virtue and Infamy in *La Numancia*." *Cervantes: Bulletin of the Cervantes Society of America* 39.2 (2019): 111-37.

Sears, Theresa Ann. *A Marriage of Convenience: Ideal and Ideology in the Novelas ejemplares*. New York, NY: Peter Lang, 1993.

Selig, Karl-Ludwig. "The Ricote Episode in *Don Quixote*: Observations on Literary Refractions." *Revista Hispánica Moderna* 38 (1974-75): 73-77.

———. "Concerning the Structure of Cervantes' *La gitanilla*." *Romanistisches Jahrbuch* 13 (1962): 273-76.

Sevilla Arroyo, Florencio y Antonio Rey Hazas. "Introducción." *Novelas ejemplares*. Madrid: Espasa-Calpe, 1991. 11-55.

Sherman, Kátia. "Scepticism and the Humanist Tradition: Cervantes's *La gitanilla* and Montaigne's *Apologie de Raimond Sebond*." *Bulletin of Hispanic Studies* 96.1 (2019): 17-32.

Sieber, Harry, ed. "Preliminar." *Miguel de Cervantes Novelas ejemplares*. 2 vols. Madrid: Cátedra, 2000. [1981]. Vol. I.

Simerka, Barbara. *Discourses of Empire: Counter-Epic Literature in Early Modern Spain*. University Park, PA: Pennsylvania State UP, 2003.

Singleton, Mack. "The Date of *La española inglesa*." *Hispania* 30.3 (1947): 329-35.

Smith, Paul Julian. "The Captive's Tale: Race, Text, Gender." *Quixotic Desire*. Ed. Ruth El Saffar and Diana de Armas Wilson. Ithaca, NY: Cornell UP, 1993. 227-35.

Smith, Wendell P. "What's in a Name: Andrés Caballero and Chivalric Romance in 'La gitanilla.'" *Cervantes: Bulletin of the Cervantes Society of America* 35.1 (2015): 153-80.

Soria Mesa, Enrique. "Un Ricote, dos visiones." *Los moriscos y su expulsión: nuevas problemáticas*. Ed. Luis F. Bernabé Pons y José María Perceval. Epílogo escrito por 31 autores en número especial de *Áreas: Revista Internacional de Ciencias Sociales* 30 (2011): 149-57.

Spadaccini, Nicholas. "Writing for Reading: Cervantes's Aesthetics of Reception in the *Entremeses*." *Critical Essays on Cervantes*. Ed. Ruth El Saffar. Boston, MA: G.K. Hall and Co., 1986. 162-75.

Spadaccini, Nicholas and Jenaro Talens. *Through the Shattering Glass: Cervantes and the Self Made World*. Minneapolis, MN: U of Minnesota P, 1993.

———. "Del teatro como narratividad." "Introducción" to *El rufián dichoso y Pedro de Urdemalas* de Miguel de Cervantes. Madrid: Cátedra, 1986. 11-79.

———. "Cervantes and the Dialogic World." *Cervantes's Exemplary Novels and The Adventure of Writing*. Hispanic Issues 6. Ed. Michael Nerlich and Nicholas Spadaccini. Minneapolis, MN: The Prisma Institute, 1989. 205-45.

Spitzer, Leo. "Perspectivismo lingüístico en *El Quijote*." *Lingüística e historia literaria*. Madrid: Gredos, 1955.

Stackhouse, Kenneth A. "Beyond Performance: Cervantes's Algerian Plays, *El trato de Argel* and *Los baños de Argel*." *Bulletin of the Comediantes* 52.2 (2000): 7-30.

Stagg, Geoffrey. "The Composition and Revision of *La española inglesa*." *Studies in Honor of Bruce W. Wardropper*. Ed. Dian Fox, Harry Sieber, and Robert ter Horst. Newark, DE: Juan de la Cuesta, 1989. 305-21.

Stapp, William A. "*El gallardo español*: La fama como arbitrio de la realidad." *Anales Cervantinos* 17 (1978): 123-36.

Stiegler, Brian N. "The Coming of a New Jerusalem: Apocalyptic Vision in Cervantes's *Numancia*." *Neophilologus* 80 (1996): 569-81.

Stroud, Matthew, D. "*La Numancia* como auto secular." *Cervantes: Su obra y su mundo*. Ed. Manuel Criado de Val. Madrid: EDI-6, 1981. 303-07.

Stoops, Rosa María. "Elizabeth I of England as Mercurian Monarch in Miguel de Cervantes' *La española inglesa*." *Bulletin of Spanish Studies* 88.2 (2011): 177-97.

Strosetzki, Christoph. "El *Quijote* frente al protestantismo." *¿ "¡Bon compaño, jura Di!"? El encuentro de moros, judíos y cristianos en la obra cervantina*. Ed. Caroline Schmauser y Monika Walter. Madrid-Frankfurt: Iberoamericana-Vervuert, 1998. 91-105.

Syverson-Stork, Jill. *Theatrical Aspects of the Novel: A Study of Don Quixote*. Valencia: Albatros Ediciones, Hispanófila 40, 1986.

Tazi, Aziz. "Cervantes y el diálogo de las culturas." *De Cervantes y el Islam*. Ed. Nuria Martínez de Castilla Muñoz y Rodolfo Gil Benumeya Grimau. Madrid: Sociedad Estatal de Conmemoraciones Culturales, 2006. 325-33.

ter Horst, Robert. "Une Saison en enfer: *La gitanilla*." *Cervantes: Bulletin of the Cervantes Society of America* 5.2 (1985): 87-127.

Thompson, Colin. "*Eutrapelia* and Exemplarity in the *Novelas ejemplares*." *A Companion to Cervantes's* Novelas Ejemplares. Ed. Stephen F. Boyd. Rochester, NY: Tamesis, 2005. 261-82.

———. "'Horas hay de recreación, donde el afligido espíritu descanse:' reconsideración de la ejemplaridad en las *Novelas ejemplares* de Cervantes." *Actas del V Congreso de la Asociación Internacional Siglo de Oro (AISO)*. Ed. Christoph Strosetzki. Madrid/ Franfurt: Iberoamericana/ Vervuert, 2001. 83-99.

Tirso de Molina (Fray Gabriel Téllez). *Trilogía de los Pizarros. Amazonas en las Indias*. 4 vols. Ed. Miguel Zugasti. Kassel: Reichenberger-Fundación Obra Pía de los Pizarro, 1993.

Torres, Bénédicte. "La poesía en *La gitanilla*: ¿es Preciosa 'algo desenvuelta, pero no de modo que descubriese algún género de deshonestidad'?." *Hesperia: Anuario de Filología Hispánica* 21.2 (2018): 133-50.

Torres, Isabel. "Now You See it, Now You... See it Again? The Dynamics of Doubling in *La española inglesa*." *A Companion to Cervantes's* Novelas ejemplares. Ed. Stephen F. Boyd. Rochester, NY: Tamesis, 2005. 115-33.

Urzáiz Tortajada, Héctor. "El *gemelo tonto* (y dramaturgo) de Cervantes: últimas aportaciones a la bibliografía sobre el teatro cervantino." *Anales Cervantinos* 48 (2016): 369-76.

———. "La quijotización del teatro, la teatralidad de *don Quijote*." *Locos, figurones y quijotes en el teatro de los Siglos de Oro. Actas selectas del XII*

Congreso de la Asociación Internacional de Teatro Español y Novohispano de los Siglos de Oro (AITENSO). Ed. Germán Vega García-Luengos y Rafael González Cañal. Ciudad Real: Universidad de Castilla-La Mancha, 2007. 469-80.

Vaiopoulos, Katerina. *De la novela a la comedia: las Novelas ejemplares de Cervantes en el teatro del Siglo de Oro*. Vigo: Academia del Hispanismo, 2010.

Valbuena Prat, Ángel. *El teatro español en su Siglo de Oro*. Barcelona: Planeta, 1969.

Valencia, Felipe. "*Furor, industria* y límites de la palabra poética en *La Numancia* de Cervantes." *Criticón* 126 (2016): 97-110.

Valencia, Pedro de. *Tratado acerca de los moriscos de España*. Ed. Joaquín Gil Sanjuán. Málaga: Algazara, 1997. [1606].

Vega Carpio, Félix Lope de. *El Nuevo Mundo descubierto por Cristóbal Colón*. Ed. J. Lemartinel y Charles Minguet. Lille: Presses Universitaires Lille, 1980.

Véguez, Roberto A. "*Don Quijote* and 9-11: The Clash of Civilizations and the Birth of the Modern Novel." *Hispania* 88.1 (2005): 101-13.

Vilanova, Antonio. "El peregrino andante en el *Persiles* de Cervantes." *Boletín de la Real Academia de Buenas Letras de Barcelona* 22 (1949): 97-159.

———. *Erasmo y Cervantes*. Barcelona: Lumen, 1989. [1949].

Villanueva Fernández, Juan Manuel. "¿Erasmismo o teología española del siglo XVI?." *Cervantes y las religiones*. Ed. Ruth Fine y Santiago López Navia. Madrid-Frankfurt: Universidad de Navarra/ Iberoamericana-Vervuert, 2008. 301-26.

Vivar, Francisco. "El ideal *pro patria mori* en *La Numancia* de Cervantes." *Cervantes: Bulletin of the Cervantes Society of America* 20.2 (2000): 7-30.

Wardropper, Bruce W. "La *eutrapelia* en las *Novelas ejemplares* de Cervantes." *Actas del Séptimo Congreso de la Asociación Internacional de Hispanistas, 1980*. Ed. Giuseppe Bellini. Vol. 1. Roma: Bulzoni, 1982. 153-69.

———. "Cervantes' Theory of the Drama." *Modern Philology* 52.4 (1955): 217-21.

Wasserman, Dale. "*Don Quixote* as Theatre." *Cervantes: Bulletin of the Cervantes Society of America* 19.1 (1999): 125-30.

Watson, Anthony. *Juan de la Cueva and the Portuguese Succession*. London: Tamesis, 1971.

Weber, Alison. "Pentimento: The Parodic Text of *La Gitanilla*." *Hispanic Review* 62.1 (1994): 59-75.

Weimer, Christopher B. "Going to Extremes: Barthes, Lacan, and Cervantes' *La gran sultana.*" *Gender, Identity, and Representation in Spain's Golden Age.* Ed. Anita K. Stoll and Dawn L. Smith. Lewisburg, PA: Bucknell UP, 2000. 47-60.

Weiner, Jack. "*La Numancia* de Cervantes y la alianza entre Dios e Israel." *Neophilologus* 81 (1997): 63-70.

Weissberger, Barbara F. "'Es de Lope': Child Martyrdom in Cervantes's *Los baños de Argel.*" *Cervantes: Bulletin of the Cervantes Society of America* 32.2 (2012): 143-70.

Whicker, Jules. "'Seguid la guerra y renovad los daños': Implicit Pacifism in Cervantes's *La Numancia.*" *Rhetoric and Reality in Early Modern Spain.* Ed. Richard J. Pym. London: Boydell & Brewer, 2006. 131-44.

Whitby, William M. "The Sacrifice Theme in Cervantes's *Numancia.*" *Hispania* 45.2 (1962): 205-10.

Williamsen, Amy R. "Quantum *Quixote*: Embodying Empathy in the Borderlands." *Cervantes: Bulletin of the Cervantes Society of America* 31.1 (2011): 171-87.

———. *Co(s)mic Chaos: Exploring* Los trabajos de Persiles y Sigismunda. Newark, DE: Juan de la Cuesta, 1994.

Williamson, Edwin. "'La bonita confiancita': Deception, Trust and the Figure of Poetry in *La gitanilla.*" *Bulletin of Spanish Studies* 88.7-8 (2011): 25-38.

———. "*La gran sultana*: una fantasía política de Cervantes." *Donaire* 3 (1994): 52-54.

———. "Hacia la conciencia ideológica de Cervantes: idealización y violencia en 'El amante liberal.'" *Cervantes. Estudios en la víspera de su centenario.* Vol. II. Kassel: Reichenberger, 1994. 519-33.

Wilson, Diana de Armas. *Allegories of Love: Cervantes's "Persiles and Sigismunda."* Princeton, NJ: Princeton UP, 1991.

Wiltrout, Ann E. "Role Playing and Rites of Passage: *La ilustre fregona* and *La gitanilla.*" *Hispania* 64.3 (1981): 388-99.

Woodward, L. J. "*La gitanilla.*" *Cervantes, su obra y su mundo: Actas del primer Congreso Internacional sobre Cervantes.* Ed. Manuel Criado de Val. Madrid: EDI-6, 1981. 445-52.

Wyman, Alina. *The Gift of Active Empathy: Scheler, Bakhtin, and Dostoevski.* Evanston, IL: Northwestern UP, 2016.

———. "Bakhtin and Scheler: Toward a Theory of Active Understanding." *The Slavonic and East European Review* 86.1 (2008): 58-89.

Ynduráin, Francisco. "Cervantes y el teatro." Estudio preliminar a su edición de *Obras de Miguel de Cervantes Saavedra. II Obras dramáticas*. Madrid: Atlas, 1962. 7-77. Reed. en *Relección de Clásicos*. Madrid: Prensa Española, 1969. 87-112.

Zimic, Stanislav. *El teatro de Cervantes*. Madrid: Castalia, 1992.

———. "Sobre la clasificación de las comedias de Cervantes." *Acta Neophilológica* 14 (1981): 63-83.

———. "El viaje de Turquía de Cervantes (Estudio de 'La gran sultana')." *Segismundo: Revista Hispánica de Teatro* 14.27-32 (1978-80): 27-85.

———. "Visión política y moral de Cervantes en *Numancia*." *Anales Cervantinos* 18 (1979-80): 107-50.

———. "El *Amadís* cervantino: (Apuntes sobre *La española inglesa*)." *Anales Cervantinos* 25-26 (1987-88): 469-83.

———. *Las* Novelas ejemplares *de Cervantes*. Madrid: Siglo XXI, 1996.

———. "El *Persiles* como crítica de la novela bizantina." *Acta Neophilologica* 3 (1970): 49-64.

———. "El drama de Ricote el morisco." *Literature, Culture, and Ethnicity: Studies on Medieval, Renaissance and Modern Literatures: A Festschrift for Janez Stanonik*. Ed. Mirko Jurak. Ljubljana: Ucne, 1992. 297-302.

Zmantar, Françoise. Trad. Soledad Farias. "Miguel de Cervantes y sus fantasmas de Argel." *Quimera* 2 (1980): 31-37.

www.ingramcontent.com/pod-product-compliance
Lightning Source LLC
Chambersburg PA
CBHW021350300426
44114CB00012B/1155